U0084759

日本 Free Pass 自助全攻略

教你用最省的方式，深度遊日本

Carmen Tang 著

① 推薦序

最瘋狂的行程，最盡興的旅行

旅行對我來說是給自己的犒賞，覺得自己很幸運能認識到這位超強的領隊 Carmen。在日本留學期間，只要是她安排的行程我都有參加，因為跟她出門，只要把錢包、行李和自己帶著就可以了。

在日本，我做了很多在台灣根本不可能會做的事。剛到日本不久，Carmen 找到「無料」的棒球賽門票，我們居然為了省 600 円的來回車費，騎著腳踏車從難波飛奔到大阪舞洲，回想起來確實瘋狂。

為了省昂貴的車費，Carmen 利用不同的 Free Pass 帶我們遊走日本。最便宜而又最辛苦可算是「青春 18」之旅了，凌晨四點多就要起床，不到零時不回家。雖然每次累趴，但又不得不承認這是既省錢又可把車票用到極致的行程。記得有次利用本書介紹的北陸型 Free Pass 出遊 3 天，當時適逢冬天，對於無法經常看到雪的台灣人來說，這個旅程確實讓人興奮。這段行程非常豐富，我們到了忍者哈特利作者的故鄉：冰見，希望女岩位處的雨晴海岸，世界遺產五箇山合掌造聚落，以及因長年累月被海水侵蝕成岩柱特殊地形的東尋坊等；除此之外，還參加了「童話世界」的雪之夜燈祭，真的很難忘！

也許有人說日本人是個排外的民族，但我倒不這麼認為，不管語言通不通，每次到日本旅遊都有新的感受與感動，體驗到不同文化之間人與人「心」的交流。所以，何不嘗試揹起背包開始你的旅程呢？

留學時室友　Eri Tseng

②推薦序

無論哪種票券，都能用到極致

兩個愛到日本旅遊的女生，雖然一個愛購物、一個愛遊山玩水，仍無礙我倆結伴同遊的樂趣！

日本旅行的主要交通方式是火車，相信曾經自由行的人都知道日本的交通費相當昂貴，Carmen 只帶著一張 JR Pass，就帶我從大阪出發，優遊至北海道。在日本，她從來不看地圖，我們就這樣坐著 JR 從大阪到東京、由東京到青森，再坐夜車到札幌。除了著名的景點外，她還曾帶著我到過日本三大神山之一的恐山、經五能線到十二湖、還有冰上釣魚的新體驗。不管手上拿著的是哪種車票，Carmen 都會利用它遊遍日本大城小縣。

紫色的北海道跟白色的北海道有著強烈的對比，我們曾經在這片土地汗流浹背，亦曾風雪同路，我們的旅程總是充滿著驚喜。旅遊是生活中的一大享受，有機會跟 Carmen 到日本一遊再遊實在難得。若有機會，希望下次能帶著此書，利用所介紹的 3 個 Free Pass 去遊歷，成就一次屬於自己的遠征之旅。

謝謝 Carmen 在旅途中帶給我的所見所聞，親身感受和體驗。化為此序，也為自己的足跡留下印記。

日本購物狂　Tramy Fong

③推薦序

巧用 Free Pass，旅途愉快

日本的車費並不便宜，總是想著：如果有哪個 Pass 能讓我自由乘搭鐵路就好！所以，很自然地跟大家的目光一樣，聚焦在 JR Pass 這個通行證上，但用過幾次後卻又發現……每次旅程似乎都是一直在搭車，長途的移動時間反而記不清到底去了哪裡？就像吃自助餐一樣，並不容易細細品味。

於是，我開始翻閱車站前的票券廣告，發現了各式各樣、提供不能使用 JR Pass 的遊客使用的車券。這些車券的選擇很多，且有既定的路線、車次、使用範圍和優惠等情報，使用它們旅遊不但可省下做功課的時間，還比 JR Pass 更便宜。

在日本認識了 Carmen 後，發現我們的旅遊形式及目標一致，經歷過一次又一次的旅程，慢慢地得到共識——我負責尋找相關的車券及鐵路資訊，而她則負責計劃詳細行程，互補不足。在計劃旅程時，Carmen 總是能把我找來的車券發揮得淋漓盡致；而且無論如何，善解人意的她，會很貼心地保留著鐵路時刻表讓我慢慢研究，因為她知道這是一個鐵道迷最愛承擔的任務，也會盡量在行程上滿足這個愛坐火車，又愛拍火車的傢伙的需求。

而這幸運的傢伙，不只在過去的旅程有她作伴，未來也是。希望大家看完此書，也能跟著一起走進我們都喜歡的旅程中！

人生的旅途中有妳真好！

鐵道迷＋最強旅伴　小強

④推薦序

顛覆你對旅遊的想法

旅遊的深度就像交朋友一樣，該重質而不是量。「無料達人」Carmen 深深地顛覆了我對旅遊的觀念及態度，更為我的日本留學生活增添了豐富且值得紀念的回憶。

記憶中一次難忘的旅程是因 3 張免費的棒球門票而展開的舞洲之旅。那天一早便騎著腳踏車緊跟著「衛星導航」Carmen 飛快的左拐、右拐、直衝、上橋、下橋……歷盡千辛萬苦後，終於來到舞洲棒球場，看了場韓星隊與日本 TIGER OB 的友誼賽。球賽結束後，在附近的渡假村裡巧遇了小木屋當天的主人，還邀請我們進去參觀。當時，他們聽到我們從難波騎腳踏車到舞洲時都傻眼了，還直呼我們很有「元氣」！回程時，經過大阪市舞洲環境工場，本已過了參觀時間，沒想到管理員伯伯北野先生居然主動請我們進去參觀，還一路親切地介紹環保工場的相關知識。

另一次難忘之旅是奈良的汲水節，有一大群可愛的小鹿當地陪，模樣真的很逗趣！當晚，在二月堂前的人們高呼聲連連，一個個大火球從二月堂的廻廊開始，繞了一圈又一圈，火光劃破漆黑的夜空。活動結束後，我們在廻廊上欣賞古蹟之美，發現一群人正彎著身、低著頭，像在尋找著什麼似的，好奇地問了身旁的老太太，才知道原來他們在找剛剛火球燃燒後的灰燼，據說將它帶在身上能夠保平安、保健康。我想這神奇的灰燼對日本人而言也許是另一種「無料」的「御守」吧！很開心能和 Carmen 在日本有很多心體驗、心感受。如果你看完此書後也燃起想揹起行囊出走的衝動，那就事不宜遲，人生就該活在當下！而最重要的是：旅遊，可使人年輕！

同窗室友　奈美

作者序

有夢，人生才完整

我一直深信，每個人的生命裡都有一道彩虹。

怎麼樣的彩虹才算美？這沒有一定的標準。有人願意花一生的努力為自己的彩虹悉心裝扮，有人由始至終卻只喜歡簡單的色彩。每個人都有自由的選擇權。

從小就努力存錢，總相信有一天能為自己的夢出走，聽起來超酷。我希望能用雙眼去看，用雙腳去走，用心感受每一刻，拍攝一輯只屬於自己的《日本風情畫》。為了追逐這個兒時的夢，讓自己的彩虹色彩更豐富，我決定去日本留學。朋友知道我要捨棄高薪穩定的工作，便苦口婆心地勸說留學對工作沒有幫助，叫我要三思。

要放棄自己所擁有的一切確實需要很大的勇氣，但我卻不想被工作牽著鼻子走，庸庸碌碌地過一生；不想再當溫室裡的小花，希望能在逆境中再次成長，尋找迷失的自己。無論這個決定是對是錯，我只知道如果選擇留下，必定會後悔一生。於是，便拋開了一切，自私地上了飛機，向我的夢出發。

回到學生身份，需要面對的最大問題當然是生活開支。每天到超市或街市比價，到百貨公司的大型超市試吃，重複多拿幾份路邊發的免費護膚品試用包，這些都成為了我日本留學生活中的一部分。還請朋友幫忙修剪過頭髮，甚至利用紙箱做家具等，從這些瑣碎的小事中達到最高境界的省錢情操。

可能是「省錢省上癮」，所以連出外旅遊也不離「省錢」原則，利用不同的 Free Pass，分秒必爭，遊走日本。得知此書所介紹的 3 個 Free Pass 的存在後，便量身訂造了適合自己的旅程，結伴同遊，創造更多美好的回憶。現在，希望能藉此書，教你如何省錢遊島根、立山黑部和北陸這 3 個旅遊熱點，讓你們也能在日本有更多特別而又難忘的體驗！

由於這次追夢，我成為了朋友口中的「傳奇」人物，他們總用羨慕的目光看待這件事。其實所謂「傳奇」，只不過是我做了他們想做而不敢去做的事。簡單地說，我只是比他們多了一份勇氣，願意放棄擁有的現況，去尋覓另一個人生。但我相信，每個人同樣都有夢，只要願意踏出追逐夢想的第一步，你一定能跟我一樣，海闊天空。

現在，每隔一段時間便會回到這個熟悉的「故鄉」，探望仍在日本的朋友和在中華料理店打工時認識的老闆娘，發掘更多的 Free Pass 遊歷日本，繼續我未完的夢，而這個夢亦將會一直延續下去。
因為有夢，我才完整。

無料達人 Carmen Tang

本書使用說明

本書以「省錢」為最高原則，介紹日本好用的 Free Pass（日本企劃乘車券）。並利用 3 種不同的 Free Pass 旅遊日本島根、富山、北陸，教你利用省錢絕招，來趟不一樣的日本深度旅行！以下為幾種書中常出現的表格圖示，在此先做詳細說明，讓之後的閱讀更為順暢。

車票簡介

- 販售期間
- 有效時間
- ✓ 使用時間
- 可用期間
- 不能使用日期
- 販售地點
- 租車優惠
- 網址

車票簡介

- 2015 年 2 月 14 日～ 2016 年 3 月 31 日
- 出發前一個月至出發前一日（出發當日不能購買）
- ✓ 連續用 3 天
- 2015 年 3 月 14 日～ 2016 年 4 月 3 日期間
- 4 月 27 日～ 5 月 6 日（黃金週連休）、8 月 11 日～ 8 月 20 日（盂蘭盆節）、12 月 28 日～ 1 月 6 日（日本年假）
- 出發地周邊的 JR 西日本主要車站的綠色窗口
- S SCLASS 型 3,200円（限用 24 小時），駕車者自行預約，有效期內只能租一次

※ 可另補差額改乘綠色車廂（高級車廂）

玩家解析

日本全国 Ⓐフリー Ⓑ切符・乘車券

Ⓐ「フリー」是英文「Free」的意思，可解釋成自由、免費，在這裡也可當作全國各地的意思。

Ⓑ「切符（きっぷ）」有「票」的意思，無論是車票、電影票、購物禮券、入場票等票類都統稱為「切符」。

玩家解析

解答自助旅遊初學者的疑惑，屬於知識性的欄位。

玩家叮嚀

自助旅遊者、Free Pass 使用者必知的注意事項及小提醒。

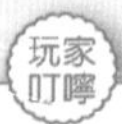

JR 西日本鐵路公司於 2014 年 5 月新推出了 2 個周遊券：

山陰 & 岡山地區鐵路周遊券（4,110円）及北陸地區鐵路周遊券（4,500円），只要分別配合舊有的關西廣域地區周遊券（7,200円）便可前往山陰及北陸等地區旅遊，2015 年發售時間自同年 3 月始。

旅人隨筆

大阪就像我們的另一個家，每次到日本旅遊都盡可能回到這個熟悉的地方尋找一下「那些年，我們一起留學的回憶」。再從大阪出發，向四面八方進發。記得留學時期總會利用「青春 18」車票作長征，晨早天未光就出門，過了凌晨才到家，這已成為了我們窮書生的旅遊方式之一。但萬也想不到，現在可使用 JR Pass 到日本旅遊後，雖可乘搭特急或新幹線，但我們的行程依舊緊湊。計劃行程時都會希望能用同樣的時間，遊覽更多的景點，好好善用 JR Pass 的特性。

旅人隨筆

記敘作者旅日的回憶，讀著讀著彷彿也成為作者的旅伴。

玩家教你省

當這個符號💡出現，即代表省錢達人開始傳授密技了！旅遊時如何更省荷包？看這個欄位準沒錯。

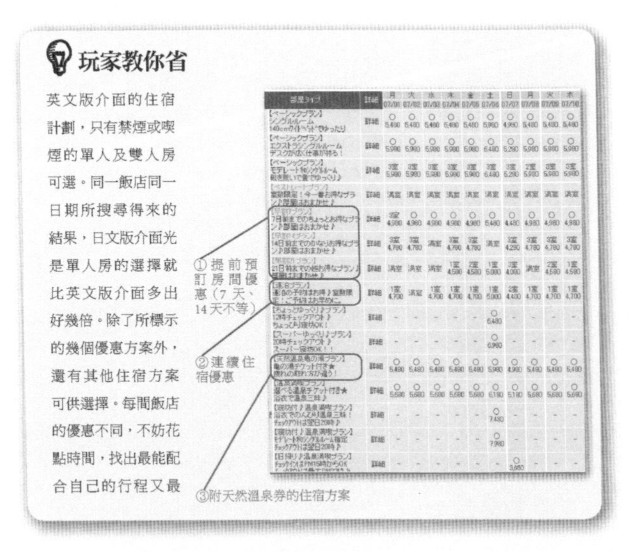

💡玩家教你省

英文版介面的住宿計劃，只有禁煙或喫煙的單人及雙人房可選。同一飯店同一日期所搜尋得來的結果，日文版介面光是單人房的選擇就比英文版介面多出好幾倍。除了所標示的幾個優惠方案外，還有其他住宿方案可供選擇。每間飯店的優惠不同，不妨花點時間，找出最能配合自己的行程又最

部屋タイプ	詳細	月 07/01	火 07/02	水 07/03	木 07/04	金 07/05	土 07/06	日 07/07	月 07/08	火 07/09	水 07/10
【ベーシックプラン】シングルルーム 140cmワイドベッドでゆったり	詳細	○ 5,480	○ 5,480	○ 5,480	○ 5,480	○ 5,480	○ 5,980	○ 4,980	○ 5,480	○ 5,480	○ 5,480
【ベーシックプラン】エクストラシングルルーム デスクが広く仕事が捗る！	詳細	○ 5,980	○ 5,980	○ 5,980	○ 5,980	○ 5,980	○ 6,480	○ 5,280	○ 5,980	○ 5,980	○ 5,980
【ベーシックプラン】モデレート和シングルルーム 靴を脱いで畳でゆっくり♪	詳細	3室 5,980	3室 5,980	3室 5,980	3室 5,980	3室 5,980	3室 6,480	3室 5,280	2室 5,980	3室 5,980	3室 5,980
【ベストレートプラン】室数限定！今一番お得なプラン♪部屋はおまかせ♪	詳細	満室	満室	満室	満室	満室	満室	満室	満室	満室	満室
【早割7プラン】7日前までのちょっとお得なプラン♪部屋はおまかせ♪	詳細	3室 4,980	○ 4,980	○ 4,980	○ 4,980	○ 4,980	○ 5,480	○ 4,480	○ 4,980	○ 4,980	○ 4,980
【早割14プラン】14日前までのかなりお得なプラン♪部屋はおまかせ♪	詳細	3室 4,780	3室 4,780	満室	3室 4,780	3室 4,780	満室	3室 4,280	3室 4,780	3室 4,780	3室 4,780
【早割21プラン】21日前までの超お得なプラン♪部屋はおまかせ♪	詳細	満室	満室	満室	1室 4,580	2室 4,580	1室 5,080	3室 4,080	満室	2室 4,580	1室 4,580
【連泊プラン】連泊の予約はお得♪室数限定！ご予約はお早めに。	詳細	1室 4,700	満室	1室 4,700	1室 4,700	1室 4,700	1室 5,000	2室 4,400	1室 4,700	1室 4,700	1室 4,700
【ちょっとゆっくり♪プラン】12時チェックアウト♪ ちょっぴり寝坊OK！	詳細	-	-	-	-	-	○ 6,480	-	-	-	-
【スーパーゆっくり♪プラン】20時チェックアウト♪ スーパー寝坊OK！！	詳細	-	-	-	-	-	○ 6,980	-	-	-	-
【天然温泉亀の湯プラン】亀の湯チケット付き★ 疲れの取れ方が違う！	詳細	○ 5,480	○ 5,480	○ 5,480	○ 5,480	○ 5,480	○ 5,980	○ 4,980	○ 5,480	○ 5,480	○ 5,480
【温泉満喫プラン】選べる温泉チケット付き★ 浴衣で温泉三昧♪	詳細	○ 5,680	○ 5,680	○ 5,680	○ 5,680	○ 5,680	○ 6,180	○ 5,180	○ 5,680	○ 5,680	○ 5,680
【寝坊付♪温泉満喫プラン】浴衣でのんびり温泉三昧！ チェックアウトは翌日20時♪	詳細	-	-	-	-	-	○ 7,480	-	-	-	-
【寝坊付♪温泉満喫プラン】モデレート和シングルルーム指定 チェックアウトは翌日20時♪	詳細	-	-	-	-	-	○ 7,980	-	-	-	-
【日帰り♪温泉満喫プラン】チェックインはPM15時からOK	詳細	-	-	-	-	-	-	○ 3,680	-	-	-

票券自由行頁面說明

本頁利用 Free Pass 票券，排定最道地、CP 值最高的旅遊行程，並提供省錢指數及行程總覽，讓你省得值得，玩得盡興！

作者提供親身走訪的行程懶人包，跟著作者的腳步走，就能輕鬆用票券玩日本。

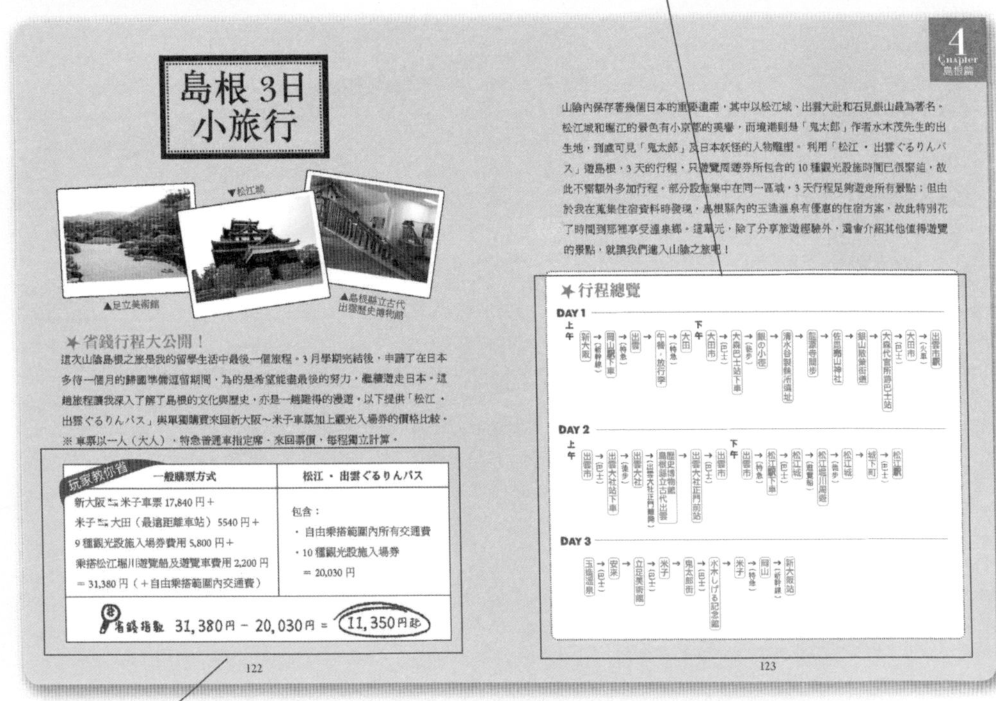

4 Chapter 島根篇

島根 3日 小旅行

▼松江城

▲足立美術館

▲島根縣立古代出雲歷史博物館

✶省錢行程大公開！

這次山陰島根之旅是我的留學生活中最後一個旅程。3月學期完結後，申請了在日本多待一個月的歸國準備逗留期間，為的是希望能盡最後的努力，繼續遊走日本。這趟旅程讓我深入了解了島根的文化與歷史，亦是一趟難得的漫遊。以下提供「松江・出雲ぐるりんパス」與單獨購買來回新大阪～米子車票加上觀光入場券的價格比較。

※ 車票以一人（大人），特急普通車指定席，來回票價，每程獨立計算。

一般購票方式	松江・出雲ぐるりんパス
新大阪 ⇆ 米子車票 17,840 円＋ 米子 ⇆ 大田（最遠距離車站）5540 円＋ 9 種觀光設施入場券費用 5,800 円＋ 乘搭松江堀川遊覽船及遊覽車費用 2,200 円 ＝ 31,380 円（＋自由乘搭範圍內交通費）	包含： ・自由乘搭範圍內所有交通費 ・10 種觀光設施入場券 ＝ 20,030 円

玩家教你省

省錢指數 31,380円 － 20,030円 ＝ 11,350円起

山陰內保存著幾個日本的重要遺產，其中以松江城、出雲大社和石見銀山最為著名。松江城和堀江的景色有小京都的美譽，而境港則是「鬼太郎」作者水木茂先生的出生地，到處可見「鬼太郎」及日本妖怪的人物雕塑。利用「松江・出雲ぐるりんパス」遊島根，3 天的行程，只遊覽周遊券所包含的 10 種觀光設施時間已很緊迫，故此不需額外多加行程。部分設施集中在同一區域，3 天行程足夠遊走所有景點；但由於我在蒐集住宿資料時發現，島根縣內的玉造溫泉有優惠的住宿方案，故此特別花了時間到那裡享受溫泉鄉。這單元，除了分享旅遊經驗外，還會介紹其他值得遊覽的景點，就讓我們進入山陰之旅吧！

✶行程總覽

DAY 1

上午 新大阪 →（新幹線）岡山駅下車 →（特急）出雲 → 午餐、放行李 →（特急）大田

下午 大田市 →（巴士）大森巴士站下車 →（徒步）銀の小徑 → 清水谷製錬所遺址 → 龍源寺間步 → 佐毘賣山神社 → 銀山散策街道 → 大森代官所跡巴士站 →（巴士）大田市 →（火車）出雲市駅

DAY 2

上午 出雲市 →（巴士）出雲大社站下車 →（徒步）出雲大社 →（出雲大社正門鳥居）島根縣立古代出雲歷史博物館 → 出雲大社正門前站 →（巴士）出雲市

下午 出雲市 →（特急）松江駅下車 →（巴士）松江城 →（遊覽船）松江堀川周遊 →（徒步）松江城 → 城下町 →（巴士）松江駅

DAY 3

玉造溫泉 →（巴士）安來 → 立足美術館 →（巴士）米子 → 鬼太郎街 →（巴士）水木しげる記念館 → 米子 →（特急）岡山 →（新幹線）新大阪站

122 123

比較「Free Pass 票券」與「一般購票」的差別，清楚列出省了多少錢。

目　錄

Chapter 3　行程安排

Chapter 4　島根篇：松江、出雲

Chapter 5 富山篇：立山黑部

Chapter 6 北陸篇：冰見、五箇山 親不知、金澤、東尋坊

※ 除車票價格已作出更改外，部分觀光設施等費用皆以日本未加消費稅前的 5% 計算，僅供參考，實際價格請以官方公布為準。

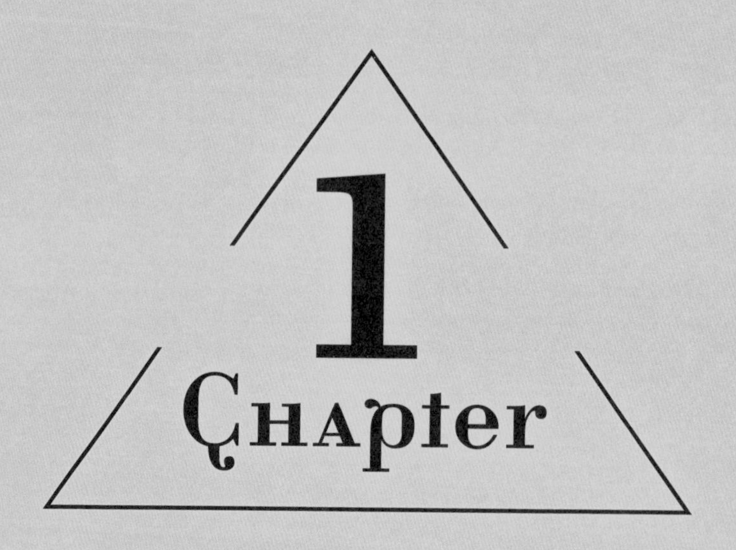

什麼是「Free Pass」

Free Pass 的分類、搜尋方法、
選購準則……小氣玩家報你知！

經我多年來遊日的經驗，發現各鐵路公司及各地區的交通機構等，為了鼓勵日本人多做本土旅遊外，同時亦推動旅遊業的發展，故不時會推出一些可統稱為「日本全国フリー切符 ・ 乗車券」吸引遊客，而這些乘車券任何人皆可使用。只要根據旅遊目的，選擇不同鐵路公司的乘車券，便可為旅程增添不少樂趣。

我喜歡把這些企劃乘車券統稱為「Free Pass」，除了不斷提醒自己這是優惠車券外，還可讓自己繼續以「無料（Free）」的精神遊走日本。這一章節，除了讓大家更深入認識「日本全国フリー切符 ・ 乗車券」外，還會就各種乘車券介紹幾個我曾使用過的例子說明一下。

日本全国フリー切符・乗車券

日本企劃乘車券

小氣玩家的第一步，認識 Free Pass

相信很多喜歡日本的朋友對 JR 鐵路公司專為短期留日旅客而設的日本鐵路通行證（Japan Rail Pass）並不陌生，因為每家 JR 鐵路公司都會就該地區的鐵路涵蓋情況，而推出不同的 Japan Rail Pass（以下稱 JR Pass），價錢比一般鐵路運費便宜很多，主要是在某時段內可任意乘搭 JR 鐵路、指定的 JR 巴士路線和 JR 渡輪等交通工具，確實是個非常吸引短期旅客的通行證。

但經我多年來遊日的經驗，到處搜集不同的日本交通資訊後，發現各鐵路公司（包括 JR 鐵路和其他私營鐵路）及各地區的交通機構等，為了鼓勵日本人多做本土旅遊外，同時亦推動旅遊業的發展，故它們不時會推出一些可統稱為「日本全国フリー切符 ・ 乗車券」（日本企劃乘車券）吸引遊客，而這些乘車券是任何人（包括外國遊客）皆可使用的。只要根據旅遊目的，選擇不同鐵路公司的乘車券，便可為旅程增添不少樂趣。

▲關西三天周遊券

▲京都一日巴士乘車券

▲鹿兒島路面電車一日乘車券

▲白浜一日巴士乘車券

▲箱根兩日周遊券

「日本全國フリー切符 ・ 乘車券」在日本各地區都有會配合當地特色景點而推出的乘車券或優惠車票，基本上可分為以下幾個地區。

玩家解析

日本全国 フリー(A) 切符(B)・乘車券

Ⓐ「フリー」是英文「Free」的意思，可解釋成自由、免費，在這裡也可當作全國各地的意思。

Ⓑ「切符（きっぷ）」有「票」的意思，無論是車票、電影票、購物禮券、入場票等票類都統稱為「切符」。

「日本全国フリー切符 ・ 乗車券」基本上可分為 4 種：

1. 日本全國（廣域）Free Pass（全國通用）
2. 跨越兩個或以上地區而橫跨不同 JR 鐵路公司的 Free Pass
3. 同一 JR 鐵路公司，但跨越不同區域的 Free Pass
4. 各地方政府的交通機構發行之轄區內用 Free Pass

「日本全国フリー切符 ・ 乗車券」（以下簡稱為通票或 Free Pass）是日本各個鐵路公司及各地方政府的交通機構所發行的通票（Free Pass）。而只屬 JR 鐵路公司所推出的通票都被稱為「特別企画乗車券」，而部分私鐵所推出的亦可稱為「企画乗車券」。本書所介紹的是包括 JR 鐵路公司和其他私營公司合作推出的 3 個 Free Pass，屬於上述的第三種類型，將於第三章（P.104）詳細介紹。

玩家解析

JR 是日本的全國性鐵路集團，雖然昔日是國有化的鐵路，但由於營運上出現問題，後來便將國有化的鐵路轉為民營化，把全國鐵路分拆，由不同的鐵路公司所經營，包括：

JR 北海道　JR 東日本　JR 東海　JR 西日本
JR 四國　JR 九州　JR 貨物

基本上他們沒有隸屬關係，但有幾家鐵路公司被統稱為 JR 集團。各個 JR 鐵路公司各出奇招，從改善服務到發展不同的新型列車等，務求達到讓乘客能在最舒適、快捷的旅途中，享受乘搭 JR 的樂趣為目標，吸引遊客。

現在的 JR 鐵路並不只單是交通，而漸漸成為了旅遊的其中一環。尤其以 JR 九州為例，從外型到座位的舒適度，甚至把幾個著名景點的特色設計於列車上，擔當著推廣九州旅遊業的重要角色之一。

顧名思義，日本各個地區都有專為旅客而設的 Free Pass，除可以因應自己個人的需要選擇合適的 Free Pass 外，更可自由乘搭使用區域內的鐵路、巴士、遊覽船或觀光巴士等不同的交通工具。部分 Free Pass 還包括優惠券、入場券、購物券等，讓旅客可用最優惠的價錢，達到 CP 值最高的旅遊目的。

「無料」「割引」「お得」？

無論是哪個國家的人，只要看到「免費」「特價」等字眼都會抱著「不能輸」的心態走過去多看兩眼，日本人也一樣，會在廣告牌上寫上「無料」「割引」「格安」等字詞招攬顧客，其中以「お得（おトク）」（otoku）這個字最受日本人歡迎。

很多人到日本旅遊，去藥妝店掃貨是必行的差事，藥妝店外經常利用「激安」「爆安」等字眼來吸引客人，千萬不要被他們誤導；如果已經鎖定目標，就要多花點時間做比價的工作，就算是同一間公司所屬的藥妝店，貨品價格也會差很多。

最受日本人歡迎的「お得」，這個詞有賺頭、便宜、益處的意思，有種「賺到」的感覺，例如：「お得宿」（otokusyuku）＝便宜的住宿；「お得切符」（otokukippu）＝便宜的車票等等。凡是見到「お得」，不用多說，過去瞧瞧就是。所以，日本人也稱這種「日本全国フリー切符・乗車券」為「お得切符」，在特別的條件下（使用範圍、列車種類、使用期間等），用最優惠的價錢供旅客使用的優惠車券。

▲「格安」也有超值的意思，比起「激安」，程度較低

▲「激安」表示價格夠「極致」，最近更多了「爆安」

▲到處可見「激安」字樣，代表商品超值的意思

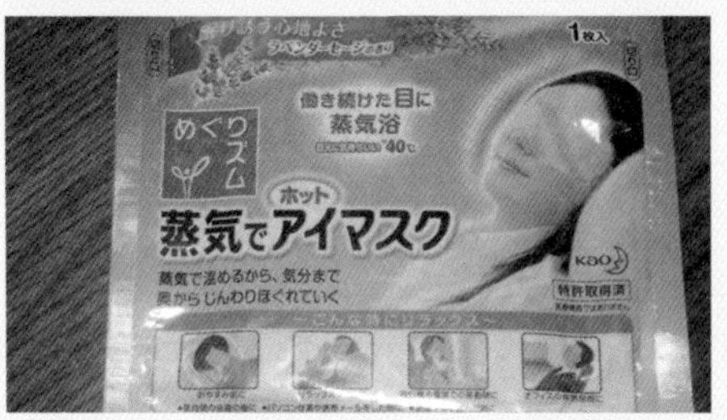

▲一盒 14 片裝的蒸氣眼罩普遍售價為 1,280円，但最低價格可以售 780円，一盒價格差 500円之多。想省錢，就千萬不能懶惰啊！

▲百貨公司內「お得」的字樣

日本全國 Free Pass（全國通用）

★範例：「青春 18」乘車券

喜歡到日本自由行的背包客，對「青春 18」乘車券應該不陌生。「青春 18」並沒有年齡或國籍的限制，但最好有足夠的體力做好一整天乘坐普通列車的準備，否則使用「青春 18」旅遊便會覺得有點吃力了。它可使用的期間主要為學校的長假期（春假、暑假及寒假），大約在假期前 10 天便開始發售。故此，計劃行程時要多留意。

車票簡介

- 可在一日內自由乘搭 JR 的普通或快速列車，次數不限。
- 供全國地區使用的 JR 鐵路車票，還可配合其他各地方政府的交通機構發行之轄區內用 Free Pass 使用。
- 價格 11,850 円，可分 5 次使用。平均一天為 2,370 円，只要一日來回大阪至和歌山就已值回票價。
- 當天購買，當天即可使用。最多可讓 5 個人同時使用，或者一個人於任意 5 天內使用，讓旅客能靈活安排行程。
- 此車票並沒有大人和小孩票之分，一律同價。

發售及使用期間

	發售期間	使用期間
春	2 月 20 日～3 月 31 日	3 月 1 日～4 月 10 日
夏	7 月 1 日～8 月 31 日	7 月 20 日～9 月 10 日
冬	12 月 1 日～12 月 31 日	12 月 10 日～1 月 10 日

· 發售期間及使用期間是根據每年的假期表而有所更改，但變動不大。

有效使用期間

車票可分 5 次使用，每次使用時間為一日，以 0 時至 24 時計算。（東京及大阪周邊電車的特定範圍是以尾班車為準，而並非以 24 時做終結）

可搭乘交通工具及範圍

- JR 鐵路全國普通列車及快速列車普通車自由席（特急、新幹線、急行列車不能使用）；普通列車的普通車指定席也可以利用，但必須要另付指定席票價。
- JR 西日本宮島航路（連接宮島車站至宮島碼頭的渡輪）。
- JR：BRT（巴士高速輸送 SYSTEM）。JR 鐵路部分因天氣或災害影響而導致某段時間不能通過的地方，會有代行巴士連接，所有 JR 鐵路公司的代行巴士或 BRT 皆可乘搭。
- 「青之森鐵道」：青森至八戶（可乘搭普通及快速列車），但只能在青森、野辺地和八万 3 個車站上下車，如在其他車站上下車必須付全程車票費用。

▲ JR 西日本宮島航路碼頭

▲ JR 宮島船，連接宮島與宮島駅的航路。宮島乃世界遺產：嚴島神社所在地

特別情況下可乘搭特急列車的路段

部分沒有普通列車運行的地方也可以免費乘搭特急列車，但只能乘坐普通車自由席，而且限制只能在某兩個站上下車；如在以上藍色路線以外的車站上下車，必須另付乘車券及特急券全部費用。

▲ 2013 年九州豊後高田至宮地間的鐵路被大雨沖毀，路段改由 JR 代行巴士行駛

售賣處

- 日本全國 JR 鐵路站綠色窗口「みどりの窓口」
- JR 旅遊中心
- 各大旅行社
- JR 東日本「指定席券售票機」及 JR 西日本「綠色券售票機」
- 部分特賣票務店亦會出售已使用過、剩下不同次數的「青春 18」車票

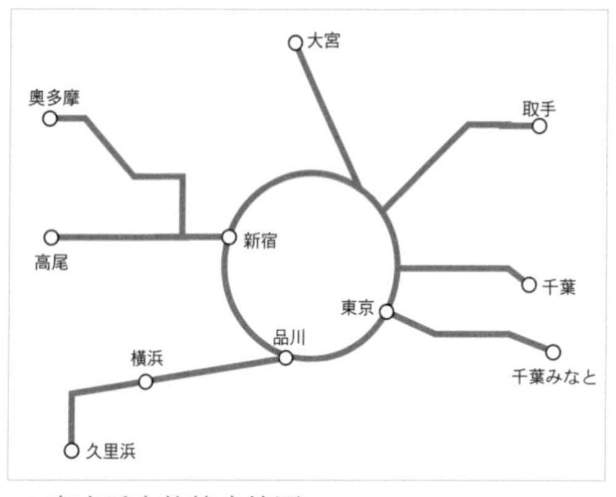

▲東京電車的特定範圍

▲青森北海道地區：蟹田站～木古內站

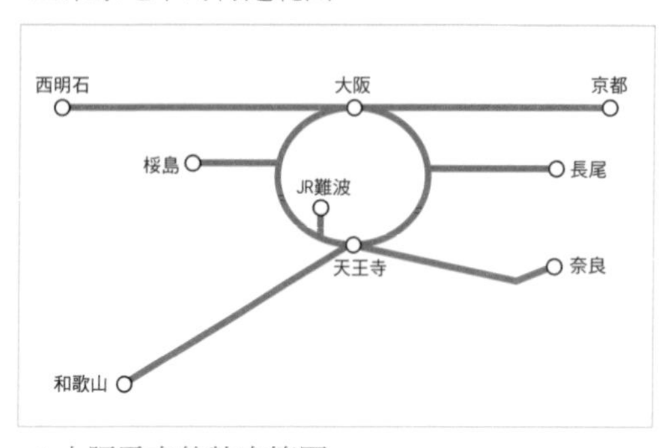

▲大阪電車的特定範圍

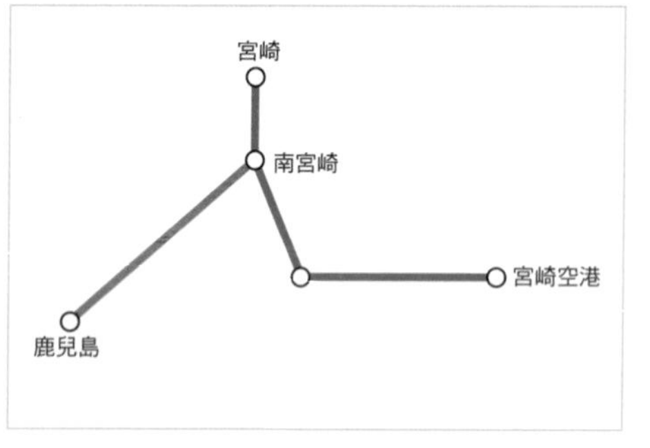

▲宮崎～南宮崎～宮崎空港

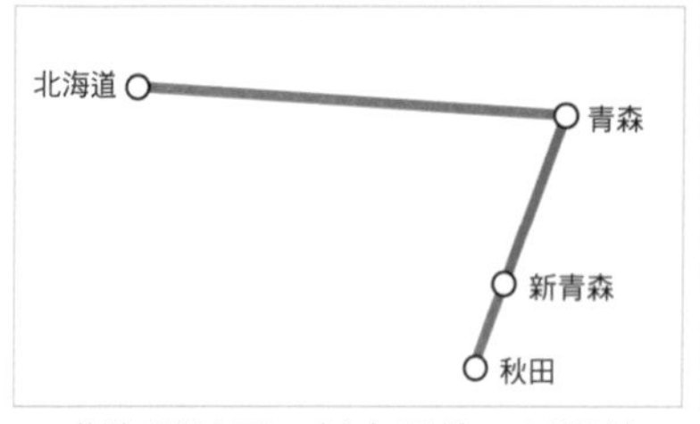

▲北海道地區：新夕張站～新得站

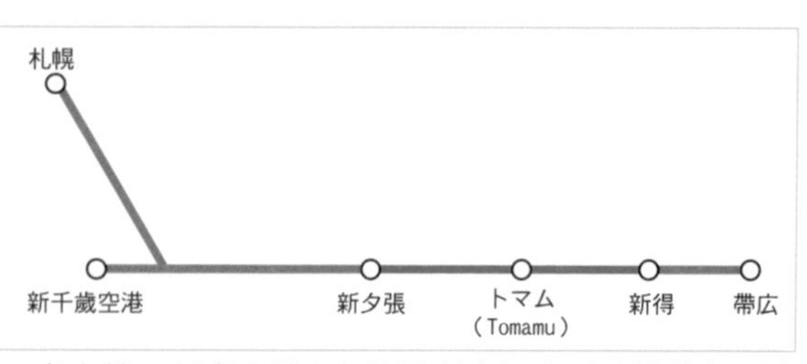

▲青森站～新青森站（有普通列車但也可乘搭特急列車）

玩家分享！「青春 18」乘車券這樣玩～

以下是我曾利用「青春 18」旅遊的往返行程，從下表就可知「青春 18」乘車券吸引人的地方！（青春 18 乘車券一次以 2,300 円計算，以未加稅至 8% 前票價計算）：

相隔距離最遠兩個車站	景點	日數	一般車費	可省車費	備註
大阪 - 廣島	廣島原爆館、宮島	一天（往返）	11,620 円	9,320 円	鐵路 + 渡輪
大阪 - 天橋立	竹田城跡、天橋立	一天（往返）	5,690 円	3,390 円	不含北近畿線
大阪 - 神奈川	横須賀、小田原	一天（單程）	9,140 円	6,840 円	
大阪 - 白浜	熊野古道、白浜	一天（往返）	5,880 円	3,580 円	
大阪 - 德島	德島、鳴門、高松	兩天（往返）	14,840 円	10,240 円	不含巴士費
東京→大阪	當作回程車票用	一天（單程）	8,510 円	6,210 円	

竹田城跡、天橋立一日遊～

出發地	目的地	交通	出發	到達	價錢	遊點	入場券	備註
大阪	竹田	電車	6:00	9:21	單行 2,300 円	竹田城跡	0 円	青春十八
竹田	竹田城跡	步行	9:21	10:30	來回			
竹田城跡	竹田駅		11:45	12:30				
竹田駅	和田山	電車	12:32	12:39				
和田山	豊岡		12:52	13:27				
豊岡	天橋立		13:51	15:03	去程 700 円			
天橋立	飛龍閣	空中吊椅			回程 700 円	飛龍閣	0 円	吊車割引券
天橋立	福知山		20:01	20:42		迴旋橋	0 円	
福知山	難波	電車	21:21					

▲躺在標高 350 多公尺的竹田城跡上的 7 個傻瓜

▲天橋立，倒頭觀看就像高高掛在藍天上的橋一樣而得名

▲竹田城跡，有「天空之城」稱號，被雲海包圍般懸在空中

跨越兩個以上地區而橫跨不同 JR 鐵路公司的 Free Pass

★範例：「北海道 & 東日本パス」（北海道及東日本 Pass）

基本上，這張票券的使用方法與「青春 18」差不多。

車票簡介

- 可乘搭 JR 東日本、JR 北海道全線、青之森鐵道、IGR 岩手銀河鐵道、北越急行線及富士急全線之普通列車自由席。
- 可另外購買急行券，便能同時乘搭急行列車（部分特急列車除外）。
- 大人一張 10,290 円，小孩一張 5,140 円，可連續使用 7 天。
- 可使用期間與「青春 18」乘車券相同。
- 當天購買，當天即可使用。

發售及使用期間

	發售期間	使用期間
春	3 月 5 日～4 月 17 日	3 月 14 日～4 月 23 日
夏	6 月 20 日～9 月 24 日	7 月 1 日～9 月 30 日
冬	12 月 1 日～1 月 4 日	12 月 10 日～1 月 10 日

・發售期間及使用期間是根據每年的假期表而有所更改，但變動不大。

有效使用期間

與「青春 18」乘車券相同，每次使用時間為一日，以 0 時至 24 時計算。但非東日本列車則不能乘搭，即——西日本範圍內不可使用。

▲「北海道 & 東日本パス」只能乘坐普通席自由席位置，要提早兩小時在車站內排隊，以免沒有座位而站一整晚

▲「急行はまなす」列車，從青森至札幌的夜行巴士，是很多日本人週末或假期回鄉時選擇的交通工具

可搭乘交通工具及範圍

- JR 東日本全線、JR 北海道全線。
- 青之森鐵道、IGR 岩手銀河鐵道。
- 北越急行線及富士急全線之普通列車自由席（* 富士急行：快速「富士登山電車」需另附座席券才能乘搭）。
- 只限制在東日本及北海道的鐵路使用。
- 其餘條件及範圍皆與「青春 18」相同，但需留意，「北海道 & 東日本パス」可免費乘坐「急行はまなす」列車從青森至札幌，但「青春 18」不能。

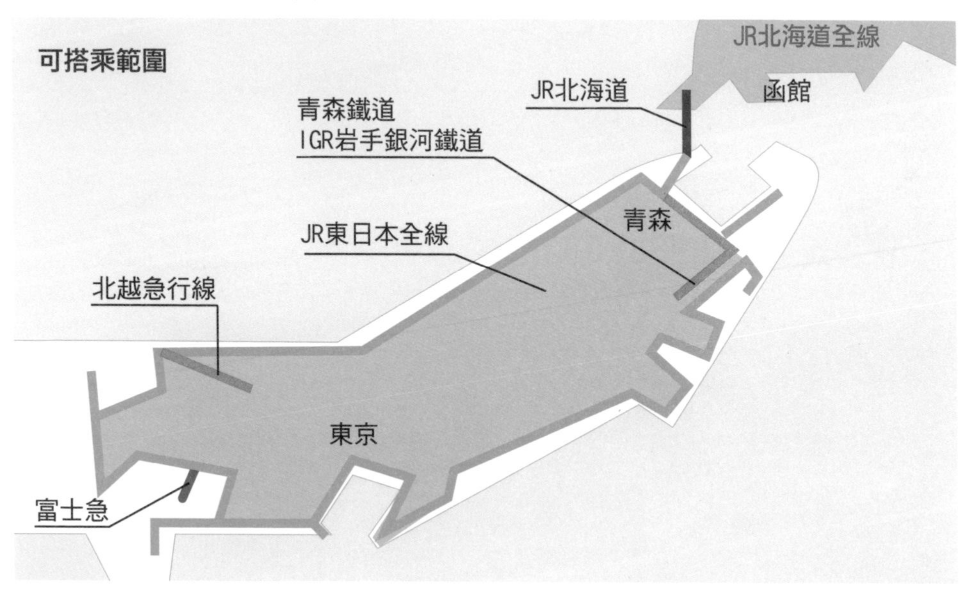

售賣處

JR 北海道及 JR 東日本的綠色窗口「みどりの窓口」（其他鐵路公司沒有發售）。

玩家分享！「北海道 & 東日本パス」這樣玩～

我曾利用「北海道 & 東日本パス」乘車券到北海道玩了 5 天！這趟遊走北海道的旅程中讓我最難忘的，是行程第四天的晚上，從札幌乘坐夜車到青森，再轉乘普通列車返回東京的這一段，加上鐵路延誤時間，共花了 24 小時 23 分才到達東京與朋友會合。雖然是趟極度花費體力和時間的高難度挑戰，但以「北海道 & 東日本パス」平均一天車費只需 2,000円來計算，這趟從北海道至東京的大遷徒之旅，非常超值呢！

利用「北海道 & 東日本パス」乘車券到北海道的 5 天行程表

日數	移動地區	景點	當晚住宿	一般車費	連續車程需時
DAY1	山形～青森～札幌	銀山溫泉、秋田	夜行列車	26,440円	15 小時 30 分鐘
DAY2	札幌～小樽～登別	札幌市內～小樽～登別溫泉	登別溫泉區	3,650円	--
DAY3	登別～小樽	登別地獄谷～小樽運河	小樽	2,730円	--
DAY4	小樽～青森	二世古、札幌	夜行列車	17,320円	8 小時 43 分鐘
DAY5	青森～東京	漫遊鐵路	東京	13,520円	14 小時 16 分鐘

・「北海道 & 東日本パス」乘車券 5 天行程只需 10,290円（包括 JR 鐵路費，以未加稅至 8% 前的票價計算）

省錢指數 63,660円 － 10,290円 ＝ 53,370円起
（5天基本車費）（北海道&東日本パス乘車券）

▲登別地獄谷觀光棧橋

▲札幌廳舊本廳舍

▲小樽運河

同一 JR 鐵路公司但跨越不同區域的 Free Pass

本書所介紹的 3 種 Free Pass 正是屬於這類範圍，會於 P.104 詳細介紹。

・（配圖①、②）松江・出雲ぐるりんパス／松江 ・ 出雲周遊券（P.114）

・（配圖③、④）立山黒部アルペンきっぷ／立山黒部阿爾卑斯山乘車券（P.162）

・（配圖⑤、⑥）北陸乗り放題きっぷ／北陸任乘放題套票（P.204）

❶

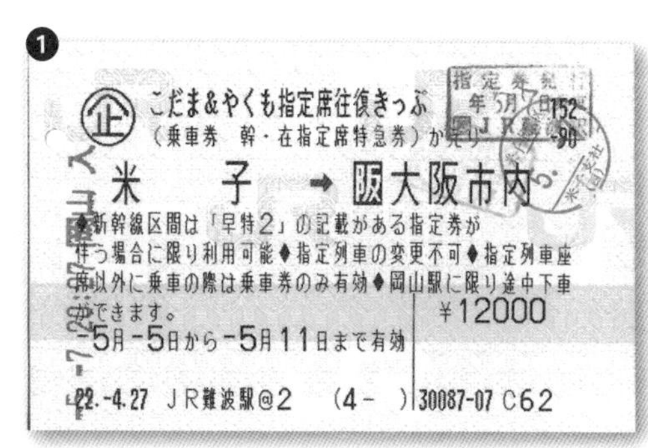

❷

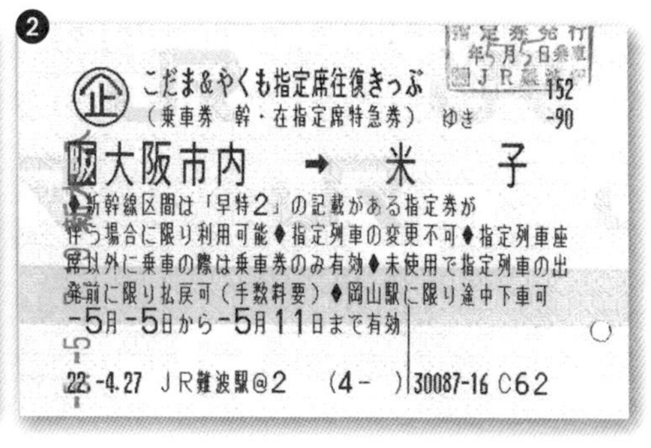

❸

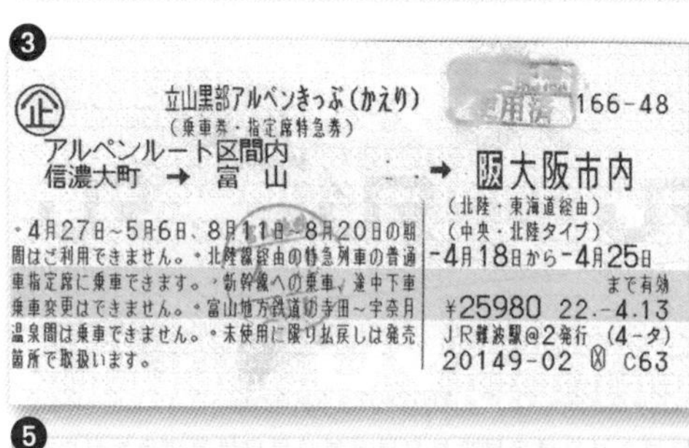

❹

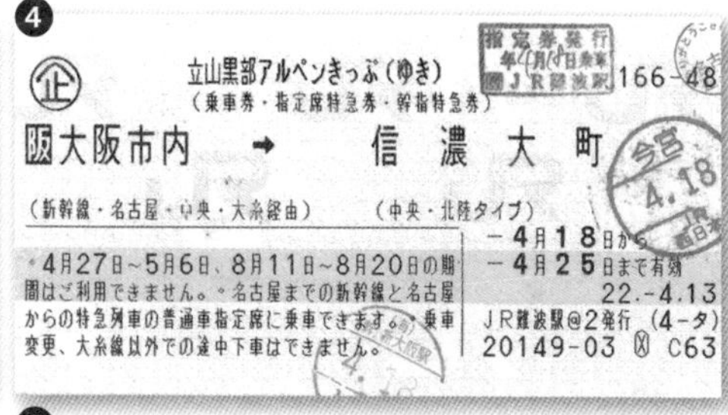

❺

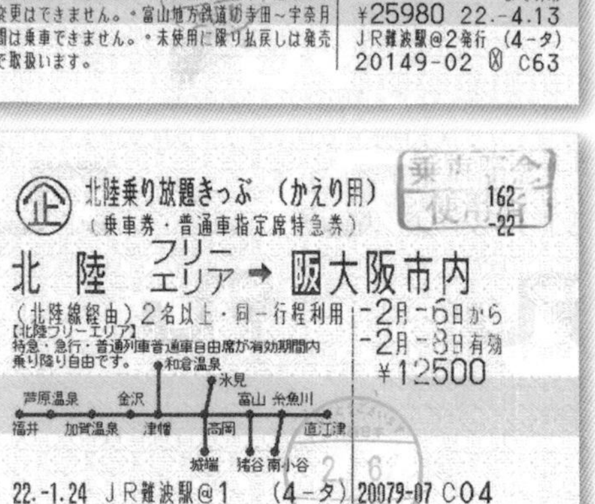

❻

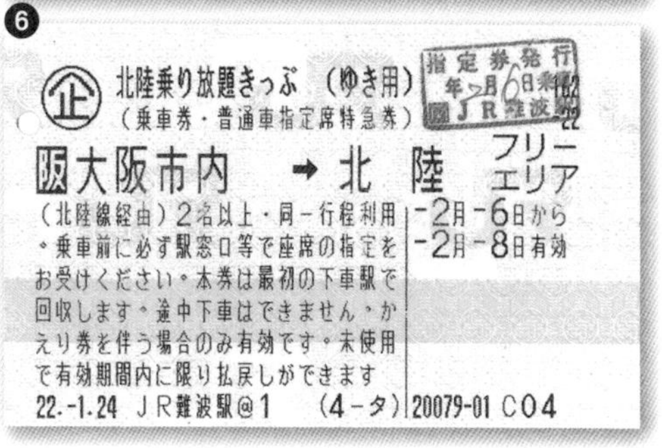

各地方政府的交通機關發行之轄區內用 Free Pass

大概可分為以下幾類：

- **市電一日乘車券：**只限於任意乘搭市區內的路面電車（圖①）。
- **巴士一日乘車券：**一天內任意乘搭市內巴士（圖②）。
- **回數券：**普通回數券有買十送一優惠，而假日的則有買十送四的優惠，還有其他的回數券優惠（圖③）。
- **JR 鐵路一日乘車券：**一天內任意乘搭市內 JR 鐵路（圖④）。
- **私鐵一日乘車券（非 JR 鐵路）：**一天內任意乘搭區內私鐵（圖⑤）。
- **市內一日乘車券：**一日內任意乘搭使用範圍內的地鐵、巴士及市內電車之乘車券（圖⑥）
- **周遊券：**除部分市內交通（包括：地鐵、巴士、鐵路（有限地區）等交通工具），也包括設施入場券或優惠券的套票（圖⑦、⑧）。

除以上介紹的 Free Pass 外，各都、府、縣還提供很多不同種類的 Free Pass 供旅客選用，這裡不能盡數。（可參考下頁所介紹的方法查詢）

①函館路面電車乘車券

②別府巴士乘車券（學生優惠車資 700円）

③阪急電鐵回數券

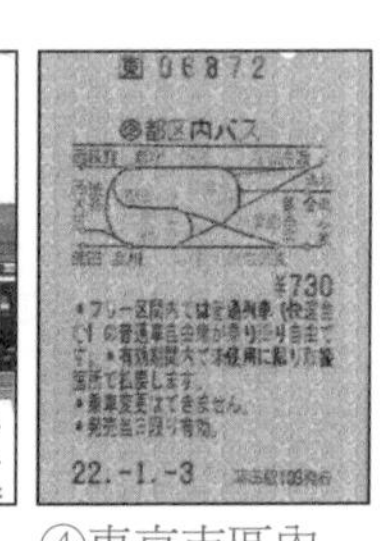

④東京市區內 JR Pass

⑤北近畿タンゴ鐵路全線通票（已於 2011 年 3 月 31 日停售）

⑥一日券（850円一天內可乘搭 3 種交通工具）

⑦ OSAKA 海遊一日乘車券（包海遊館入場券）海報

⑧關西兩天周遊券

Free Pass 何處尋？

動動手指，找到最合適的優惠票券

如何找到 Free Pass 的相關資料呢？在這分兩類來作個簡單介紹，第一類為 JR 鐵路公司的「特別企画乘車券」，第二類包括各地方私營鐵路公司所推出的 Free Pass。

JR 鐵路公司的「特別企画乘車券」搜尋方法

A 「トクトクきっぷ」（tokutokukippu）搜尋器

（※ 只有 JR 鐵路公司的「特別企画乘車券」）

Step1

先進入網址：www.jr-odekake.net/railroad/ticket/tokutoku，出現搜尋器版面。

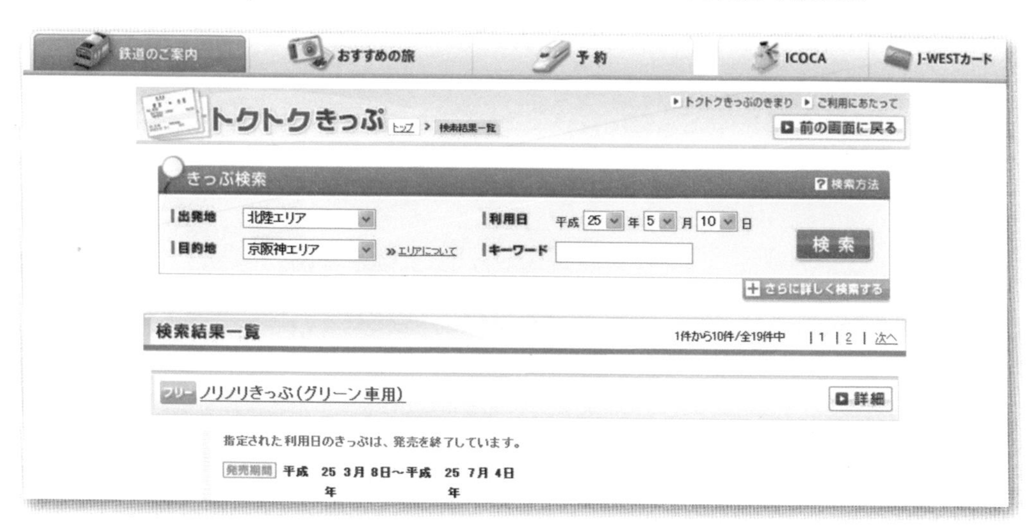

Step2

輸入各項資料。

①出發地（選擇地區）　③出發日期（年 / 月 / 日）

出発地　京阪神エリア　　利用日　平成 25 年 5 月 10 日　　検索
目的地　北陸エリア　»エリアについて　　キーワード

②目的地（選擇地區）　④ keywords（可不用輸入）　⑤再按「檢索」進入搜尋

Step3

按「檢索」後結果會顯示出該兩地區可使用的 Free Pass 種類及詳細資料。

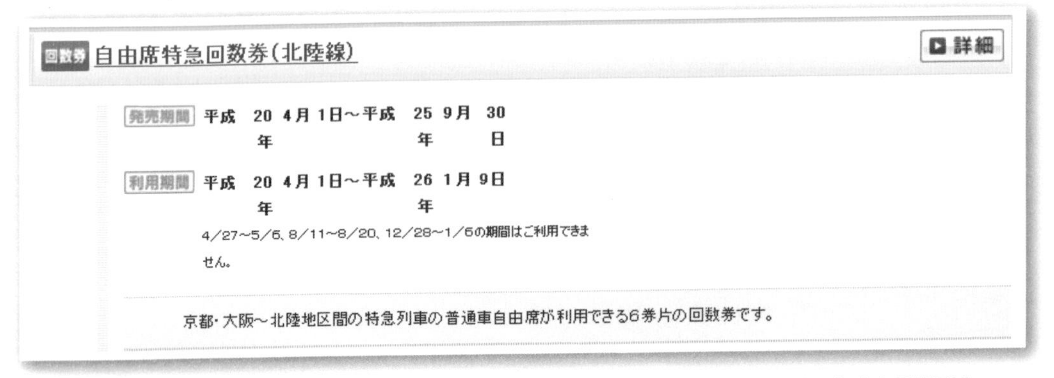

回数券 自由席特急回数券(北陸線)　　詳細

発売期間　平成 20 年 4月 1日～平成 25 年 9月 30 日

利用期間　平成 20 年 4月 1日～平成 26 年 1月 9日

4/27～5/6、8/11～8/20、12/28～1/6の期間はご利用できません。

京都・大阪～北陸地区間の特急列車の普通車自由席が利用できる6券片の回数券です。

※ 僅提供 JR 鐵路公司相關 Free Pass。各地方政府交通機構發行之轄區用 Free Pass 並不包含在這網頁內。

B JR 鐵路內的宣傳單

各大 JR 鐵路車站內都會有當季推出「特別企画乘車券」的宣傳海報或 DM 可供取閱，經過車站時不妨留意一下，可能會發現適合的 Free Pass ！

▲放有不同「おトクなきっぷ」（特別企画乘車券）宣傳 DM 的宣傳架

▲每個地區皆有就該區特色及景點而設的 Free Pass，每個 Free Pass 有獨立的宣傳 DM 供自由取閱

各私鐵網站的 Free Pass 搜尋方法

以大阪為例，大阪駅內除 JR 鐵路及地鐵外，還有多種私鐵供遊覽關西地區時使用，故可以到各私鐵網站查詢。以下以「阪急電車」作一例子：

Step1

先進入網址：rail.hankyu.co.jp。（若想搜尋其他私鐵，在搜尋器內輸入你想找的私鐵名稱即可找到相關網站）

Step2

選擇進入

乗車券·運賃
定期券を購入する
お得な乗車券のご案内

お得な乗車券のご案内（優惠乘車券資訊）。

Step3

便會出現多種 Free Pass 詳細資料。雖然也可用中文版搜尋，但可選的 Free Pass 較日文版少。

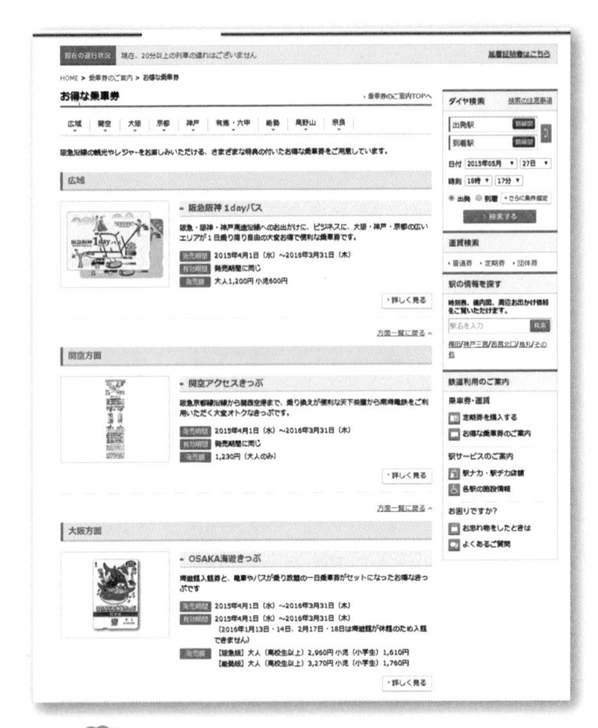

TIPS

日本全國 Free Pass 會於每年更新票價、使用範圍、可乘搭列車種類等會因應鐵路的不同情況而有所更改或被取消，請於決定行程前於以上兩個搜尋器內先確認各類 Free Pass 的最新售賣情況。

雖然網站都是日文，但基本上看漢字也能猜得出大概的資料，特別要注意的是：使用日期、價錢，還有相關可使用範圍的路線圖，只要比對一下本書的內容，就能知道差異在哪裡了。如果到了日本才發現票券內容有所更改，影響行程的話，那真的是太可惜了！

玩家叮嚀

還有更好用的搜尋網站！

很多網站都有介紹不同種類的車票，但我覺得以下這個網頁所介紹的 Free Pass 資料更為詳細，而且更新較快，值得向大家推薦：旅処「たびどこ」（包含 JR 鐵路及非 JR 鐵路公司的 Free Pass）

網址：tabi.iinaa.net/index.html

搜尋：在 menu 內選旅遊地區即可看到該選項的相關 Free Pass，包括 JR 鐵路及非 JR 鐵路公司。

各類 Free Pass 屬性比一比

用途區分清楚，使用如魚得水

切符、乗車券及周遊パス的分別

日本的車票種類繁多，票名也很容易讓人混淆，在這裡嘗試說明一下它們的分別。全國日本 Free Pass 會經常出現以下一些名稱：「切符」「きっぷ」「パス」「乗車券」或「チケット」等。看到這些名稱，就大概能分辨得出各類 Free Pass 所包含的票類屬性，例如：「乗車券」就是只供遊客乘坐鐵路或巴士專用的車票；「パス」（Pass）則是包含入場券或優惠券等套票。但為免大家混淆，所以決定在這裡介紹它們最基本的分別。

★「切符」（kippu）

也稱作「チケット」（chiketo）。「チケット」是外來語，是英語 ticket 的意思，基本上兩者皆可共用，但若真的要分別，也可把前者歸屬於較便宜的票類，後者則為較昂貴的票類。「切符」多用於車票、入場券及門票等；「チケット」則多指飛機票、電影票或演唱會票等為主。在各鐵路公司購買得到的單程車票都稱為「切符」。而巴士的車票、船票等也同樣被稱為「切符」，有時也會被稱為「整理券」，是「切符」的一種。不過要留意的是，日文漢字中的「票」則是單指選舉用的票，而並沒有車票或入場券的意思。

▲大石田至山形的乗車券

★「乘車券」

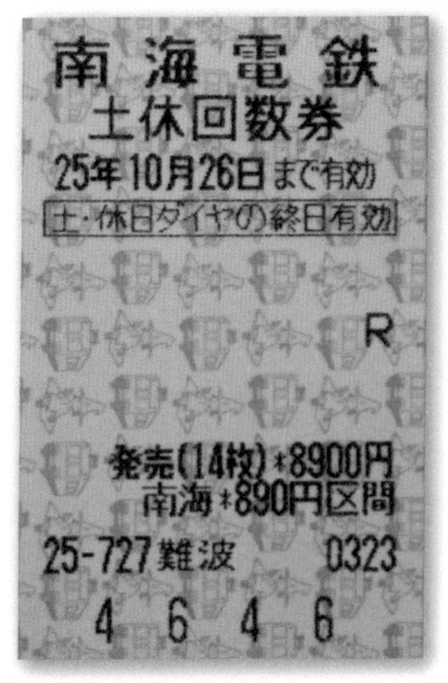

▲南海車票

一般指運載旅客的交通工具所用的車票。乘車券主要是指鐵路、巴士等陸上交通工具所使用的車票名稱。乘船券（船票）、航空券（機票）等用語則表示不同交通工具的票種。在日本的鐵路內，乘車券是指普通列車的普通車自由席車票，而急行列車及其他特別車種的列車則需要另加特別急行券、特急券或寢台券等額外的車費來區別。此類乘車券只能乘搭相關鐵路的列車，而並不包括入場券的額外優惠。乘車券是「切符」的一種。「切符」是所有票務的統稱，而乘車券則只單獨指陸上交通的車票。

▲ JR 鐵路單程車票

玩家叮嚀

日本人都會把所有票類統稱為「切符」（きっぷ）。他們不會刻意去分辨種類，基本上，只要看到這幾組日文字，就都知道是與車票有關，所以也會出現錯配的情況。本書所介紹的 Free Pass 中，「乘車券」也可能包含一些「割引券」的優惠；但不用緊張，只要按票類所寫的條件去使用，就不會有問題。

★「周遊パス」（周遊 Pass）

簡稱為「パス（Pass）」，是通行許可證或套票的意思。我們最常接觸的就是 JR 鐵路公司專為外國旅客而設的 JR Pass（此票可以在某一個地區任意乘搭各種指定的 JR 列車，並沒有指定往返的車站）。JR Pass 主要是乘坐 JR 的鐵路列車，包括新幹線、特急及其他車種，而不能乘坐其他非 JR 鐵路的列車。日本全國 Free Pass 中所指的「周遊パス」，除包括限定地區範圍內的 JR 或私營鐵路車資外，還包括了部分市區內的觀光巴士、遊覽船、纜車等費用。另外，大部分的 Pass 都會包含觀光設施和景點入場券、優惠券等。總括來說，就是「一卡在手，日本通行」。此類「周遊パス」對遊客來說是既方便又省時的選擇。除可省去購買各種交通工具的車票時間外，同時也可減少很多不必要的麻煩，而且，價錢一定比分開購買各類票務更划算。

至於一般路線巴士的乘車券，都是在乘車時或下車時直接以現金、回數券或巴士儲值卡的形式支付車費，很少會有專為巴士而設的乘車券。但是，部分路線巴士或長途巴士的乘車券，可以在售票機或巴士總站內的售賣處購買，部分觀光地區的高速或長途巴士乘車券，也可在日本的旅行社購買。另外，為了慶祝一些特別的日子，例如新幹線通車、新型號列車首航等，鐵路公司亦會發行一些紀念乘車券來吸引旅客，很多電車迷會當作收藏之用。

◀巴士整理券，上車時從整理券機器取票，下車時把票和所需車費投入收費箱內即可

▼六甲山、有馬一日周遊パス，這是關西地區內的其中一種套票，可選擇阪神版、阪急版等。出發地不同，價錢便不一樣

▲大阪市內一日周遊券，包括任意乘搭大阪市內所有交通工具（JR 鐵路除外）及大部分觀光設施的入場券

取扱明細兼領収書（お客様控え）

発券日 2009年04月20日 時間 14時38分 お支払い金額
032901 日本橋一丁目店 7,000 円（税込）
予約番号 04192009691 中国ジェイアールバス株式会社
お客様氏名 様
お客様電話番号 *************
広島⇔福岡線広福ライナー0019便 乗車日：2009/05/03 出発時刻：23:35発
広島バスセンター⇒博多駅交通C
広島⇔福岡線広福ライナー0120便 乗車日：2009/05/05 出発時刻：22:35発
博多駅交通C⇒広島バスセンター
お支払い後の返金は当店ではお受けできません。お支払い内容に関しては下記へ直接お問い合わせください。
お問合わせ先： 中国ジェイアールバスワロートラベル広島店
電話： 082-261-5489 受付時間： 09:30-18:00
本紙は領収書として有効です。乗車券ではありません。
コンビニ店頭での払戻・変更はできません。
収納代行会社
ウェルネット株式会社
011-809-3300
この明細は大切に保管してください。
32901 収納印 '09.4.20 日本橋一丁目 ファミリーマート

▲長途巴士乘車券（廣島←→福岡）

日本全國區域 Free Pass V.S. 日本鐵路通行證（JR Pass）

本書介紹的 Free Pass 與大部分的 JR Pass 有何分別呢？很多人對於專為短期留日旅客而設的日本鐵路通行證（Japan Rail Pass，簡稱 JR Pass）一點也不陌生，因為對於很多外國遊客來說，它是到日本觀光不可缺少的鐵路通行證，方便又划算。雖限制不能乘坐 JR 鐵路以外的私鐵或部分 JR 鐵路車種，但仍然是很受歡迎的鐵路通行證

▲全國 Japan Rail Pass（7 天）

使用過全國 JR Pass 周遊日本各大小縣區數次，到處遊走，計劃行程時主要找 JR 鐵路沿線的景點，因為全國 JR Pass 可連續 7 天任意乘坐 JR 鐵路的普通、急行、特急列車及新幹線（東海道、山陽及九州的「NOZOMI 號」和「MIZIHO 號」除外）。如果行程主要以新幹線及特急移動的話，當然能把 JR Pass「用到盡」；但如果要去一些比較遠或偏僻的地方，沒有鐵路可到，而需要另外轉乘接駁車的話，利用 JR Pass 簡直就是大材小用。

▲全國 Japan Rail Pass（21 天）

既然一張 JR Pass 就可以滿足遊日的基本要求，那為什麼還要使用其他的 Free Pass 呢？理由好簡單，因為可以用更省錢的方法，為自己安排更合適的旅程，何樂而不為？另外，對於已經走遍日本各大景點的日本達人來說，此書所介紹的 Free Pass 可以讓我們發現更多的驚喜！

▲北九州 Japan Rail Pass（5 天）

本書所介紹的 3 個 Free Pass：「北陸任乘放題套票」「松江．出雲周遊券」及「立山黑部阿爾卑斯山乘車券」就是擁有 JR Pass 所沒有的獨特魅力。以下就這 3 個 Free Pass 與全國 JR Pass 作比較：

車券種類	外國人全國鐵路通行證（Japan Rail Pass）	日本全國 Free Pass
使用範圍	除了「全國 JR Pass」外，不同 JR 鐵路公司的 JR Pass 是不能在另一個 JR 鐵路公司範圍內使用。（如：西日本 JR Pass 不能乘搭 JR 東日本的鐵路）	包括可乘搭連接兩間不同 JR 鐵路公司之間的特急或新幹線指定席車票
使用期間	全國 JR Pass 分為： 7 天、14 天、21 天	各種 Free Pass 有不同使用期限，因應假期的長短而選適當的 Free Pass。以下以本書所介紹票券做舉例： 「北陸任乘放題套票」→ 3 天 「松江．出雲周遊券」→ 3 天 「立山黑部阿爾卑斯山乘車券」→ 8 天
購買方法	出發前預先購買，並需要至少 3 個工作天才能買到	在日本相關的交通機構即時購買，不用提前預約，亦沒有數量限制
使用交通	JR 鐵路普通、快速、特急和新幹線（不包括東海道、山陽、九州新幹線的「NOZOMI」號及「MIZUHO」號），及部分指定 JR 巴士及 JR 宮島渡輪	連接兩間不同 JR 鐵路公司的來回特急或新幹線列車指定席或自由席各一程（「立山黑部阿爾卑斯山乘車券」可乘坐山陽新幹線）在使用期間內任意乘搭指定地區的鐵路及其他交通工具（包括巴士、觀光列車、遊覽船或纜車等）
額外優惠	部分地區出示全國 JR Pass 可得到租車優惠	凡屬「パス」類的 Free Pass，皆附有部分景點入場券或割引券（折扣券）等

* 以上只根據本書介紹的 3 個地區性 Free Pass 與全國 JR Pass 比較，並非涵蓋所有 Free Pass。

旅人隨筆

大阪就像我們的另一個家，每次到日本旅遊都盡可能回到這個熟悉的地方尋找一下「那些年，我們一起留學的回憶」。再從大阪出發，向四面八方出發。記得留學時期總會利用「青春 18」車票做長征，晨早天未光就出門，過了凌晨才到家，這已成為了我們窮書生的旅遊方式之一。但萬也想不到，現在可使用 JR Pass 到日本旅遊後，雖可乘搭特急或新幹線，但我們的行程依舊緊湊。計劃行程時都會希望能用同樣的時間，遊覽更多的景點，好好善用 JR Pass 的特性。

使用全國區域 Free Pass 的優點

★縣區之間的移動

台灣到日本的直航飛機主要到達東京、大阪、北海道等大城市。如果要從這些地方出發，遠距離移動，除了使用外國人的全國 JR Pass 外，也可購買直通兩地的 JR 鐵路乘車券，不過單獨購買車票非常昂貴。屬該區域的 Free Pass 除包括來回兩地區的新幹線或特急車票外，該券亦可免費使用當地指定的部分交通工具，並附有部分入場券或購物優惠券。

▲京阪電車「比叡山 1day チケット」網頁頁面

▼京阪電車「鞍馬 · 貴船 1day チケット」網頁頁面

先以「松江 · 出雲周遊券」為例，其包括了以下 3 項交通費：

- 來回大阪←→島根的新幹線及特急普通車的指定席（或自由席）乘車券及特急券（根據縣區間距離價錢有所不同）。
- 任意乘搭松江及出雲區內可使用範圍的指定交通工具（包括 JR 鐵路普通或快速及特急列車、巴士、遊覽船等）。
- 區內的著名觀光設施免費入場券（共 10 種）。

此 Free Pass 價錢約 20,000円，而一般來回大阪至松江的 JR 鐵路費就需要 22,720円了，還需另付入場券及當地交通費用。單看來回兩地的車費，就非常划算。

★ 時間安排較彈性

日本全國 Free Pass 的多樣化，可以讓旅客輕鬆安排各種行程。有不同日數、種類及地區的通票可供選擇。根據假期的長短，可選擇一個或多個 Free Pass 好好計劃行程。

★除了鐵路以外，還有巴士乘車券或私鐵乘車券之分

日本除了 JR 鐵路外，還有很多私鐵（非 JR 鐵路）的可到範圍比 JR 鐵路更廣。由於日本交通競爭大，故私鐵的車票往往比 JR 更便宜。這些私鐵公司還會不時推出各地的周遊券或 Day Pass 吸引遊客。所以在決定遊覽地點後，最好花點時間搜集一下當地的交通情報，以免浪費金錢和時間。

★到非鐵路沿線的地方旅遊，方便又划算

如果要去一些非鐵路沿線的景點，除了鐵路費用外，其餘接駁或轉乘的交通工具費用也需預算在內。而 Free Pass 則除包括了鐵路費外，還包括了當地的交通費，例如「立山黑部阿爾卑斯山乘車券」已包括立山黑部山上的所有連接交通工具費用。

★其他旅遊優惠

部分全國 Free Pass 中的「周遊パス（Pass）」都包括了主要觀光景點的入場券、觀光巴士或觀光船。例如：「松江 ・ 出雲周遊券」Free Pass 已包括了松山城的遊覽船、連接玉造溫泉到足立美術館的接駁巴士等費用。

★省下安排行程的時間

旅遊前，很多人都會參考一些旅遊書，然後跟著書裡介紹的行程，又或是看別人的部落格介紹，藉別人的經歷分享再決定自己的行程。資料太多，花了很長一段時間，最後還是不知道該如何取捨。但利用全國 Free Pass 旅遊，只要閱讀地圖和搜尋 Free Pass 所包括的入場券或割引券等資訊，便能知道當地最有特色的景點和文化所在地，基本上一半的行程已經決定好了，省下不少時間。

★最好的旅遊時間

全國 Free Pass 部分是期間限定的通票，只要根據所訂定的月份去該地區遊覽，就能看到該區最具特色的一面。「立山黑部阿爾卑斯山乘車券」只在 4 月開山到 11 月閉山期間發售，除了可看到壯觀雪壁（4～6 月）外，還可看紅葉開遍整個山巒的美景！

★租車優惠

最近很流行自駕旅遊，部分 Free Pass 有租車優惠，到達目的地以後租車會有高達 2,000円的折扣優惠。（每種 Free Pass 不一樣）

★一票通行

購買全國區域 Free Pass 除了來回兩地的特急或新幹線需要預先劃位外，乘坐其他的交通工具，只需要出示 Free Pass 即可，省下了排隊購買車票及入場券等時間。

★不需在出發前預先購買

JR Pass 必須要預早在出發前購買，到達日本後換領通行證才能使用。由於辦理需花時間，最好是在出發前 3 天預先購買。全國 Free Pass，只需要在使用前一個月開始至使用當天或前一天於日本各售票的地方購買即可（每種 Free Pass 售賣場所不同，大部分於鐵路站可以買到）。如果到達日本後，發現打算要去的目的地天氣不好，又或是有什麼突發狀況需改變行程，可臨時改變要去的目的地，又或是取消行程。

★沒有數量限制

全國 Free Pass 的車票沒有數量限制，只要在發售期間前往各售票處即可買到，不用擔心會有售罄的情況。由於部分 JR Pass 限定只可在同一趟旅程中使用一次，故有一定的限制。不過，大部分的 Free Pass 是有使用期限的，故此在訂定行程時最好先查看一下該票是否已作出任何的修正或被取消（包括價錢、使用範圍及使用期間等）。

玩家叮嚀

JR 西日本鐵路公司於 2014 年 5 月新推出了兩個周遊券：

山陰 & 岡山地區鐵路周遊券（4,110 円）及北陸地區鐵路周遊券（4,500 円），只要分別配合舊有的關西廣域地區周遊券（7,200 円）便可前往山陰及北陸等地區旅遊，2015 年發售時間自同年 3 月始。

使用全國區域 Free Pass 的缺點

★使用人數限制

部分 Free Pass 必須兩個人以上才能使用，各種 Free Pass 的販賣條件不一樣，對於喜歡一個人旅遊的背包客來說，要清楚每種 Free Pass 所附帶的條件才行。

★有限使用期間

部分 Free Pass 是有季節限定的，例如「青春 18」車票就是季節限定，雖然發售期間都在長假，如聖誕或暑假，但其他時間就不能使用。

★區域車票種類太多，容易混淆

在安排旅程的過程中，要找到合適的 Free Pass 並不是一件容易的事。在全國 Free Pass 的網頁中，雖然分門別類地顯示了不同地區、縣區的 Free Pass 資料，但前往同一地區的 Free Pass 卻不止一種。有些只包括當地的乘車券，並不包括來回兩縣區的特急或新幹線車票；有些則是周遊 Pass，包括了入場券及來回兩縣區的特急列車車票。

其中「世界遺產（五箇山・白川鄉）套票（於北陸篇 P.243 會詳細介紹）」和「白川鄉・五箇山世界遺產轉乘乘車券」就是兩個不同類型、但遊覽同一地區的 Free Pass。前者是包括來回名古屋的特急指定席車票和富山一帶的交通費，13,500円；後者則是高山、五箇山、白川鄉和城端一帶範圍內的乘車券，只需 3,700円。價錢不一樣，可到的地方、可乘搭的交通當然也不一樣，要選擇哪一種車票，當然也是取決於行程的出發地或想要去的目的地來決定。

★部分車票並非廣泛被使用

Free Pass 的種類很多，部分 Free Pass 並未廣泛被使用，所以在旅程中，有可能會遇

▲「白川鄉 · 五箇山世界遺產轉乘乘車券」(3,600円,2013 年價格)

到一些並不清楚是否能使用該車票的司機,要解決這個問題,最好是先在網路上把 Free Pass 相關的說明或宣傳 DM 印出來(最好是日文版),並隨身攜帶,以備在被拒絕上車時出示給司機確認。基本上每位司機都會有一本 Free Pass 資料冊,可以翻查 Free Pass 的使用車種和範圍,但如果真的遇上完全溝通不了、或是固執的司機,那該怎麼辦呢?這個時候,就要請附近遊客服務中心的服務員幫忙解釋一下了。遊客服務中心的服務員基本上都會用英文溝通,有些地方更會有懂中文的義務旅遊大使為你解答問題。

✶ 大部分的地圖及資料都是日文

由於是日本全國地區的 Free Pass,主要使用對象是以日本人及長期留日者而設,所以相關資料主要也是以日文為主。只能靠資料裡的漢字來推猜它的意思,又或是利用網路的翻譯工具查詢。

Free Pass 的購買及使用

Step by step，購票一點也不難

認識了 Free Pass 的功能和特徵，現在來看看購買地點和使用的方法吧！

認識「みどりの窓口」

要購買日本全國 Free Pass，就需要先認識經常會利用到的「みどりの窓口」（midorinomado）。「みどりの窓口」就是綠色窗口的意思，顧名思義，JR 鐵路公司會在各主要車站內設置供乘客購買各類乘車券的票務處（小車站內的票務處會同時擔任綠色窗口的角色，而無人車站則沒有綠色窗口）。內部除了有專人服務顧客的櫃台外，還有各類票務的自動售賣機。於綠色窗口內可以買到各 JR 鐵路公司的鐵路乘車券（包括：普通乘車券、特急券、急行券等），以及由 JR 集團所發售的「特別企劃乘車券）」皆可在綠色窗口內購買。

▲記住這個標誌，就能輕易找到綠色窗口的位置

▼見到這個標誌就知道可以在這裡處理車票的事務，包括換取 JR Pass、劃位（指定席）或查詢列車空席情況等

▲車站內的「みどりの窓口」

主要地區綠色窗口的營業時間：

【機場】

	位置	營業時間
東京	成田空港	06:30 ～ 21:45
	成田空港 空港第 2 ビル	06:30 ～ 21:45
	成田	07:00 ～ 19:00
大阪	關西空港 JR 駅	05:30 ～ 23:00
名古屋	沒有綠色窗口，需轉乘名鉄前往名古屋 JR 駅才可購買 JR 鐵路車票	

【JR 鐵路站】

	位置	營業時間
東京	八重洲中央みどりの窓口 新幹線中央乗換口みどりの窓口 新幹線南乗換口みどりの窓口	05:30 ～ 23:00
新大阪	JR 西日本トラベルコーナー	09:00 ～ 20:00
	東口チケットプラザ 新幹線乗換口みどりの窓口	05:30 ～ 23:00
大阪	中央みどりの窓口 御堂筋口みどりの窓口	05:30 ～ 23:00
	連絡橋口みどりの窓口	09:30 ～ 21:00
名古屋	広小路口みどりの窓口 北通路みどりの窓口 中通路みどりの窓口 新幹線乗換口みどりの窓口	05:00 ～ 23:00

其他私營機構的 Free Pass 可於私營鐵路站購買；各種路面電車或巴士乘車券，則可在車站內（較小的車站則會在車站外）的客戶服務中心購買得到。

購票方式

購買各類 Free Pass 時，只要在紙張寫上欲購買的 Free Pass 名稱，同時寫上開始使用的日期及購買的數量，或把有關該 Free Pass 的宣傳品或海報遞給櫃台服務員看，如要同時劃位，只要把預定要乘車的日期、發車時間、出發地及目的地寫上後再一併遞上即可。

例如：

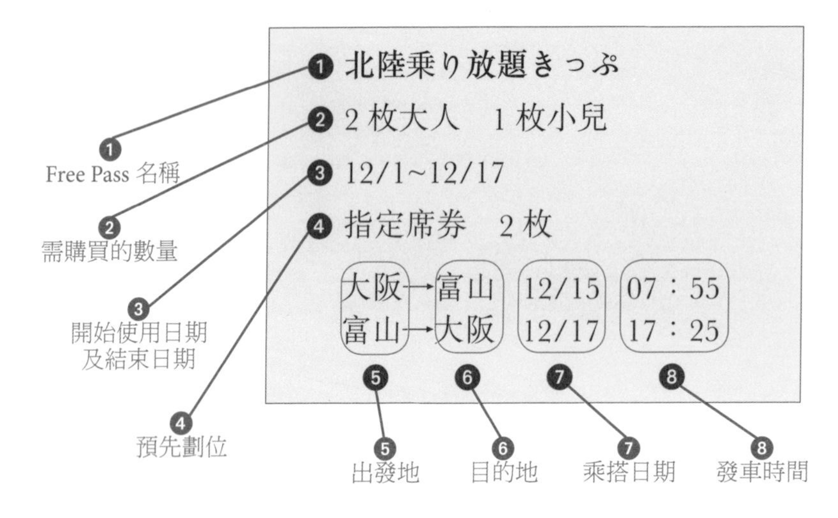

❶Free Pass 名稱需正確書寫，因有部分車票名稱相近，容易混淆。

❷「枚」是車票的單位。並不是每種 Free Pass 皆有小孩票。

❸12/1 ～ 12/7 即 12 月 1 日到 7 日，為開始使用日期及結束日期，並非購買日期。

❹「指定席券」即是為特急或新幹線預先劃位。建議在購買 Free Pass 時同時先劃來回車次的位置，確保一定有座位；否則遇上旅遊旺季，搶不到位置，就只好提早到車站等候同一列車的自由席。

❺❻「出發地→目的地」可寫成「大阪→富山」及「富山→大阪」。

❼ 乘搭日期，為預計搭乘使用的日期。

❽ 發車時間可預先在網站上確認，或直接查看 JR 時刻表。以 24 小時報時制寫出比較好。（要留意的是，發車時間可能會因為 JR 鐵路的情況而有所更改，除大型的突發事件會出現延誤或取消，普通情況下也有可能出現網路時刻表與實際發車時間的誤差，請以車票上所列發車時間為準）

★購票程序

Step1：把這些寫有購票及劃位資料的紙遞給票務員。

Step2：櫃台票務員會耐心地跟旅客確認車種、發車日期及時間等資料，請務必核對車票上所列的資料是否有誤。

Step3：成功購得車票及劃位。

▲綠色窗口內可供查閱的 JR 時刻表

▲可自由拿取的小封袋（放車票用）

在日本的國定假期，會有很多人出外旅遊；故此，在綠色窗口輪候購票的時間會較久，也未必能保證有座位。所以建議一到日本，就先處理所有票務事宜較佳。日本的主要長假：

- 年假：每年 12 月 28 日至翌年 1 月 6 日
- 黃金週：4 月下旬至 5 月中旬
- お盆（obon）：日本的中元節，約在 8 月中旬

使用方式

Free Pass 的使用方法非常方便，它本來就是一張乘車券，不用另外購買車票也可以隨意乘搭指定範圍內的普通、快速及指定的特急或新幹線普通車自由席。在乘搭鐵路時，只要在閘口旁的票務員前出示有效的 Free Pass 就能隨意通過。部分 Free Pass，還可以免費換領來回兩縣區之間指定的特急或新幹線列車的指定席券。如要乘坐其他交通工具，則在上車或下車時出示該 Free Pass 即可。

跟 JR Pass 不一樣的是，Free Pass 可以單獨使用而不需要出示任何的證明文件或護照，非常方便。如乘搭新幹線或特急，則要留意在列車上會有車長查票，必須同時出示 Free Pass 及指定席券。有時，出閘時票務員也會要求出示指定席券，故此，最好把車票一拼遞上。另，部分車站會收回指定席券，如想要留為紀念，可在指定席券上蓋印以示車票無效即可把票帶走。

其他票券的購買途徑

★各私鐵所發售的 Free Pass

大部分的 Free Pass 都可在各私鐵的車站售票處內購買，但部分的地區性周遊券，需留意是否有特定的販賣場所，因為就算是在可使用範圍內的車站，也未必購買得到。比如阪神周遊券，並不是每個阪神車站都有販售，只能在大阪車站購買，而難波則沒有賣。

★巴士類 Free Pass

大部分的巴士類 Free Pass 可於車站內的遊客服務中心購買，部分 Free Pass 有學生優惠，只要出示學生證即可得到折扣。特別以京都的巴士周遊路線規劃較為完善，若到京都旅遊可以考慮利用京都的巴士 Day Pass。

✶集合不同交通機關發行的 Free Pass

能同時乘坐多所鐵路公司（除 JR 外）的列車或巴士等不同交通工具的 Free Pass，除可以在較大的車站內購買外，也能在旅客服務中心買到。例如：關西 2 天／ 3 天周遊券，在南海電車站內的遊客服務中心買得到。

✶其他票務和 Free Pass

部分較常用的 Free Pass 則可以在坊間的「金券ショップ」購買。「金券ショップ（金券 Shop）」就像是東京的大黑屋，大阪也有很多印有「チケット」字樣、店面貼滿不同票價，專賣不同特價票務的店鋪，包括車票、圖書卡、百貨公司禮券及電影票等，也有收購車票服務。上述提及的、較多人使用的 Free Pass，如：青春 18 及關西 3 天周遊券（關西 2 天周遊券因專為外國人而設，故只能在遊客服務中心購買）等，都可以在此找到較便宜的車票。（後面有詳細介紹如何利用「金券 Shop」的省錢方法）

▲南海電車（難波總站）的遊客服務中心

▲櫃面售賣各類票種

▼大黑屋的票務店

不只省錢，更要賺錢？

若想要更省錢，就要先認識「金券ショップ（金券 Shop）」！這是我每次遊日必去尋寶的地方，值得特別介紹。

金券ショップ介紹

「金券ショップ」所售賣的車票往往會比普通車票的定價便宜，因他們會把不同私鐵的「回數券」購入後，再以單張形式發售。「回數券」以贈送優惠回贈長期顧客，故每張車票的平均價格往往比較便宜，而週末及假日的回贈優惠更多，這樣就方便了那些用不著多張「回數券」的顧客，可以低價購入單張「回數券」的車票。例如：從難波坐南海電車到關西機場單程 920 円，如果在金券 Shop 購買，則只需要約 690 円（週末及假日價格）而已。除了私營鐵路的優惠票，還有 JR 新幹線的車票，但若是主要以 JR 鐵路來旅遊，還是建議大家利用 JR Pass 比較划算。

其他票類也都會以較低價出售，如一張 5,000 円儲值圖書卡，金券 Shop 內只賣 4,780 円左右；1,000 円百貨公司禮券只賣 956 円，由於每間金券 Shop 的售價不一樣，有時間可以多走幾家比價。

▲「青春18」買入賣出價紙條（用剩一次賣出的單價會最高）

買賣方法（以「青春 18」為例）

前面介紹過的「青春 18」車票可以使用 5 次，如果未能把行程剛好安排在 5 次的情況下，可考慮把用剩的票券賣給這類金券 Shop。例如：兩人來回大阪至東京一次，共用去「青春 18」4 次，剩下的一次便可拿去賣。金券 Shop 的收購價會因應剩下可使用的時段做出調整，而價格亦會因應剩下的次數及店鋪而有所不同。如果在春季使用期間較早期賣出，剩下一次的「青春 18」便可賣得愈高的價錢，甚至可高達 3,300 円。

「青春 18」一次的平均使用價格是 2,300 円，賣出該次的車票價格即可倒賺 3,300-2,300=1,000 円呢！但如果在可使用期段較後期（即快到期的車票）賣出，則價格會較低。剩下一或兩次的車票皆可賣到比 2,300 円高的價錢！只要出示「青春 18」車票，在金券 Shop 內向服務員說一句：「売りたい（uritai）」或用英文溝通即可。他就會用計算機跟你報價，成交後他收下車票，再把現金送上，有時候會請你簽個名作實收到款項。相反，如果一早就知道用不著 5 次「青春 18」，也可以考慮到金券 Shop 購買別人用剩的。如果是快到使用限期前就會以低價出售！

行前準備

路線規劃、住宿訂房、
WIFI 租借……
省錢祕訣大公開！

想要不一樣的日本之旅？想擺脫東京、大阪的城市誘惑？想要來個日本深度之旅？不論你是嚮往日本的傳統文化、工藝，或是鍾愛日本的田舍風光，如果想利用本書介紹的 Free Pass 到日本自由行，就需懂得如何預訂適合的住宿和規劃旅遊路線，為自己計劃既刺激又好玩的日本小旅行，探索不為人知的神祕國度，你也能成為日本達人一族。

另外，有什麼方法可節省住宿的費用呢？所謂節省，是在不偏離「省錢原則的情況下，選擇物超所值的旅館」而非單指最便宜的住宿。這一章除了教大家尋找廉價住宿的方法和技巧外，還會提供不同等級的旅館推薦。

路線規劃

善用網路資源，計劃完美行程

住宿費和交通費是一個旅程中必須的支出，選擇適當的 Free Pass 旅遊，本身就是節省交通費的方法之一。要善用 Free Pass，需先懂得如何查詢相關的交通資訊，確保各種交通工具的運行情況，預先知道鐵路或巴士的班次時間表，可以使我們的旅程更順暢。

如果要在日本做遠距離移動，就非要把握鐵路列車班次時間表不可。若不幸錯過了列車，而延誤了行程，實在很可惜！除非有足夠的假期可以讓你來個自由人，否則在出發前還是先確保各交通的運行情況比較妥當。

JR東日本和 JR西日本範圍

日本 JR 鐵路公司把日本分為兩個部分：JR 東日本和 JR 西日本，當我們需要搜尋相關的鐵路資訊時，就要懂門路，找對位置可免去不少麻煩啊！

JR 東日本

可預約範圍

不可預約範圍

新青森
秋田
新莊
新瀉
長野
名古屋
東京

東北新幹線
秋田新幹線
山形新幹線
上越新幹線
長野新幹線

JR 西日本

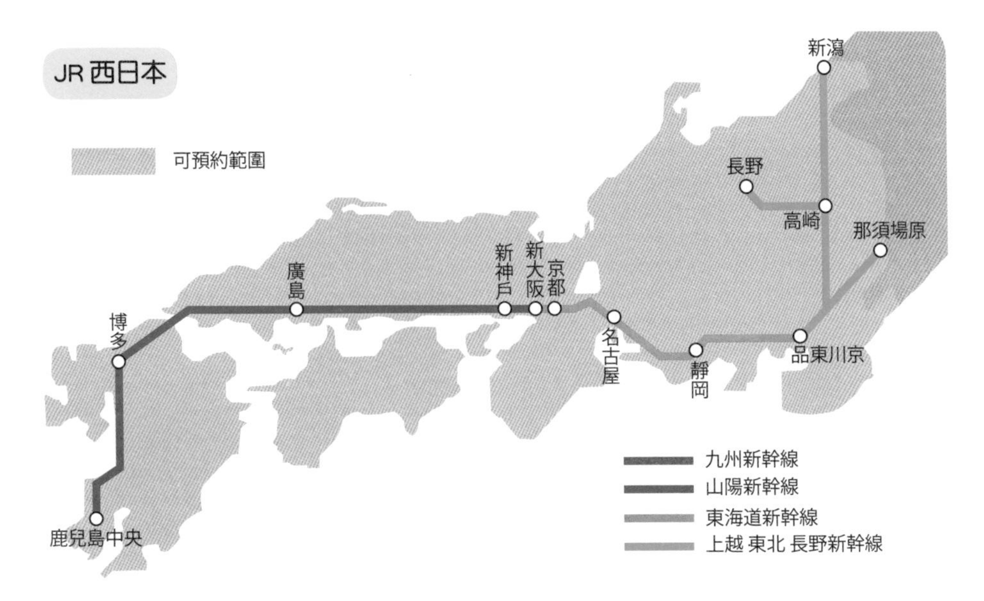

好用的路線查詢系統

以下將會詳細介紹3個網路上查詢路線的系統，分別為：
ⒶYAHOO! JAPAN 路線情報
ⒷJR 鐵路時刻表
ⒸJR 西日本及 JR 東日本網站。（語言可選中文或英文，不懂日文的人可優先利用哦！）

Ⓐ YAHOO! JAPAN 路線情報

Step1

輸入網址：transit.loco.yahoo.co.jp，會出現這個頁面。（此查詢系統可以找到所有 JR 鐵路及非 JR 鐵路的私營機構交通路線）

Step2

輸入各項資料（出發地及目的地以中文輸入法即可）。

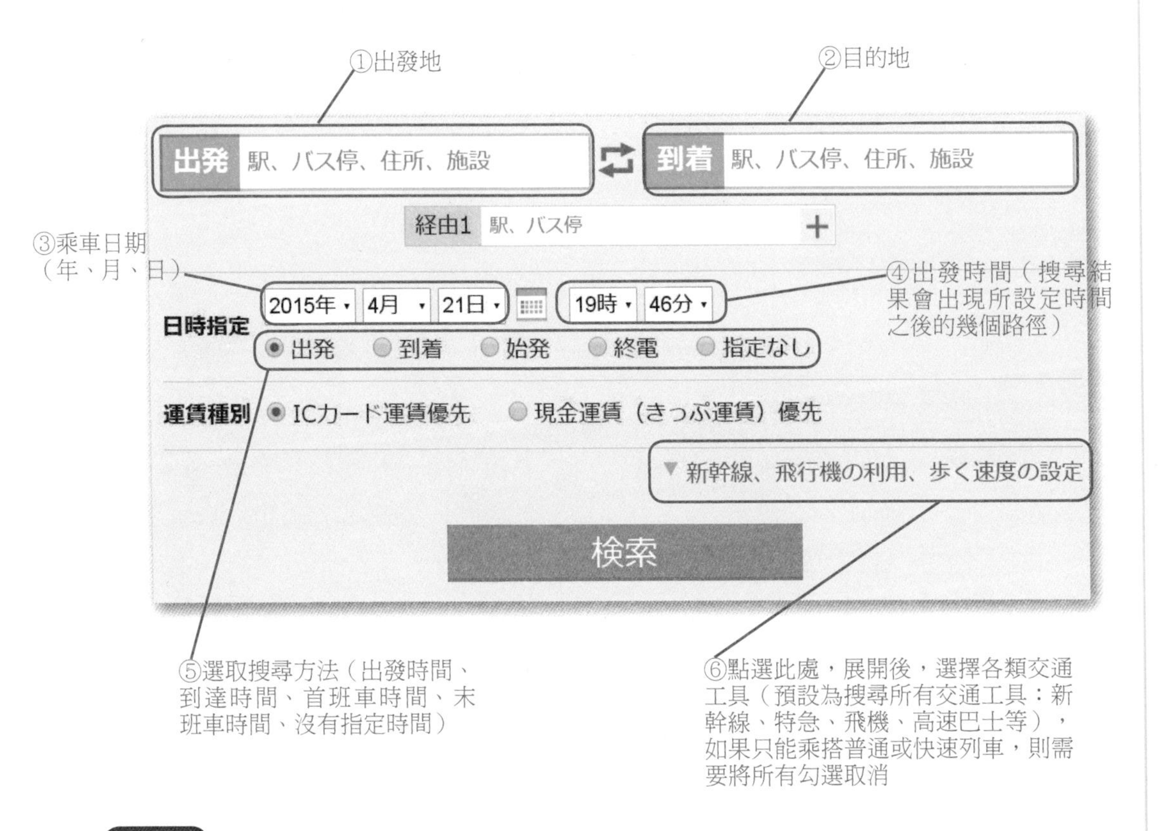

Step3

設定好所有資料後再按「検索」。

Step4

查詢結果會顯示出幾個不同出發時間的路線，並可依到達時間、換乘次數、最便宜車費來排順序。

Ⓑ JR 鐵路時刻表

如果只需查詢 JR 鐵路時刻表，這個查詢系統比較準確和詳細，因為不會顯示其他私營機構的交通資訊。

Step1

輸入網址：www.ekikara.jp/top.htm，會出現 Step2 的版面。

Step2

輸入各項資料（出發地及目的地以中文輸入即可）。

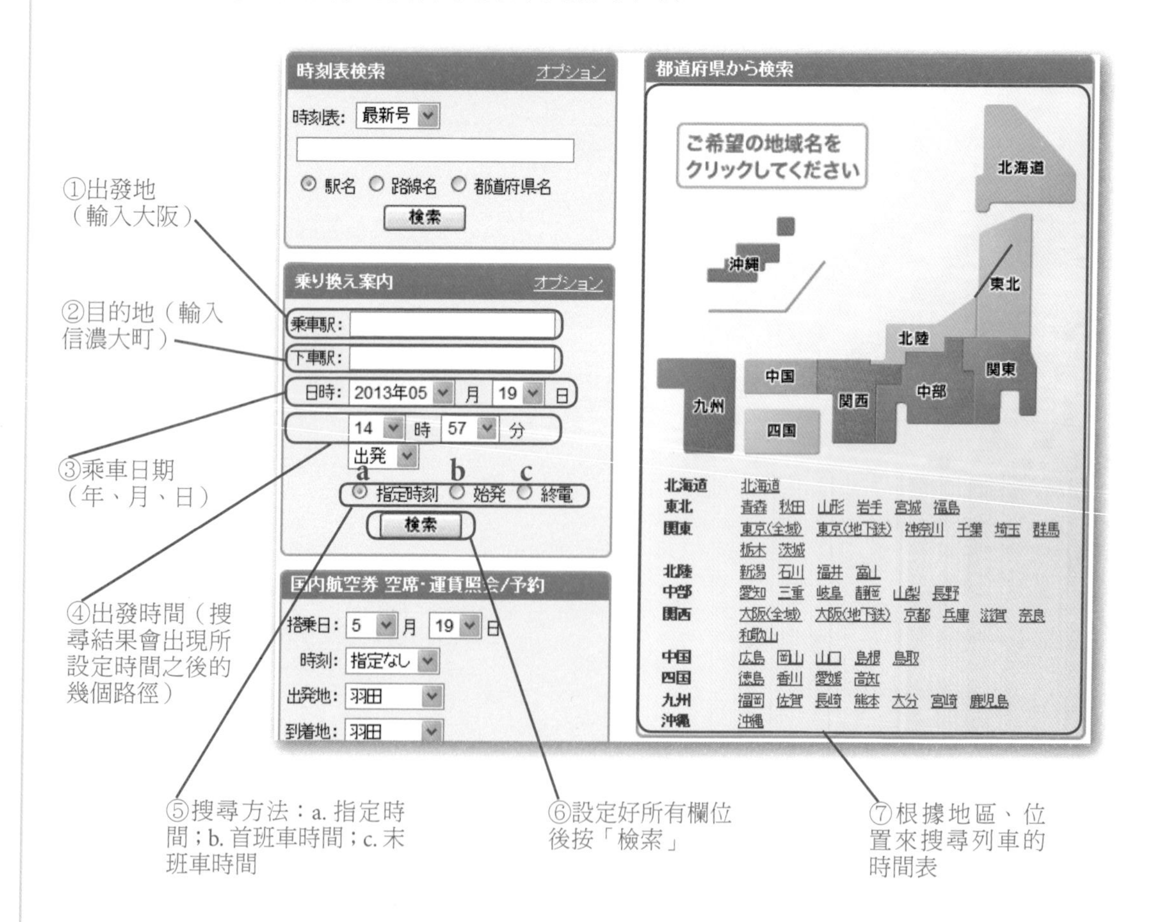

Step3

按「檢索」後需再確認一次所輸入的資料，正確無誤再按一次「檢索」。

Step4

出現搜尋結果（清楚顯示各轉車站名、時間、列車種類等資料）。

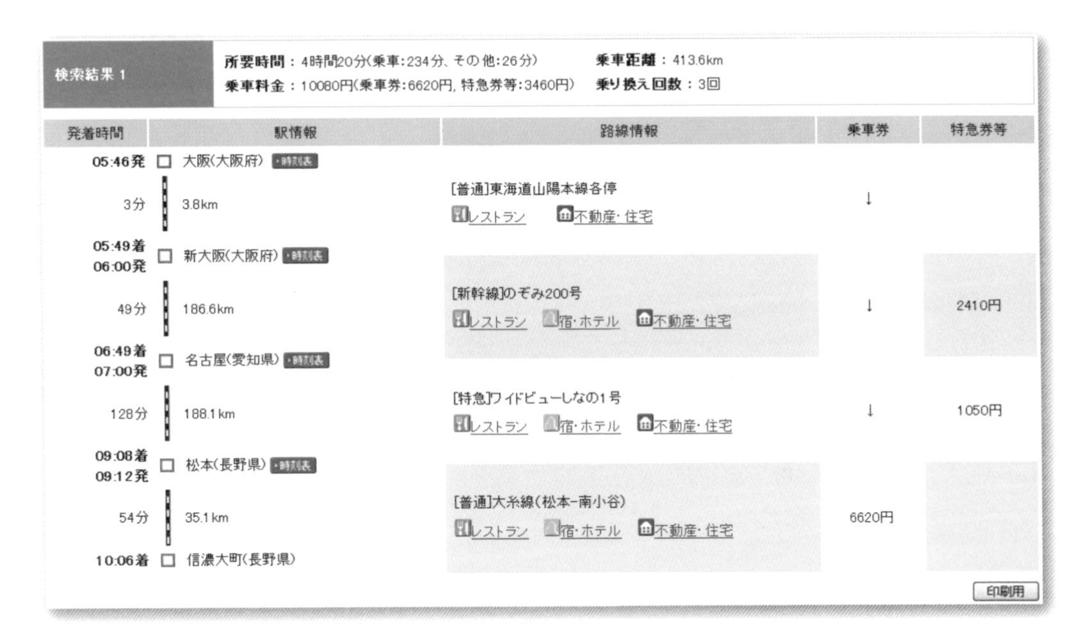

検索結果 1

所要時間：4時間20分(乗車:234分、その他:26分)　**乗車距離**：413.6km
乗車料金：10080円(乗車券:6620円, 特急券等:3460円)　**乗り換え回数**：3回

発着時間	駅情報	路線情報	乗車券	特急券等
05:46発	大阪(大阪府) 時刻表			
3分	3.8km	[普通]東海道山陽本線各停 レストラン 不動産・住宅	↓	
05:49着 06:00発	新大阪(大阪府) 時刻表			
49分	186.6km	[新幹線]のぞみ200号 レストラン 宿・ホテル 不動産・住宅	↓	2410円
06:49着 07:00発	名古屋(愛知県) 時刻表			
128分	188.1km	[特急]ワイドビューしなの1号 レストラン 宿・ホテル 不動産・住宅	↓	1050円
09:08着 09:12発	松本(長野県) 時刻表			
54分	35.1km	[普通]大糸線(松本-南小谷) レストラン 宿・ホテル 不動産・住宅	6620円	
10:06着	信濃大町(長野県)			

印刷用

C JR 西日本及 JR 東日本網站

除了以上兩個查詢系統，也可以在 JR 西日本和 JR 東日本的網頁查詢該地區的鐵路時間表。這兩個網頁可選擇顯示中文或英文的版面，不懂日文的旅客可以先嘗試利用這個網頁來搜尋班次時間表。

Step1

輸入網址，JR 西日本：www.jr-odekake.net ／ JR 東日本：www.jreast.co.jp

Step2

在選項中按「鉄道のご案内」。

Step3

（圖以 JR 西日本為例）

輸入出發的車站和目的地的站名，再按「檢索」。

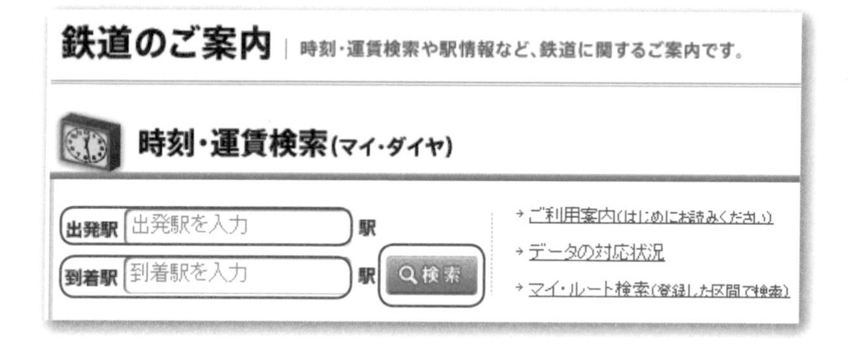

Step4

在選單中選擇正確的地點，再輸入出發日期、時間及車種等，再按「檢索」。

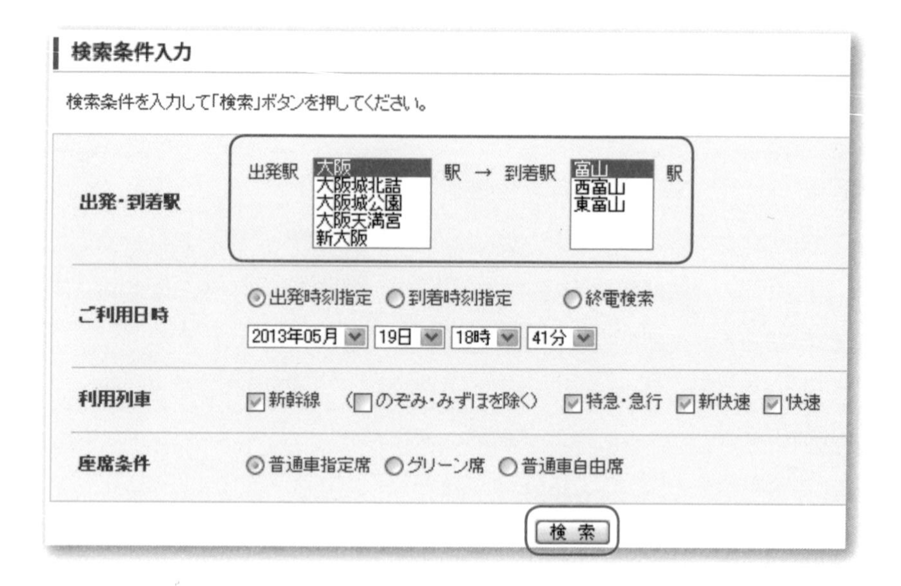

Step5

在搜尋結果裡顯示了不同的路徑選擇，在這裡清楚顯示了班次、發車及到達時間等資訊。

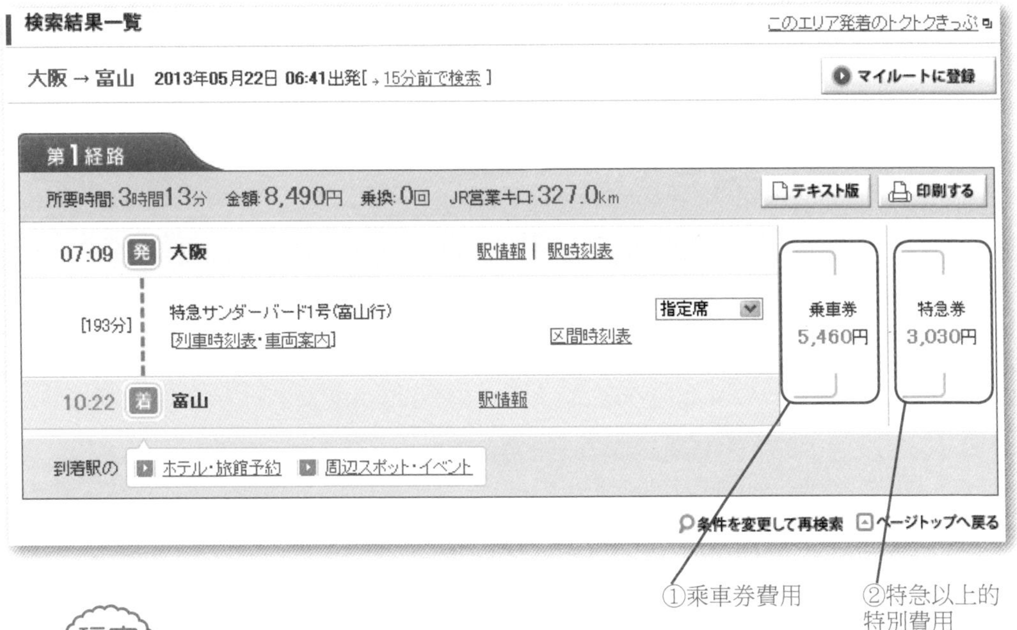

玩家叮嚀

・每種 Free Pass 都有可乘搭的指定鐵路公司及列車，故要確保查詢結果內的列車種類是可乘搭的。例 JR Pass 不能乘搭山陽新幹線，但搜尋結果往往會顯示出山陽新幹線的路線結果，得特別注意。

・全國 JR 鐵路的路線和車種很多，雖然可先在網路上查好要乘搭的列車路線時間表，但當遇上電車延誤或突發事件時，若沒有網路可用，建議帶一本《JR 時刻表》，可即時翻查班次表，並找到另一條新路線繼續行程。

旅人隨筆

跟一位鐵道迷出遊時，他總會在百無聊賴時拿著《JR 時刻表》翻來翻去，搞不懂他到底在翻什麼？後來才知道，原來他覺得翻《JR 時刻表》是一種樂趣，除了可以預先找到最好、最快的路線以外，當他有機會發現自己翻《JR時刻表》比票務員或站長回答路線問題還要快的一刻，又或者是當他知道自己對於路線的認知比票務員或站長更清楚的時候，他就會有一種莫名的成功感！這或許就是鐵道迷對鐵道的執著吧！

利用網路事先訂票

跨越兩個 JR 鐵路公司以上的 Free Pass，可乘搭指定的特急或新幹線普通車指定席。只要在購買 Free Pass 的同時告知票務員出發日期、時間和欲乘搭的班次等資料，他就會一次幫你劃位；如果擔心會遇到滿席的情況，可以考慮先在網路上預訂指定席券，到日本購買 Free Pass 後，便可同時做換票的手續（先把已預訂的指定席券退掉，再重新利用 Free Pass 把已預訂的指定席轉成免費的指定席券）。這是個繁複的過程，非得已的情況下並不建議這樣做，但在這裡也會介紹網路訂票的方法供參考之用。

✶ 預約車票基本須知

JR 鐵路公司把日本分為 JR 西日本和 JR 東日本兩部分，網路訂票需到所屬的網站訂購才可。（JR 西日本及 JR 東日本的車票可預約範圍位置圖，可參考 P.55）

- 予約時間為 05:30 ～ 23:00，請於乘車日前一個月的早上 10 時至當天出發前 6 分鐘間預定。
- 每次最多可予約 6 張車票（包括大人及小孩）。
- 最多可以予約 4 台列車的指定席（包括：新幹線、特急和急行列車）。
- 可以退票，但需另付手續費。

Step1

先進入 JR 西日本網頁：www.jr-odekake.net

Step2

在選項中按「予約」。

Step3

選「e5489」網路予約，再按「予約する（ネット会員以外）」（非會員予約）。

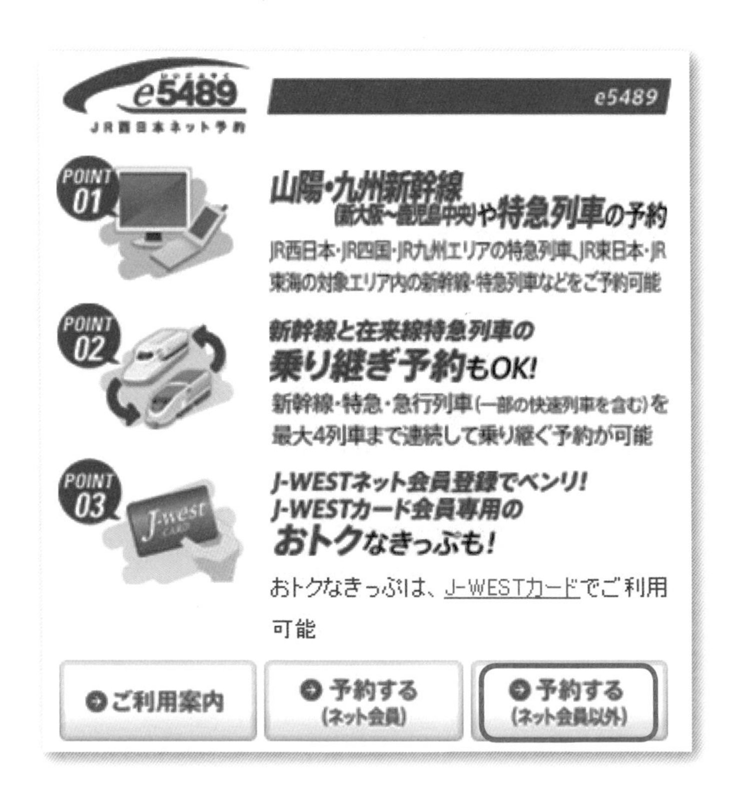

Step4

輸入需預訂的車票資料（出發車站、目的地車站、乘車日期及時間），再按「檢索」。

Step5

按「檢索」後會出現幾個路徑，選擇想要乘坐的班次，再按該欄的「選択（新規予約）」進入。

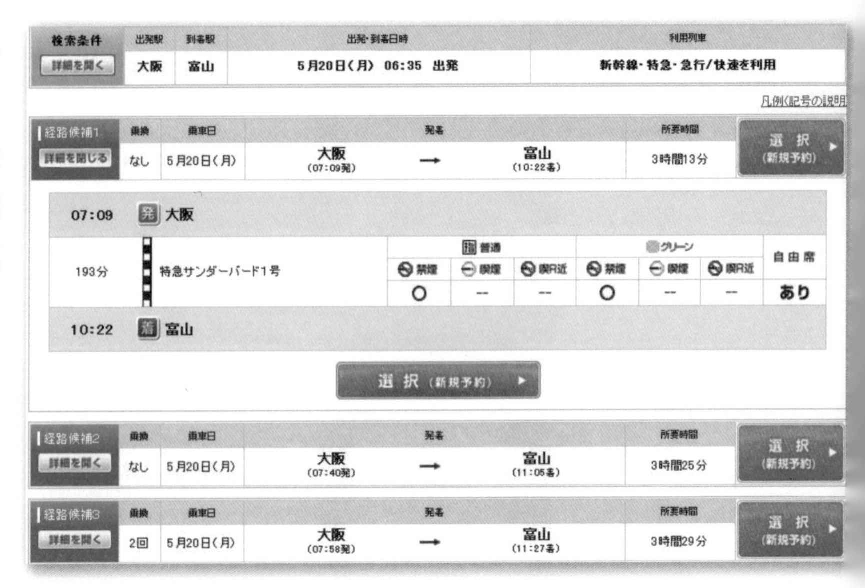

Step6

選擇座位。

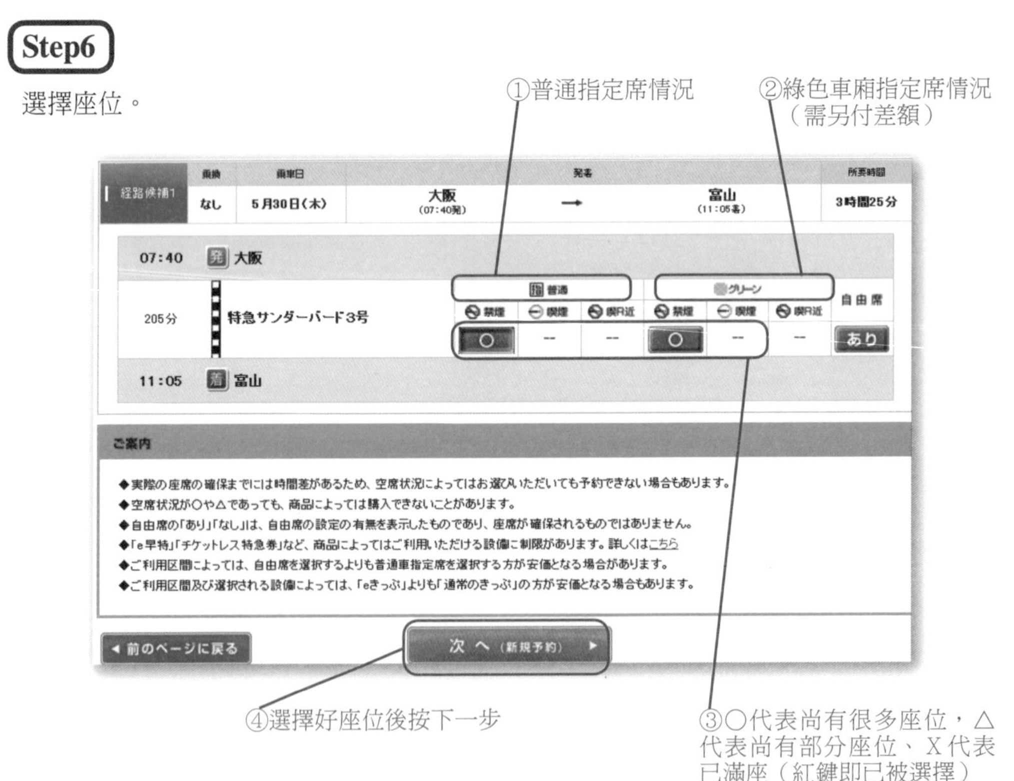

Step7

顯示已選定班次所需的票價（有括號的為小孩票價），選好後按「選択」。

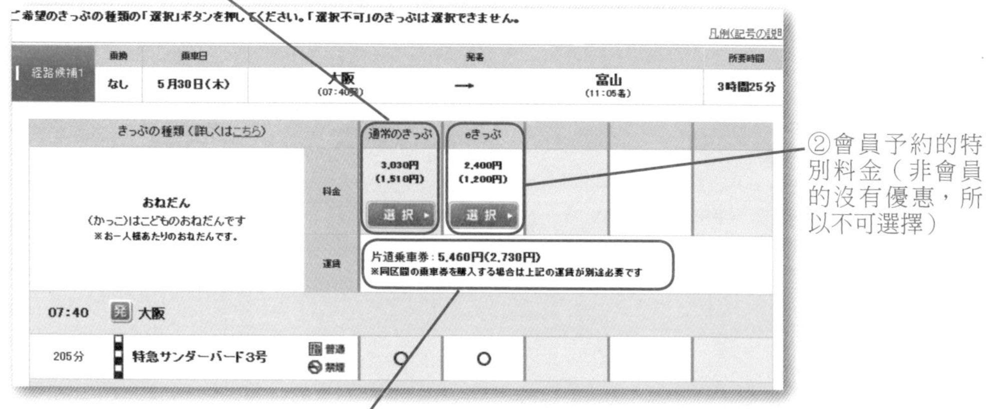

Step8

填寫非會員用申請表。填完後，點選方格確認同意上述的規定和條約，再點選「□上記の規約特約に同意する」後再按「同意したうえで、次に進む」繼續下一步。

会員以外の方

J-WEST IDをお持ちでない場合は、お客様情報を入力して「同意したうえで、次に進む」ボタンを押してください。

＊は必須項目です。

■お名前（全角カタカナ）＊

セイ　　メイ

例）ニシニホン　タロウ

■電話番号＊

□ - □ - □

※きっぷ受け取りの際には、ご登録いただきました電話番号(下4桁)が必要になります。

■メールアドレス＊

▼確認のため、再度直接入力してください。

確認用

※予約結果等の送信に利用します。

配信先　□ 短いメールを送信する

①②利用片假名輸入姓氏及名字（可以利用翻譯工具：dokochina.com/katakana.php）

③輸入日本的電話號碼（在取票時需要出示電話號碼來做登記）

④聯絡電郵地址（予約結果將會以電郵形式發送）

⑤再一次確認電郵地址

⑥若要以簡訊通知只要點選方格即可

Step9

確認人數、座席位置和乘車券選擇。

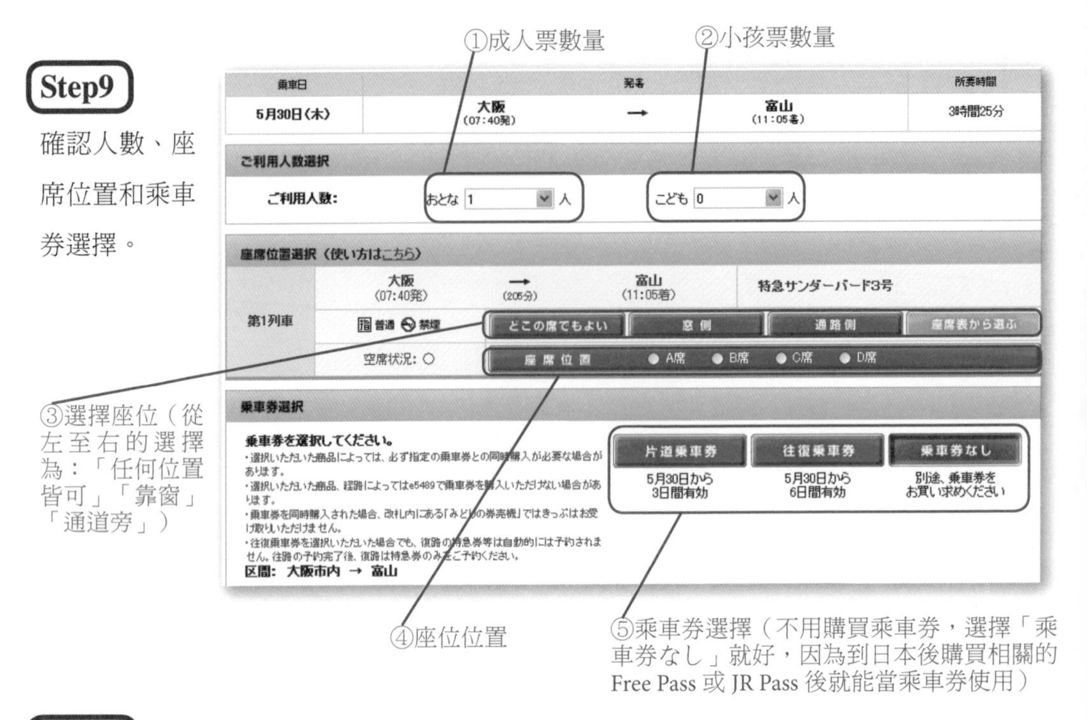

Step10

按「次へ」進入下一頁。

Step11

最後確認所有輸入的資料是否正確。

Step12

付款,輸入信用卡資料,確定所有資料無誤後,按「購入」鍵即可。

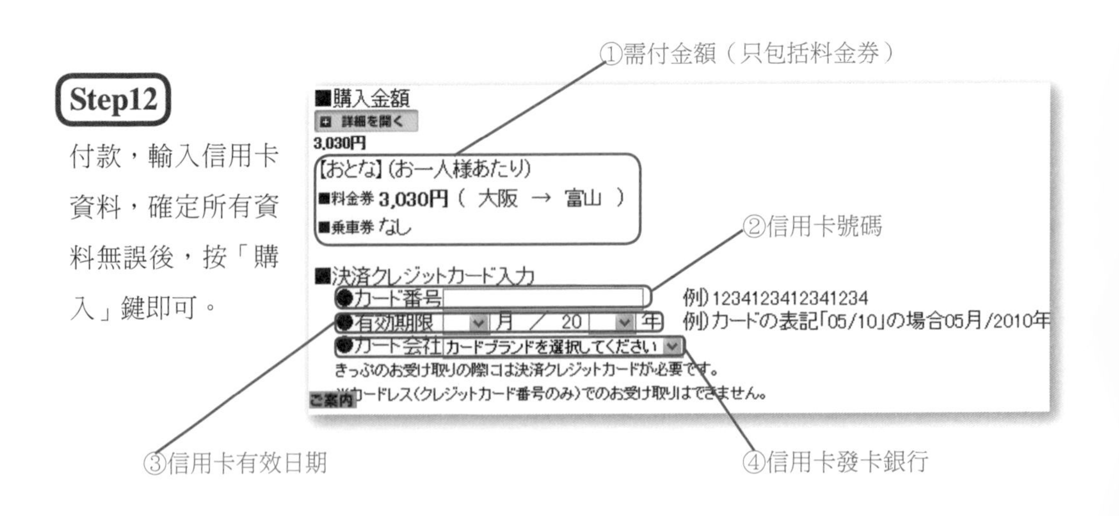

Step13

成功予約後，會收到鐵路公司的電郵確認，包括予約編號。把資料印一份出來備用，到達日本後，便可於「綠色窗口」或「綠色售票機」領取。（* 建議不要使用「綠色售票機」取票，因操作介面為日文，若不諳日語容易出錯）

玩家叮嚀

乘車券、特別料金券和指定席券可以分開購買，由於本書所介紹的 Free Pass（或 JR Pass）本身就是乘車券，網路訂票只是為了要先預留座位，所以只要預訂指定席券就可以，並不需要同時購買乘車券。

★退、換票手續

購買了 Free Pass，並領取在網路上已預訂的指定席券後，請票務員幫忙把指定席券辦理退票手續，再利用 Free Pass 免費換取已退票的指定席券的座位即可。票務員辦理好退票後，便會立刻把已預訂的指定席位置改成 Free Pass 免費使用，並把已付款項退到信用卡戶頭或直接支付現金。但留意，這個程序需要時間處理，且會收取手續費。例如：在網路花了 3,030 円預訂指定席券，換票後票務員只會退回約 2,700 円，大約扣除 300 円的手續費（以每張計算）。

本書所介紹的 3 種 Free Pass 可免費乘搭的 JR 鐵路特急或新幹線列車班次很多，劃到指定席座位的機會率也很高，就算預定要乘坐的班次已滿座，也可考慮乘坐自由席或改乘之後的班次，而不用預先在網路預訂指定席券，否則只是浪費錢。以下提供 4 個不選擇網路訂票的原因：

- 利用信用卡網路付費，信用卡公司可能會收取昂貴的手續費，而且匯率也較高。
- 退票程序很花時間，如沒必要則可省略。
- 每張已預訂的車票在辦理退票時需另付約三百多円的手續費，有違「無料」精神。
- 大部分 Free Pass 都會在出發日前一天購買，基本上早一天劃位，取得座席的機會很高。

總括以上種種，為了減少額外的支出和時間，故建議在購買 Free Pass 前，先向票務員確認座位的空席情況，就不用花時間及金錢在網路預約了。

玩家解析

何謂「指定席券、特別料金券」？

當我們乘坐急行、特急或新幹線列車時，除了乘車券外，還要同時持有特別料金券或指定席券才能乘搭特別車種。基本上，指定席券的價格比特別料金券多出500円，要不要購買指定席券是個人的喜好，並沒有硬性規定，但乘坐特急以上車種則必須購買特別料金券才行。例如，我們在網路上所看到「乘車券2,520円，特別料金3,230円」的意思是：除了基本的乘車券（普通、快速列車的車費）外，另加特別料金3,230円（特急車種）的費用才可乘搭該列車，再多付500円便能確保有指定的座位了。

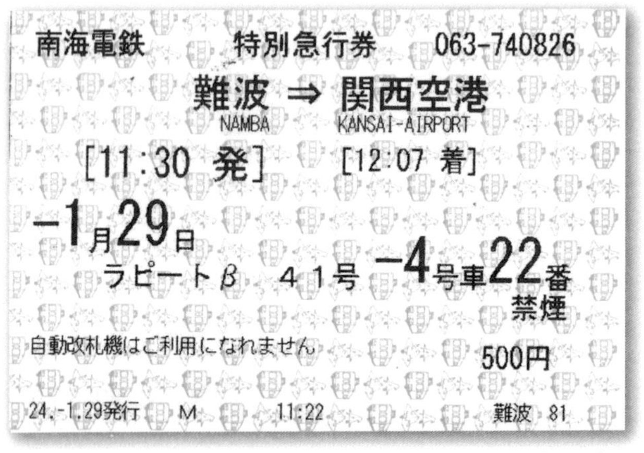

▲特別急行券（特別料金券的一種）：特別料金券是乘搭特別車種（急行、特急或以上車種）時的額外費用

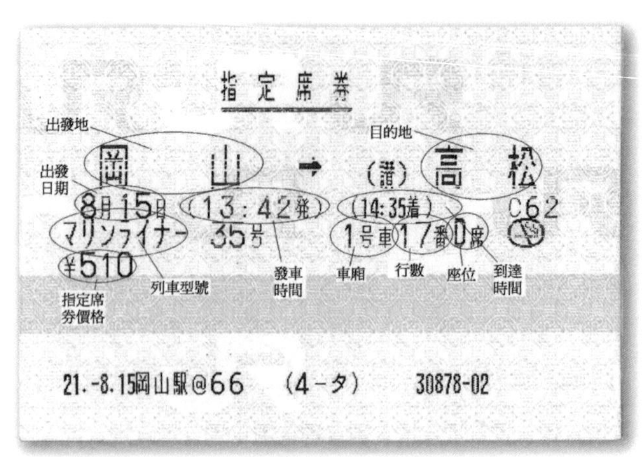

▲指定席券：包括了特別料金費用和指定座位的費用，要與乘車券一併使用

住宿訂房

學會網路訂房，找到旅行好歸宿

對於鐵路訂票或班次查詢有了初步的認識後，只要多練習操作方法，自然熟能生巧。現在就來看看另一樣旅程中非常重要的——住宿！對於住宿，每個人的要求都不同，有人需要最便宜的，有人則喜歡享受。要訂到適合自己的旅館，就必須先了解幾種預訂房間途徑的優缺點！

	優點	缺點
旅行社／旅行代理	•方便 •語言通 •有自由行套票	•預先付訂房費用 •飯店選擇不多 •未必能配合行程 •都是比較昂貴的飯店
台灣訂房網站 •Agoda •Hotels.com •HotelClub	•方便 •選擇較旅行社多 •根據行程自行安排住宿 •可直接查詢旅館的詳細資料 •「限時優惠」價格房間確實優惠	•要預先付訂房費用 •非「限時優惠」的房間價格較昂價（需另付稅金／手續費／服務費） •沒有較小型的旅館或民宿可選 •要注意大部分所標示的房間價格為一人住宿價錢，如果兩人入住，價格會是雙倍調整
日本聯合訂房網站 •Jalan •樂天	•住宿選擇涵蓋全日本 •會員訂房有點數回贈，可供下次訂房扣減費用 •不用先付房費（部分以信用卡付費房間優惠除外） •房間優惠選擇多，可因應個人需要預訂（包括房間類型、餐飲、套票等） •可因應行程更改／取消預訂 •飯店／旅館的資料詳細 •有住宿評分可作參考	•小本經營的旅館及民宿不接受不懂日語的外國遊客預訂，以避免有怠慢客人的情況出現 •選擇多，需花時間比較 •全部以日語為網站語言 •房價以人數為單位，而非房數

	優點	缺點
日本連鎖飯店 •Super Hotel •**東橫** inn •Choice hotel	•有英文網站可供外國遊客訂房 •有連續住宿優惠 •地理位置佳（車站附近） •含早餐 •部分飯店不需預先付費	•於 Jalan 及樂天網站也有連鎖飯店的優惠住宿可以預訂，價錢可能會較便宜，但要花時間比較 •並不是涵蓋所有地區 •較適合於同一縣區活動的旅客
日本飯店網站	•飯店資料詳細 •大部分不需預先付費 •涵蓋全日本 •部分飯店有連續住宿的優惠	•要逐個網站一一比較 •搜尋相關網站較困難 •未能確保飯店質素

TIPS

以下提供訂房相關網址，可參考：

【聯合訂房網站】

樂天：travel.rakuten.co.jp/business

Jalan：www.jalan.net

Agoda：www.agoda.com/zh-tw

Hotels.com：zh.hotels.com

hotelclub：www.hotelclub.com/zh_tw

【連鎖飯店】

Super Hotel：www.superhoteljapan.com/cn

東橫 inn：www.toyoko-inn.com/china/index.html

Choice Hotels：www.comfortinn.com

▼奈良井いかりや民宿

▼阿蘇兵衛民宿

看完了上頁的分析表之後，對訂房的途徑是否有更進一步了解了呢？我對日本市區內的住宿沒什麼要求，只要交通方便和安全就可以。所以我喜歡選擇車站一帶的住宿，因為行李可以暫放旅館，遊覽一天後返回旅館取行李，再乘車至另一景點，這樣除了可省去行李寄放的費用，亦可善用夜間時間坐車，爭取更多的遊玩時間。

大部分的民宿，都還保留著當地最傳統的歷史文化和工藝，充滿濃厚的人情味，待客態度一絲不苟，從進門到離開的那一刻，都能充分表現當地人的熱情。這些民宿大部分都會提供早、晚兩餐，因為它們的地點較偏遠，附近也較難找到用餐的地方，且營業時間也有限；所以，民宿都會有包餐食的住宿方案。晚餐大都以當地的特產製作出不同的菜式，傳統的和式料理、燒肉放題，甚至是懷石料理等。

無論想要哪種類型的住宿，都要先學會如何在日本訂房網站訂房，因為日本訂房網站的住宿選擇較多，也提供很多優惠的住宿方案，只要懂得最基本的幾項搜尋技巧，為自己安排最理想的住宿，相信能為旅程增添不少的色彩。若想要一嘗住民宿的滋味，就必須親身體驗一下箇中的樂趣了！

玩家解析

訂房新手 Q&A

Q1. 不懂日文，該怎麼預訂聯合訂房網站內的飯店／旅館？

A：基本上，只要在網路上搜尋「Jalan／樂天訂房」，就會有很多教學文章，非常方便；網站內圖文並茂，只要多練習，就不用怕了！

Q2. 在安排行程時，選擇哪個訂房途徑最好？

A：我個人比較喜歡用 Jalan 預訂飯店。以前，我會花很多時間去比較價格，後來發現 Jalan 網站不但便宜又方便，所以現在都不怎麼花時間比較了。

Q3. 自由行套票都會包兩至三晚飯店住宿，但又不想全程住同一飯店，該怎麼安排？

A：最少兩晚相同飯店住宿安排在行程的首、尾兩晚，這樣大行李可先暫放旅館（基本上不會另外收費，件數不限），中間幾天行程，只需帶備簡單的行裝就可以自由活動了。

如何申請 Jalan 會員

只要在 Jalan 申請會員，訂房就有高達 10% 的點數回贈，可在下次訂房時折抵最高 10% 的金額。故此花點時間申請會員也是值得的。

Step1

進入 Jalan 網站：www.jalan.net，按「新規会員登録へ」進入登錄會員版面。

Step2

進入會員登錄畫面。

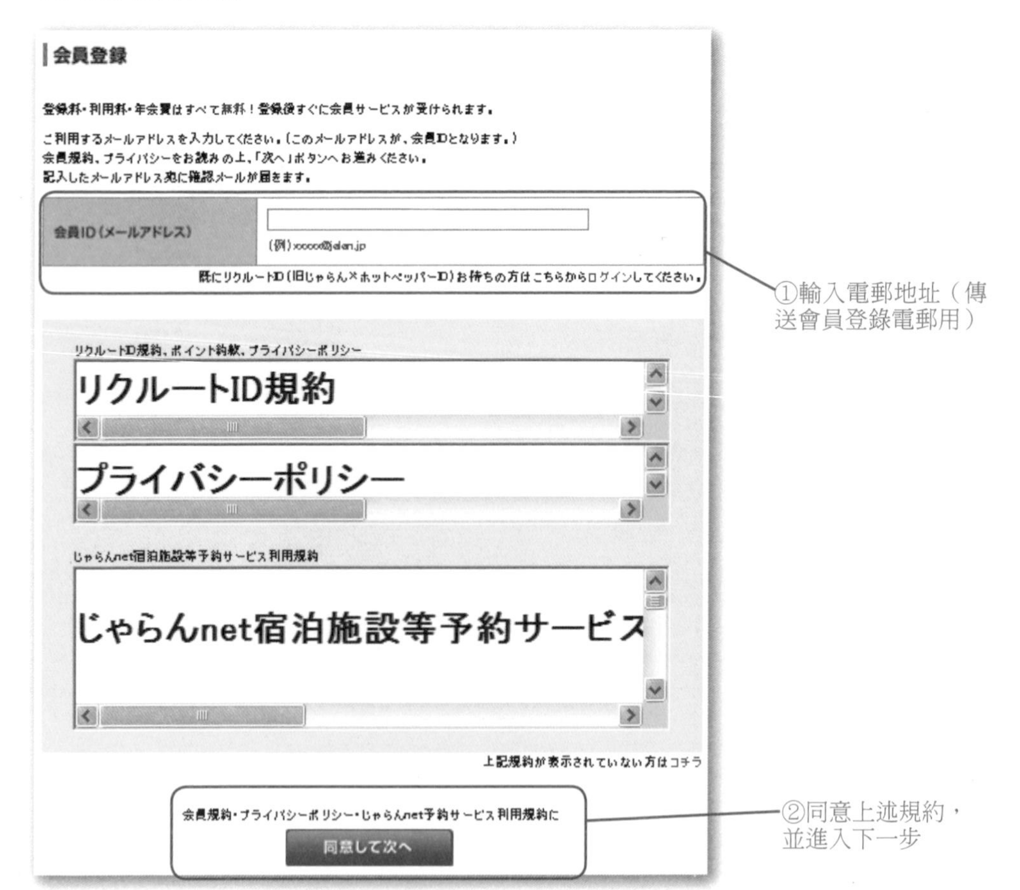

Step3

請確認收到相關電郵，並在 24 小時內辦理登錄手續才能有效。

Step4

開啟已登記的電郵，並點選第一個網址連結。

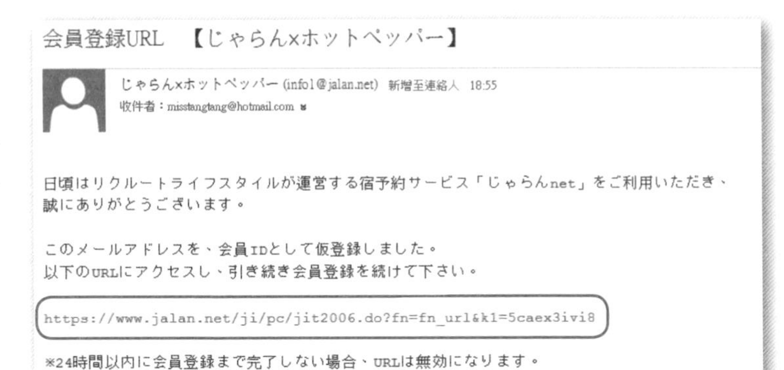
会員登録URL 【じゃらん×ホットペッパー】

じゃらん×ホットペッパー (info1@jalan.net) 新增至連絡人 18:55
收件者：misstangtang@hotmail.com

日頃はリクルートライフスタイルが運営する宿予約サービス「じゃらんnet」をご利用いただき、誠にありがとうございます。

このメールアドレスを、会員IDとして仮登録しました。
以下のURLにアクセスし、引き続き会員登録を続けて下さい。

https://www.jalan.net/ji/pc/jit2006.do?fn=fn_url&k1=5caex3ivi8

※24時間以内に会員登録まで完了しない場合、URLは無効になります。

Step5

輸入會員資料。

会員情報の入力

下記の必要な項目を入力してください。
氏名、住所、電話番号、生年月日などの情報については正確な内容をご入力ください。

会員ID（メールアドレス）	chantaiming@menjisau.com
必須 パスワード （半角英数）	（確認用） ※6桁以上の半角英数字で設定してください。 （英字、数字、記号などを組み合わせると、セキュリティが強化されます。）
必須 ニックネーム	ご宿泊後のクチコミ投稿時やメールマガジンに表示されます。 （例）花ちゃん 次回じゃらんnetにアクセスする際、メールアドレス・ニックネーム・獲得ポイント数を自動表示する
必須 お名前 （全角漢字もしくはAlphabet）	宿予約の際に、宿に通知する氏名になります。（予約時に変更できます） また、パスワード忘れの際、ご本人確認のために必要になります。 正確な内容をご入力ください。 姓 名
必須 お名前（フリガナ） （全角）	セイ メイ
必須 生年月日	パスワード忘れの際、ご本人確認のために必要になります。正確な内容をご入力ください --- 年 --- 月 --- 日
必須 性別	○男 ○女

①輸入 Password 兩次作確認

②暱稱（或可輸入英文名字）

③姓名（輸入中文姓和名）

④輸入姓名的片假名（可利用翻譯工具：dokochina.com/katakana.php）

⑤出生日期（當忘記密碼的時候，用來確認身份用的）

⑥選擇性別

Step6

可選擇性輸入日本聯絡地址或電話號碼，然後直接按「登録內容を確認する」即可（預訂房間時需要輸入）。

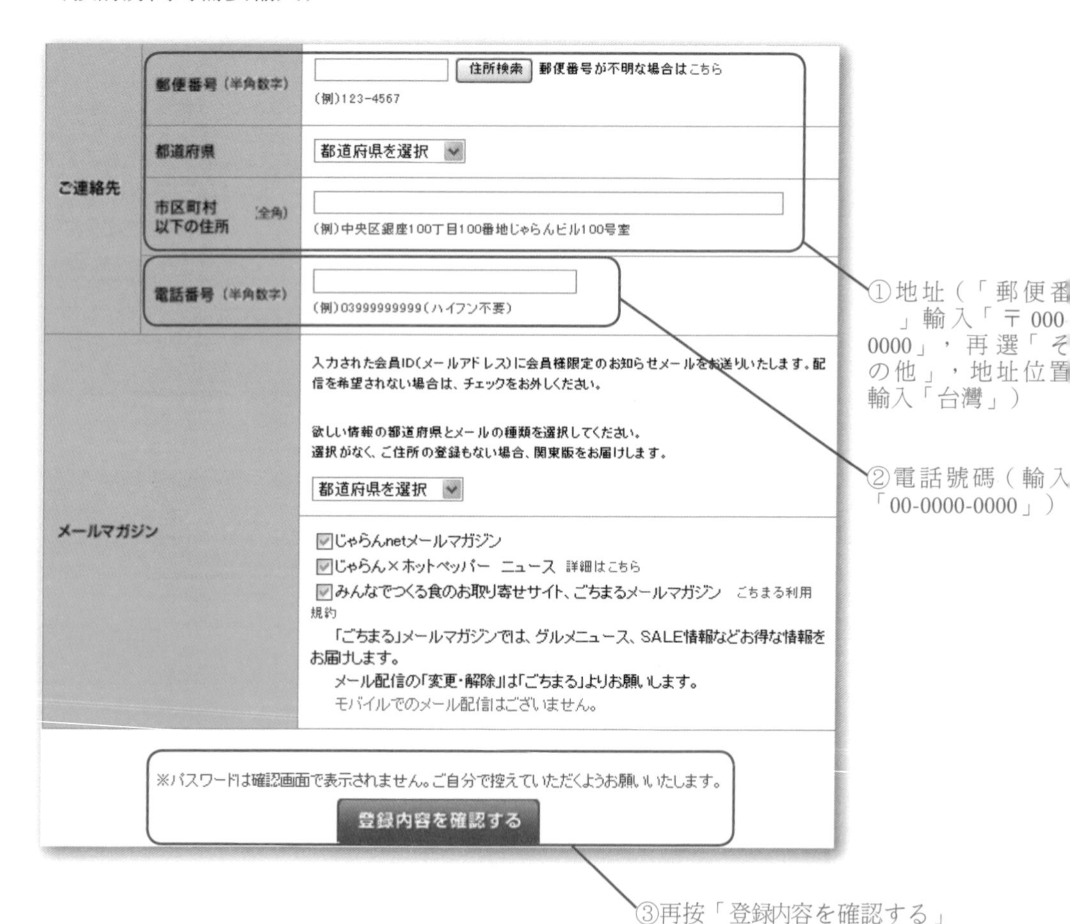

Step7

確認已輸入的內容，再按「登録する」；如果有更改，可以按「修正する」返回之前的版面。

Step8

登錄完成，可以去預訂房間了。

如何利用 Jalan 訂房

這幾年 Jalan 站內新設了中文簡體版介面，但飯店種類及住宿方案的選擇較少，價錢亦比較貴，所以還是建議利用日文版介面訂房優惠較多。

Step1

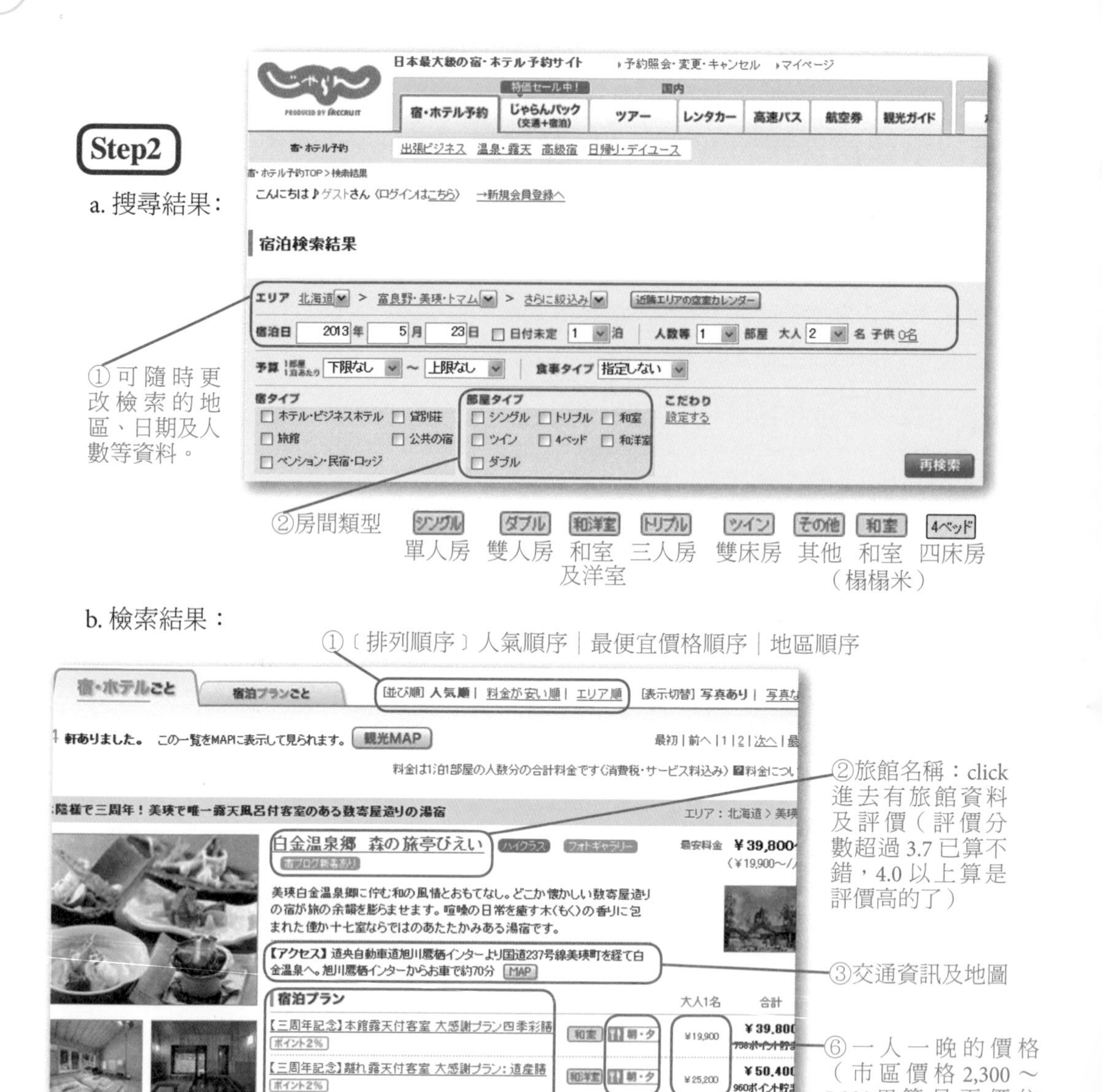

其中，第④點的優惠方案，每家都會有不同住宿優惠，常見的有「早割」優惠 【早割14】☆14日前までの予約でお得に宿泊☆，即預早預訂房間會有折扣的意思，早割優惠有7天、14天、28天或35天不等；另外也有「誕生日」（生日）優惠和連住優惠；如果附近有特別的旅遊景點，則會有包括入場券的住宿優惠方案。

Step3

選擇了住宿方案後進行預約。

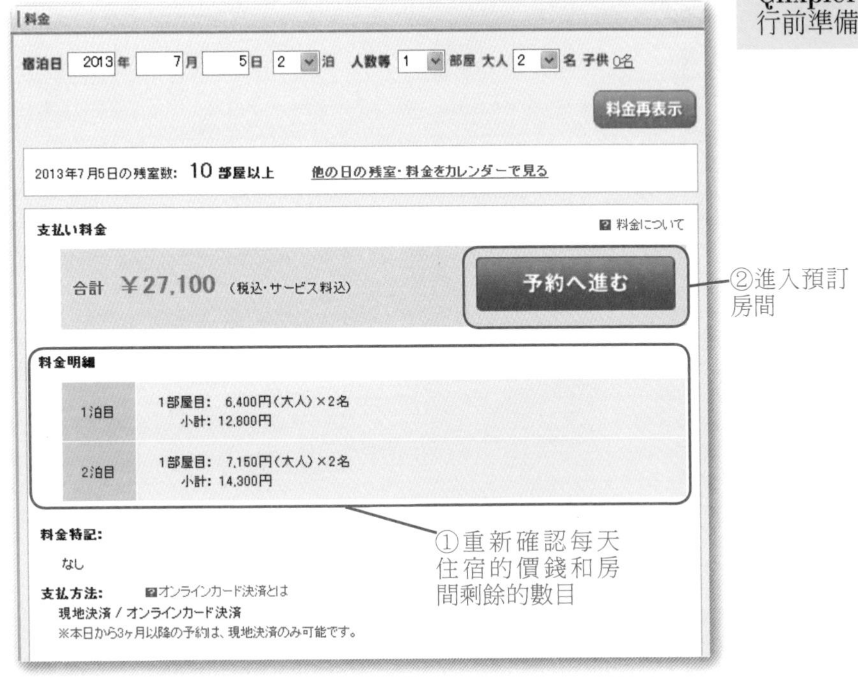

Step4

登入版面。(要先登入會員後才能預約)

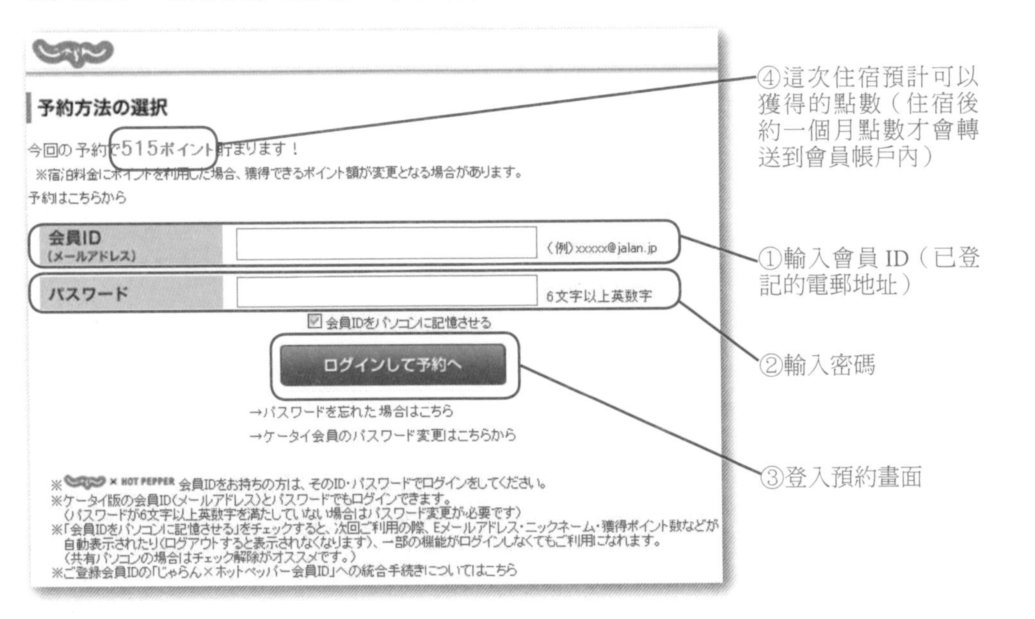

Step5

輸入住宿內容。

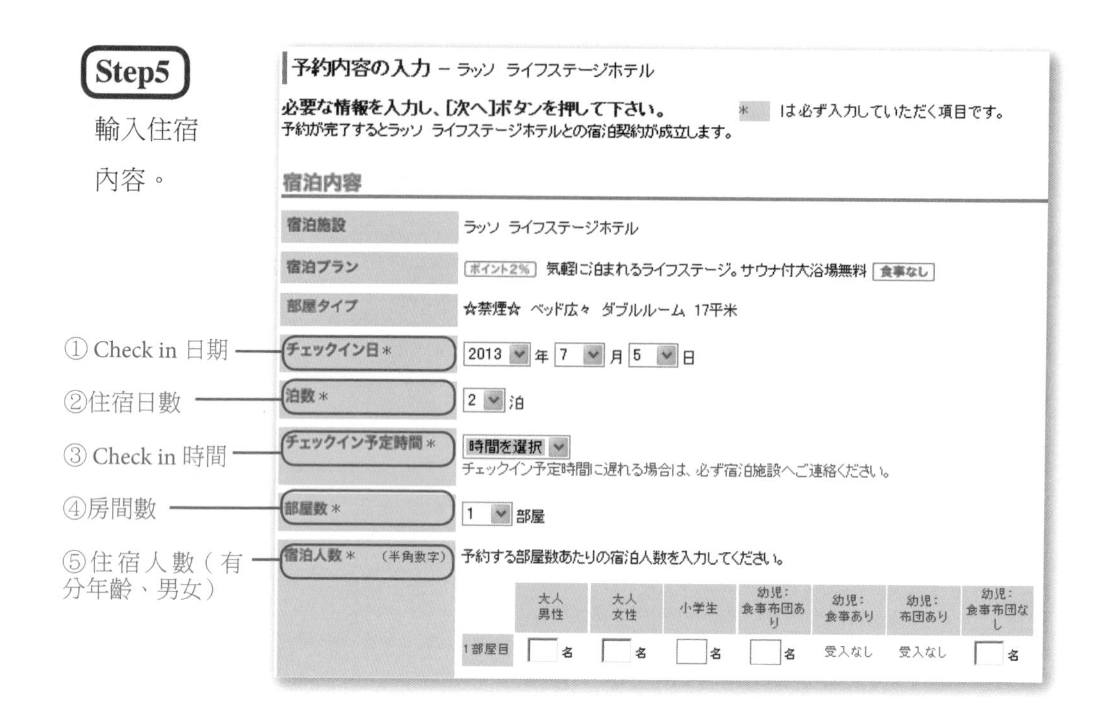

Step6

住宿者資料。（本身內置為會員資料）

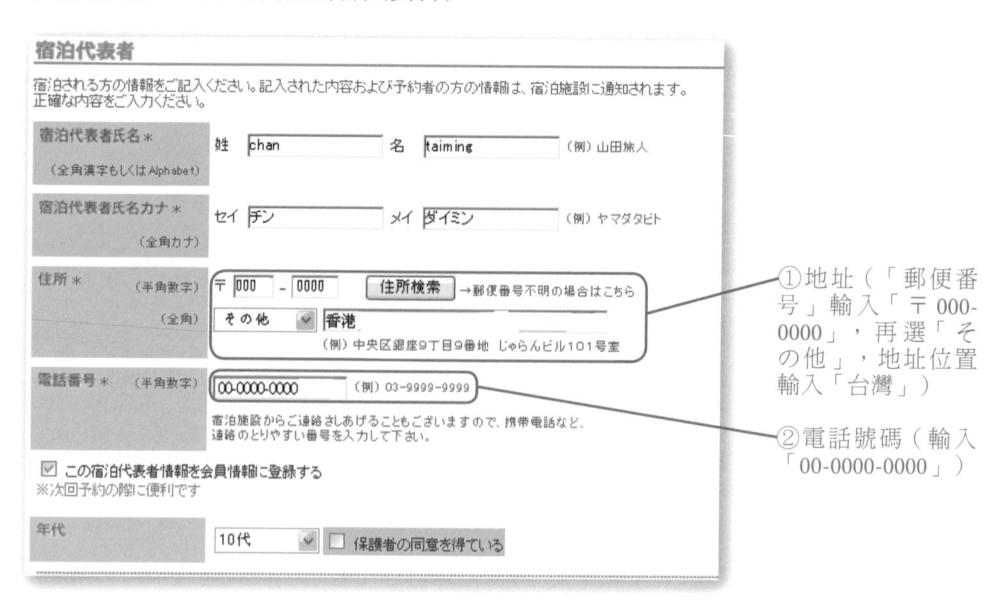

Step7

按 次へ ，設定是否利用點數及確認金額。

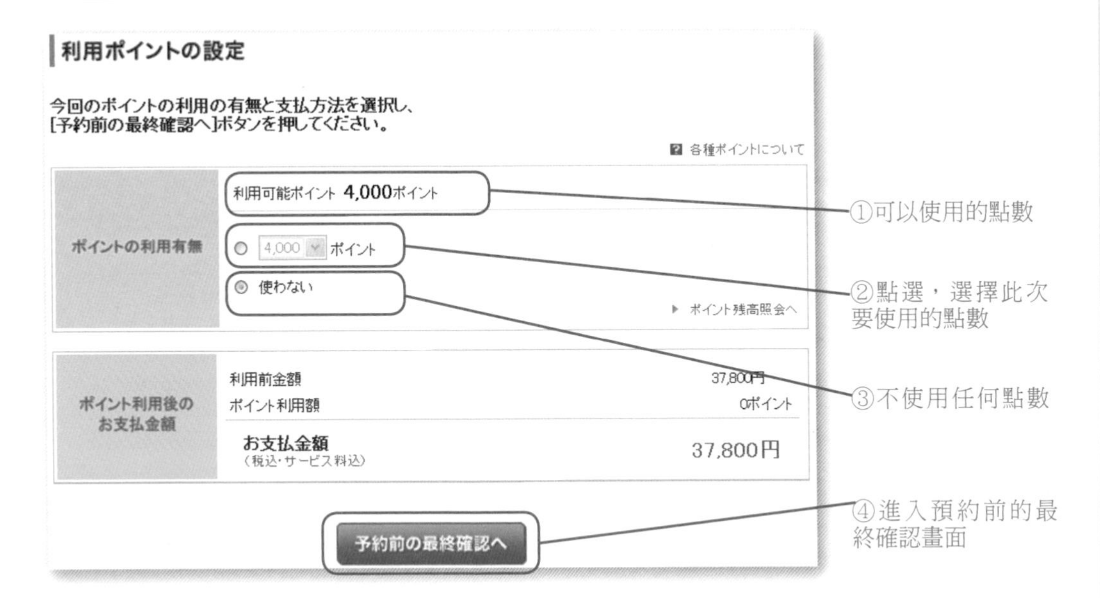

Step8

還沒預約成功，請最後確認預約資料，

予約前の最終確認 － 佳泉郷 井づつや

[！] 予約はまだ成立していません。
予約内容をご確認の上、[予約を確定する]ボタンを押して下さい。
ボタンを押すと佳泉郷 井づつやとの宿泊契約が成立します。

再按 上記に同意の上、予約を確定する 。

Step9

成功預約，記下或把「予約番號」（預約號碼）列印即可。這樣就成功預約住宿了。

予約申込が完了しました。
予約番号：OWVL414G 予約申込日時：2013年06月02日 17:25
予約内容を必ずご確認ください。
予約内容を確認する
引き続き同じ宿を予約する方はこちら

Step10

按「予約内容を確認する」即可重新檢閱一次已預訂的房間資料，只要列印出來帶到飯店 Check in 即可。另外，同時會收到相關的預約確認電郵，有更詳細的資料。

如何用 Jalan 查看、更改或取消已預約的旅館

Step1

點選「予約照会、変更、キャンセル」。

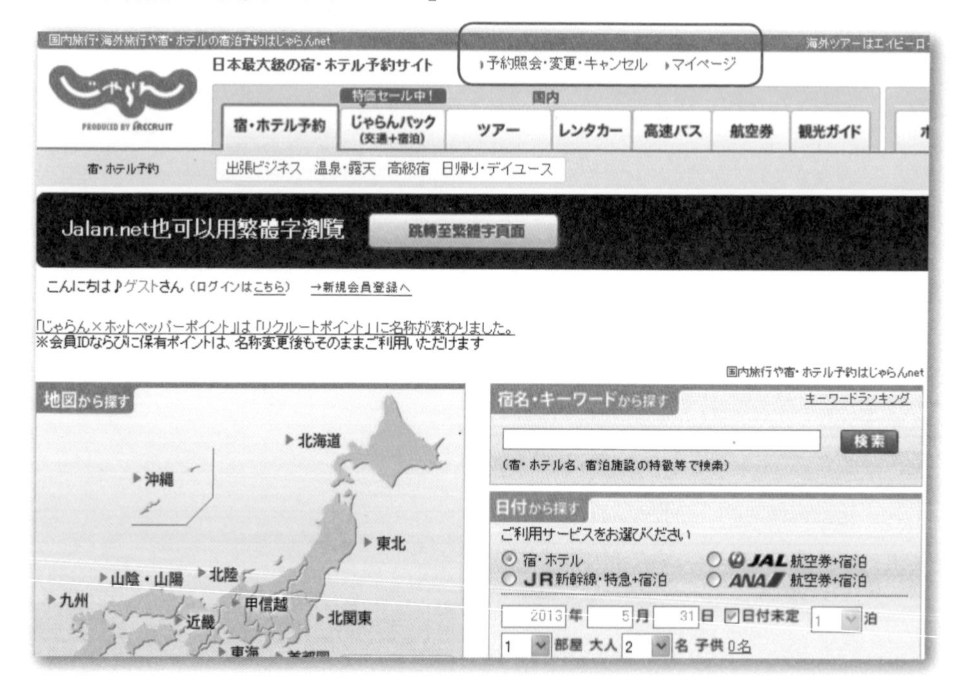

Step2

進入查看已預定旅館內容、更改或取消。

予約の照会·変更·キャンセル

予約された方法により、以下のボタンから1つ選択の上、ご確認ください。
変更·キャンセル方法の詳細については、「予約の変更について」「キャンセルについて」をご確認ください。

会員予約の方

会員登録(会員ログイン)して、ご予約された場合、「照会·変更·キャンセル」ボタンよりメールアドレスとパスワードを入力してログインしてください。表示された予約一覧より、該当の予約を選択し、照会·変更·キャンセルを行ってください。
※海外ホテル予約では、予約変更はできません。

※予約番号が0~4から始まる方はこちら

照会·変更·キャンセル

会員登録なしで予約した方

会員登録(会員ログイン)なしでご予約された場合、予約の照会·キャンセルのみが可能です。予約内容を変更する場合は、現在のご予約をキャンセル後、再度ご予約ください。

※予約番号が6から始まる方はこちら

予約の照会·キャンセル

お電話で予約した方

じゃらんnetコールセンターで電話予約された場合、予約番号·予約者名·予約者電話番号を入力して、予約内容をご確認ください。予約の変更·キャンセルの場合にはじゃらんnetコールセンターまでお電話をお願いします。(ネットでの変更·キャンセルはご利用いただけません。)

※予約番号が2から始まる方はこちら

予約の照会

Step3

輸入「會員 ID」（已登記的電郵）和「パスワード」（密碼）後，再按「ログイン」（log in）登入帳號。

すでに会員の方

会員ID(メールアドレス)とパスワードを入力してください。
※リクルートID をお持ちの方は、そのID・パスワードでログインをしてください。
※ケータイ版の会員ID(メールアドレス)とパスワードでもログインできます。
（パスワードが6文字以上英数字を満たしていない場合はパスワード変更が必要です）

会員ID(メールアドレス)
例）xxxxx@jalan.jp

パスワード

☑ 会員IDをパソコンに記憶させる
※次回ご利用の際、Eメールアドレス・ニックネーム・獲得ポイント数などが自動表示されたり(ログアウトすると表示されなくなります)、一部の機能がログインしなくてもご利用になれます。
※共有パソコンの場合はチェック解除がオススメです。

ログイン

パスワードを忘れた場合はこちら
パスワード変更はこちら(ケータイ会員のパスワード変更はこちら)
※ケータイ会員の方は、パスワードを、6文字以上英数字に変更すると、パソコンでもログインできます。

Step4

此時會出現已預訂旅館內容，再依個人需求做更改。

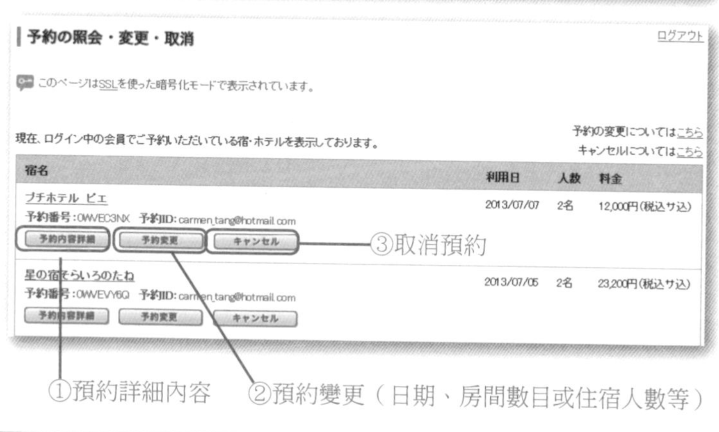

玩家叮嚀

過去在 Jalan 登記會員，必須輸入日本當地的電話和地址才能申請；但由於愈來愈多外國人使用 Jalan 預訂房間的關係，現在登記會員時可選擇性地輸入這兩個項目，大大提高了 Jalan 的普及性，讓更多的旅客受惠。雖然程序是方便了，但也請大家遵守預訂的規則，若行程有任何改變，謹記要立刻更改或取消已預訂的住宿，這樣除了可避免飯店或旅館的損失及影響其他客人使用的權利外，也是為了自己著想，很多中韓遊客因經常 no show 被 Jalan 取消訂房資格。

住宿選擇

便宜至上還是享樂主義？教你找到理想旅店

要找到適合自己的住宿，先要了解自己的喜好和習慣。有些人力求「血拼」那麼就最適合商店街、車站附近的飯店；有些人則追求背包客精神，那麼便宜又安全的背包旅店就是他們的最佳選擇；又有些人想體驗日本風土民情，則可到當地的民宿小館，品嘗最道地的美食和高品質的服務。以下介紹 3 種不同種類的住宿，供你參考。

連鎖飯店，CP 值最高

很多人去日本都有一個很重要的目的，那就是購物。這類鍾愛購物的旅客對於住宿，只有一種要求，就是「方便」；而且最好在商店區、車站附近，就算戰利品再多，也可以隨時回旅館置放，然後再繼續「血拼」。另外，也有一種不想帶著行李四處遊蕩，寧可每天多花來回坐車的時間，也不想轉換飯店的旅客。

針對上述兩種旅客，建議選連鎖飯店。這種飯店大部分都在市區，而且位置非常便利，服務台都能以英語對答，對於外國遊客是一個很好的選擇，也很受商業人士的喜愛。它們的房間整潔、舒適、服務涵蓋範圍廣，還有免費早餐提供。下面介紹涵蓋範圍較廣的 3 家日本連鎖飯店，它們都有地圖搜尋系統，只要逐一放大想住的地區，就能找到該區的飯店資料。（因為都有英文版本的網頁，所以此段落不會詳細介紹會員申請和預訂房間的方法）

連鎖飯店的進退房時間── Check In：下午 3 點；Check Out：早上 10 點。

❶ コンフォートホテル（Comfort Hotel）：日本全國有 52 家飯店，分布全國各地。價格普遍較其他兩間便宜，但距離車站則較遠。

◀地圖檢索中可直接找到飯店的所在位置

❷ スーパーホテル（Super Hotel）：日本全國有 105 家飯店，分布全國各地。早餐吸引度最高，種類豐富，連飲品方面也能顧及到客戶的需要。

▼地圖檢索系統清晰
▲網頁版面
▲區內詳細地圖和飯店位置

❸ **東横** INN：日本全國有 243 家飯店，分布全國各地。涵蓋範圍最廣，在大部分的車站附近都可以發現它們的蹤跡，非常便利，但價錢普遍較另外兩間貴。

★ 連鎖飯店的服務和設備

天然溫泉

為了能讓顧客消除一天的疲勞，部分溫泉區的連鎖飯店都會附有天然溫泉。但要留意開放時間，由於地方有限，部分飯店只有一個澡堂，故男、女會以交替時間的方式分開使用。基本上飯店裡都會有明確的指示，請勿在非使用時間誤闖啊。

健康早餐

Super Hotel 的早餐是自助形式的，每天都用新鮮食材製作，早餐種類豐富多樣，光是麵包就有很多選擇，還有有機 JAS 的野菜沙拉。雖然 Comfort Hotel 早餐是自助形式，但種類沒有 Super Hotel 多；大部分的東横 INN 飯店則只有提供簡單的單份早餐。

自動飲品機

大部分 Super Hotel 內的自動飲品機在早餐時段都免費開放給住客。要留意的是，除了早餐時段，其他時間都需要投幣才能喝；而其他兩家連鎖飯店則沒有這個服務。

免費咖啡

連鎖飯店都會在 Lobby 或休息間設置咖啡機，顧客可以隨時泡免費咖啡來喝。

網路提供

在大廳旁邊會設置電腦供顧客使用，以日文視窗為主，但可安裝中文輸入法，非常方便。房間則主要以有線網路為主，部分飯店的房間也會有無線網路提供。

租借服務

包括租借電腦，大概一天 500 円左右（因應不同飯店價格會不同），借用時間以一天計算。另有充電器（日本以兩腳插頭為主）及網路線等免費供應服務。

洗衣服務

飯店內都會設置幾台洗衣機及乾衣機，但建議自備洗衣粉。

貼心服務

部分地區的飯店會在房間內設有加濕器或空氣清淨器。

女性專享

部分飯店在服務台旁有專為女性設置的禮品區，享受飯店為女性所提供的美容服務。

其他服務

自動販賣機、影片租借、傳真、會議室、公眾電話等不同的設備。

※ 以上的服務和設備會因應不同飯店而有所不同，請於各飯店網頁事先確認。

★住宿方案

（以下價格會因為地區及旅館方案而有所更改，實際價格請至官網查詢）

連鎖飯店最基本的房間價格為約 5,000 円晚／人。週末及假期的房間則有特別優惠，比平日價格更便宜（特別假日除外），週日、週一連續住宿更有優惠實在的價格。

Super Hotel 提供學生優惠，房間可住 3 人（一大床、一小床），只要其中一人為學生，並出示學生證即可。此外在 Super Hotel 住宿，第一次會得到積點卡一張和蓋印一個，每次租住一個房間就可以得到一個蓋印，積點卡集滿 3 個蓋印後，就能在之後的住宿時折扣 1,000 円。

▼ Super Hotel 積點計劃

為了減少環境破壞，飯店都鼓勵住客連續住宿，東橫 INN 便推出了「連住計劃」方案，連續第二天住宿的旅客可有 300 円折扣優惠。要注意的是，為了減少因清潔房間對環境所造成的破壞，所以第二天房間裡的用品並不會更換及清潔。

▼東橫 INN 連住計劃

玩家教你省

雖然連鎖飯店網頁都有中、英文介面，操作簡單易明。不過，原來日文版的住宿優惠方案比英文版的多很多，以上所提及的住宿方案，都只能在日文版介面看到，英文版的住宿選擇較少，所以如果能在成功登記成為會員後，熟習日文版的訂房介面就能有更多的住宿方案可以選擇。

部屋タイプ	詳細	土 06/29	日 06/30	月 07/01	火 07/02	水 07/03	木 07/04	金 07/05	土 07/06	日 07/07	月 07/08
■スタンプ2倍プラン 早割特価【料金変動制】	詳細	–	–	–	–	–	–	–	–	–	–
■びっくり現金特価プラン 温泉も朝食も【料金変動制】	詳細	4室 7,380	○ 6,480	○ 6,580	○ 7,380	○ 7,380	○ 6,580	○ 7,380	○ 7,380	○ 5,780	○ 7,380
■スタンダードプラン スーパールーム	詳細	4室 7,980	○ 7,980	○ 7,980	○ 7,980	○ 7,980	○ 7,980	○ 7,980	○ 7,980	○ 7,980	○ 7,980
■連日割引プラン 2泊以上でお得　温泉朝食付	詳細	4室 7,680	○ 7,680	○ 7,680	○ 7,680	○ 7,680	○ 7,680	○ 7,680	○ 7,680	○ 7,680	○ 7,680
■土日/日月連泊プラン 温泉でゆっくり【スーパールーム】	詳細	4室 6,580	○ 6,480	○ 6,480	-	-	-	-	○ 7,080	○ 6,080	○ 6,580
■ルームシアタープラン 【約150作品から見放題】	詳細	4室 8,980	○ 8,980	○ 8,980	○ 8,980	○ 8,980	○ 8,980	○ 8,980	○ 8,980	○ 8,980	○ 8,980
■カップルプラン 2人でダブルベッド1台 女性にアメニティ有♪	詳細	4室 7,480	○ 7,480	○ 7,480	○ 7,480	○ 7,480	○ 7,480	○ 7,480	○ 7,480	○ 7,480	○ 7,480
■60歳以上限定プラン 現金精算【ダブルベッド】	詳細	-	○ 5,680	○ 5,680	-	-	-	○ 5,680	-	○ 5,680	○ 5,680
■学割プラン 学生さん2名OK！スーパールーム	詳細	-	○ 5,680	-	-	-	-	-	-	○ 5,680	-
■ホリデープラン 数量限定【ダブルベッド】	詳細	-	○ 5,680	-	-	-	-	-	-	○ 5,680	-

部屋タイプ	詳細	月 07/01	火 07/02	水 07/03	木 07/04	金 07/05	土 07/06	日 07/07	月 07/08	火 07/09	水 07/10
【ベーシックプラン】 シングルルーム 140cmワイドベッドでゆったり	詳細	○ 5,480	○ 5,480	○ 5,480	○ 5,480	○ 5,480	○ 5,980	○ 4,980	○ 5,480	○ 5,480	○ 5,480
【ベーシックプラン】 エクストラシングルルーム デスクが広く仕事が捗る！	詳細	○ 5,980	○ 5,980	○ 5,980	○ 5,980	○ 5,980	○ 6,480	○ 5,280	○ 5,980	○ 5,980	○ 5,980
【ベーシックプラン】 モデレート和シングルルーム 靴を脱いで畳でゆっくり♪	詳細	3室 5,980	3室 5,980	3室 5,980	3室 5,980	3室 5,980	3室 6,480	3室 5,280	2室 5,980	3室 5,980	3室 5,980
【ベストレートプラン】 室数限定！今一番お得なプラン♪部屋はおまかせ♪	詳細	満室	満室	満室	満室	満室	満室	満室	満室	満室	満室
【早割7プラン】 7日前までのちょっとお得なプラン♪部屋はおまかせ♪	詳細	3室 4,980	○ 4,980	○ 4,980	○ 4,980	○ 4,980	○ 5,480	○ 4,480	○ 4,980	○ 4,980	○ 4,980
【早割14プラン】 14日前までのかなりお得なプラン♪部屋はおまかせ♪	詳細	3室 4,780	3室 4,780	満室	3室 4,780	3室 4,780	満室	3室 4,280	3室 4,780	3室 4,780	3室 4,780
【早割21プラン】 21日前までの超お得なプラン♪部屋はおまかせ♪	詳細	満室	満室	満室	1室 4,580	2室 4,580	1室 5,080	3室 4,080	満室	2室 4,580	1室 4,580
【連泊プラン】 連泊の予約はお得♪室数限定！ご予約はお早めに。	詳細	1室 4,700	満室	1室 4,700	1室 4,700	1室 4,700	1室 5,000	2室 4,400	1室 4,700	1室 4,700	1室 4,700
【ちょっとゆっくり♪プラン】 12時チェックアウト♪ ちょっぴり寝坊OK！	詳細	-	-	-	-	-	○ 6,480	-	-	-	-
【スーパーゆっくり♪プラン】 20時チェックアウト♪ スーパー寝坊OK！！	詳細	-	-	-	-	-	○ 6,980	-	-	-	-
【天然温泉亀の湯プラン】 亀の湯チケット付き★ 疲れの取れ方が違う！	詳細	○ 5,480	○ 5,480	○ 5,480	○ 5,480	○ 5,480	○ 5,980	○ 4,980	○ 5,480	○ 5,480	○ 5,480
【温泉満喫プラン】 選べる温泉チケット付き★ 浴衣で温泉三昧♪	詳細	○ 5,680	○ 5,680	○ 5,680	○ 5,680	○ 5,680	○ 6,180	○ 5,180	○ 5,680	○ 5,680	○ 5,680
【寝坊付♪温泉満喫プラン】 浴衣でのんびり温泉三昧！ チェックアウトは翌日20時♪	詳細	-	-	-	-	-	○ 7,480	-	-	-	-
【寝坊付♪温泉満喫プラン】 モデレート和シングルルーム指定 チェックアウトは翌日20時♪	詳細	-	-	-	-	-	○ 7,980	-	-	-	-
【日帰り♪温泉満喫プラン】 チェックインはPM15時からOK	詳細	-	-	-	-	-	-	○ 3,650	-	-	-

①提前預訂房間優惠（7天、14天不等）

②連續住宿優惠

③附天然溫泉券的住宿方案

英文版介面的住宿方案，只有禁煙或喫煙的單人及雙人房可選。同一飯店同一日期所搜尋得來的結果，日文版介面光是單人房的選擇就比英文版介面多出好幾倍。除了所標示的幾個優惠方案外，還有其他住宿方案可供選擇。每間飯店的優惠不同，不妨花點時間，找出最能配合自己的行程又最省錢的住宿吧！

平價住宿，省錢玩更多

日本物價指數高，有人到日本旅遊，堅守著「能省則省」的精神！如果是獨行背包客，既安全又省錢的住宿最為重要。若想要多認識不同國籍的人，不妨考慮「ゲストハウス」（guesthouse），即背包旅館。房間、浴室、廁所及客廳等雖然是共用的，但設備齊全，價格吸引人。在客廳中可跟不同國籍的旅客聊天，除了能交流文化和分享旅途外，要是能認識志同道合的伙伴，說不定更可以一起探索新奇好玩的地方。

不過，青年旅館在日本並不算流行，除了部分著名的觀光地區能找到它們的蹤跡外，普遍都不容易找得到。這個時候，各位省到盡的背包客也可以考慮一下部分飯店提供的一人「小箱」個室「カプセル」（Capsule），亦稱為「膠囊」旅館。於 Jalan 搜尋房間資訊時，都會看到這類提供「小箱」個室的飯店介紹和選擇，這種個室提供給住客最基本的床位，純住宿價格大概在幾百円至 2,500 円之間（因應飯店位置及提供的住宿方案而有所不同）。顧名思義，「小箱」就是指像箱子般，只供一個人進去睡覺的空間。部分還會提供大浴池、電視機等額外服務的住宿方案。這種個室的優點是：男、女住客的住宿空間會分別在不同樓層（有部分飯店只提供單一性別的住宿），確保每位背包客的自身及財物安全。但當然，並不是每個人都能接受這種「小箱」的住宿空間，這只是一個最便宜的住宿選擇而已。

▲大阪心齋橋 Hana Hostel

▼大阪難波 Spadio 飯店就是其中一間有提供「小箱」的飯店
網址：www.spadio.net

玩家教你省

若想要有住獨立浴室或比較正式的平價旅館，也可考慮在聯合訂房網站找找。上一節已介紹過在日本網路預訂住宿的方法，這裡更進一步介紹如何找到平價的旅館。

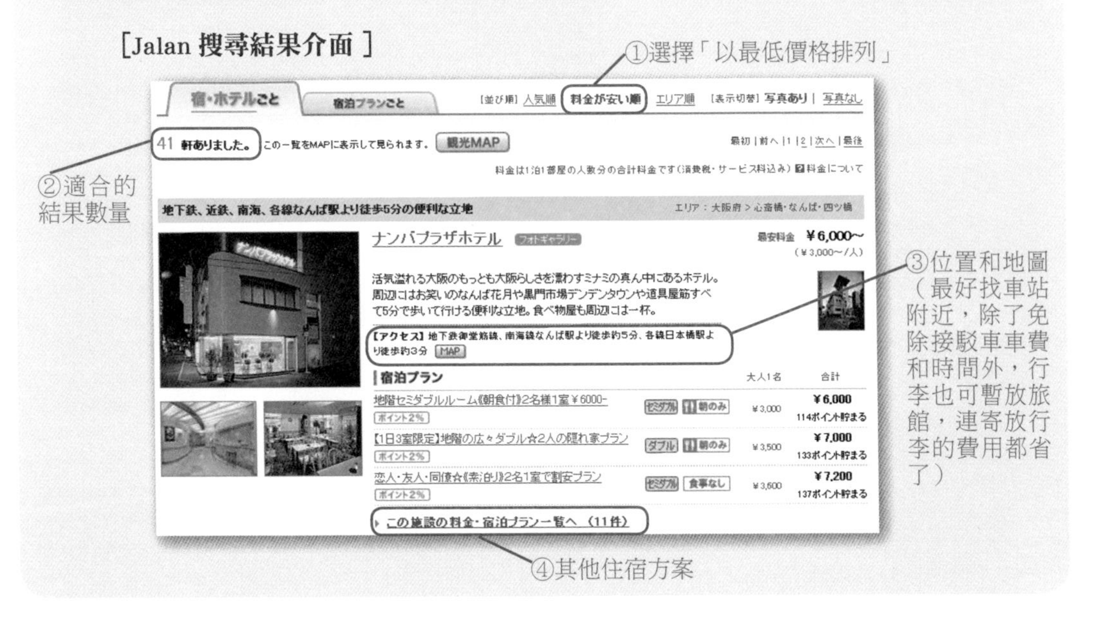

★ 選擇 CP 值最高的住宿方案

找到價錢合理的住宿資料後，再比對一下每間飯店所提供的服務內容，例如住宿有沒有含早餐。一般市區內的旅館都不附晚餐，因為市區覓食很容易。至於早餐方面，在超市買一瓶飲料和特價麵包，價錢大概在 150 円到 300 円左右（最便宜價格）；如果到快餐店吃個小碗烏龍麵大概 290 円。所以，如果包含早餐的住宿價格與沒包早餐的住宿價格差額只在 300 円到 500 円左右，也可選擇含早餐的方案囉！

相反地，在偏遠地方的民宿，則大多是含早、晚餐的住宿方案。在這種民宿所提供的膳食有道地的風味，且附近的餐廳早早就關門，覓食不易，所以一定要嘗嘗他們最道地的美食。舉個例子：湯布院的餐廳，最晚的 8 點就會關門了，而且若要吃道地菜式，價錢也不便宜；另外阿蘇車站附近要找吃的也不容易，附近便利店比餐廳還要多，所以在這種地方住宿，還是建議選擇包括早、晚餐的方案。

「素泊」的住宿方案即是只租住房間，而不包括任何附加條件，大概在 3,500 ～ 5,000 円（因應不同地方價格會不同），包括早、晚餐的價格則會貴上 1,000 円到 4,000 円左右（視膳食內容：一份套餐約 1,000 ～ 2,000 円；燒肉放題或火鍋放題大概 2,000 ～ 4,000 円不等），找到這類包兩餐的住宿方案大約 6,500 ～ 8,000 円之間已算是平價住宿方案了。

▼晚餐是すき焼き（壽喜燒）▼燒肉放題（包馬肉刺身）

▼和式早餐（湯布院民宿和室 7,300 円／一人）

▼漬物任選（阿蘇民宿和室 6,700 円／一人）

範例：包不同餐食方案的旅館

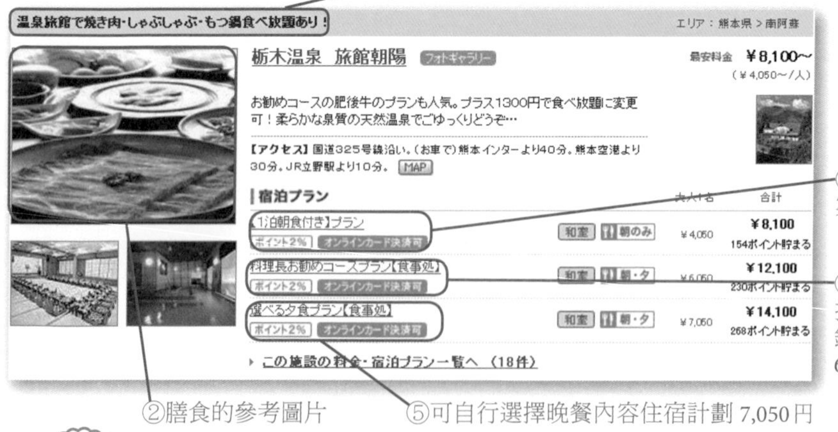

玩家叮嚀

根據搜尋資料，選擇價錢較低又在車站附近的旅館，再配合自己的行程，就能找到理想的住宿。雖然價格比一般大飯店的價格便宜，但服務不會比較差，而且清潔程度也不賴。唯獨要留意的是，普通旅館有分禁煙和吸煙室，由於房間小，「喫煙」室的味道很重，是驅散不掉的！所以如果不是吸煙者，訂房的時候一定要看清楚，找「禁煙」的房間啊！

豪華旅館，吃住好享受

若想入住較高級的旅館，聯合訂房網站或 Agoda 網站都找得到。在聯合訂房網站介面中設定所有入住資料後，只要在搜尋結果中選擇「人氣順」（以人氣排列），當地人氣最高的飯店或旅館便會順序排列出來。

但別以為排在最上面的旅館或飯店就一定是最好的，要多比較幾家價格，看看旅館或飯店所提供的住宿方案，再決定哪個比較適合自己。預計在房間逗留的時間不長的話，可選一些房價較低的高級旅館。

搜尋範例：

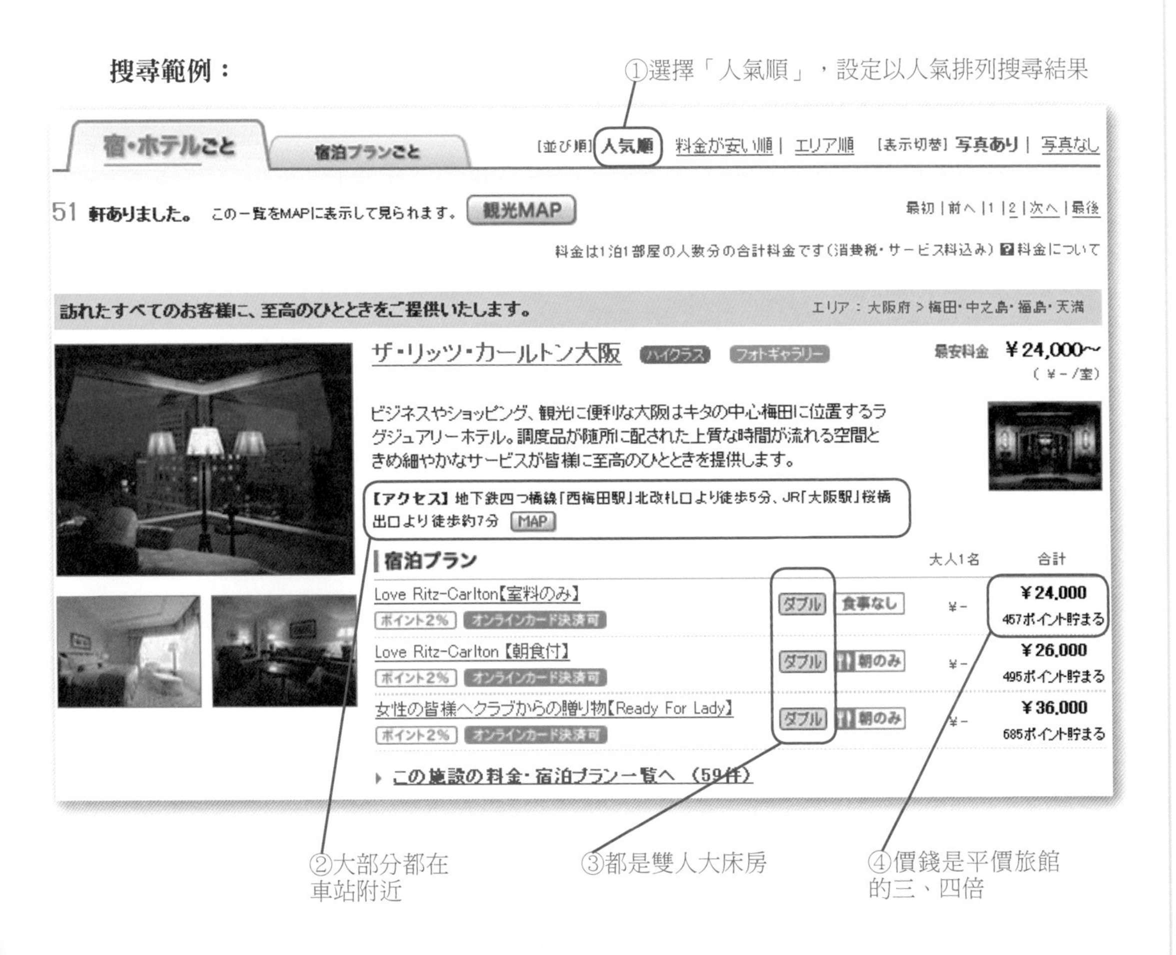

★只要省對地方，也能擁有頂級享受

經常在旅遊節目中看到主持人穿著和服在房間內用膳，懷石料理配以頂級的服務等，他們所介紹的旅館非富則貴，如果想一嘗這種當地最著名和最具特色的住宿，可以考慮花個三、四倍的價錢，來個高級豪華之旅。不過，市區中的大飯店並沒有道地料理提供，大部分只含早餐；這類房間比普通旅館的價格貴上好幾倍，床當然也會比較大，之前介紹的平價旅館，只有一張寬度大約為 120 ～ 140 公分的迷你雙人床，大飯店則是兩張大床房。寬敞的空間，確實能讓顧客舒緩緊張的情緒，好好放鬆自己。但到底是不是物有所值的住宿，就見仁見智了！

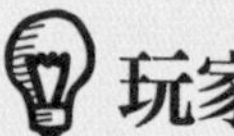

玩家教你省

想要有高級的享受，又不想花太多錢的話，可以閒來沒事就到 Jalan 網站上瀏覽一下，因為 Jalan 每天都會有優惠方案更新，而大部分高達半價以上優惠的住宿都是屬於這一類高檔的旅館或飯店：原價三萬多円的住宿方案，半價後也要一萬多円的那種。如果真的有打算要好好住個痛快，是值得花時間去換來優惠住宿的。

除非旅程中的大部分時間都待在飯店，可善用各種飯店所提供的設施或服務，否則，如以購物或觀光為主，整天都在外面，到晚上才回飯店的話，選擇這種大飯店就有點浪費。正所謂「一分錢，一分貨」，對背包客來說，這種住宿當然超出預算；若想抱著「無料精神」「能省則省」的原則來旅遊，也可以考慮入住市區裡的平價旅館，把部分住宿費省下，留待到其他更有特色的地方遊覽時，再選擇較高級或有特色的溫泉旅館入住，這樣既能一嘗入住高級旅館的滋味，也能達到應省得省的目標。

★當地特色旅館，泡溫泉、品美食、享服務

除非是對住宿很要求的人，否則基本上市區內單房價在 8,000 ～ 10,000 円的旅館，住宿品質就很不錯了。但如果是要去著名的溫泉區，則建議入住當地的特色旅館。他們大部分都遠離城市，而且除了內附當地的著名溫泉外，膳食主要也以當地的特產來做出各種菜式，10 疊以上的和式房間，敞開的陽台，還有房間內的露天溫泉等，

住在這種高級的旅館十分值得。著名的溫泉旅館，大部分都有悠久的歷史，保存著昔日留傳下來的傳統特色，從旅館的建築到布置、擺設、菜式、浴衣的選擇服務等一絲不苟，非常講究；另外，這類溫泉旅館雖然設有大浴場和溫泉區，但部分房間內也設有獨立的露天溫泉，讓住客邊欣賞窗外的美景，邊享受露天溫泉的樂趣。雖然高級旅館的價格比一般旅館昂貴，但只要花點心思，也可以找到較優惠的住宿方案。

這種特色溫泉旅館位置都比較偏遠，沒有直接的交通工具可以到達，要不是請旅館來最近的車站接送，要不就是自己叫計程車過去。基本上高級的旅館都會提供接送服務，只要提早跟他們交代清楚、約好時間的話，應該是沒有問題的。但如果還是不放心，還是可以請車站的人幫忙聯絡，但別人是否願意幫這個忙就另當別論了！所以，一切還是靠自己比較好。

▼銀山溫泉旅館露天溫泉

▼湯布院旅館露天溫泉

▼登別溫泉區飯店

玩家教你省

在不同時段到訂房網頁瀏覽，同一房間的價格可能會有所不同，除了之前介紹過的「早鳥」優惠外，還有一些是價格更改的情況。我曾在出發前二個月以 8,500 円／人的價格訂了一間位於玉造溫泉的旅館，一個月後再查看時，發現同一住宿方案和房間的價格減至 6,500 円／人，於是便重新預訂，每個人可省 2,000 円呢！在日本訂房網站預訂房間的優點就是可以隨時做出任何更改，而不用付任何手續費。

其他實用資訊

行李寄放 × 網路租借

學會了訂車票、住宿，還有其他不可不知的訊息！現在，就跟著我一一了解吧！

行李寄放服務

經常會在車站或百貨公司看到「コインロッカー」這個字，它是置物櫃（Coin Locker）的意思。任何市區內的鐵路或地下鐵站，都會設置大量的置物櫃供乘客使用。コインロッカー（Coin Locker）顧名思義就是投入硬幣的置物櫃。有些小車站沒有設置，但可到車站附近的客戶服務中心裡寄放行李，以每件（不論大小）300円，可說是行李箱愈大愈划算。若是沒有客戶服務中心的偏遠小車站，則會在車站旁的店家提供寄放服務，一件大約 200 ～ 300円不等；而無人車站則完全沒有提供寄放服務的店家或置物櫃，如果到這種地方旅遊，就比較麻煩了。除了車站，有些景點也會有寄放服務；在出發前，最好先查看要到的車站有沒有寄放服務，提早做好準備。置物櫃基本上分為 3 種：小（300円）、中（500円）、大（600円）。每個地區的價錢會有所差別。

▲コインロッカー字樣在商場或車站都能看到

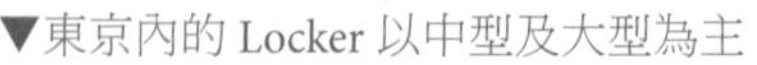

▼東京內的 Locker 以中型及大型為主

如何善用置物櫃的空間呢？有次朋友把 80L 的大背包丟進大型置物櫃（600 円）裡，在他正要投幣關門的那一刻，被我叫住了；接著，我把他的大背包抬到最上層的小置物櫃橫放塞進去，由於背包太長，所以頂部有一小部分凸出來，我將他的背包打開，再把放在最上面的兩小包衣物拿出，往背包旁的空位一塞，大背包就完全收進了小置物櫃，且還有剩餘空間把電腦放入！門一關上，就這樣省了 300 円。所以我比較喜歡用背包旅行，因為可塑性大，萬一真的找不到寄放處，也可背著到處遊覽；還能改變背包的形狀，配合不同大小的置物櫃或寄放空間。只要抱著「善用空間」的概念，便能在寄放行李方面省錢啦。

▲ 3 種不同大小的 Locker

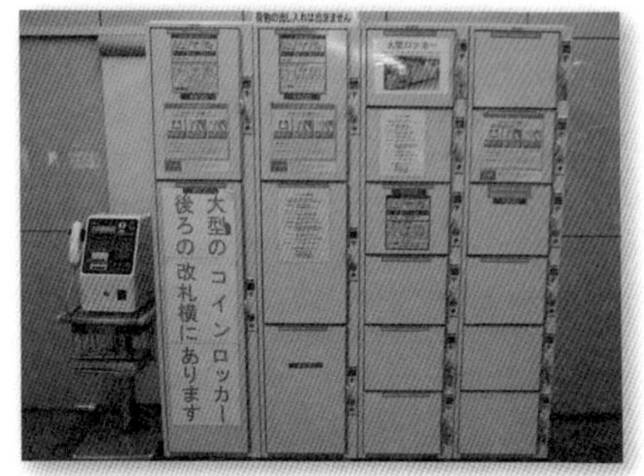

▲還有一種特大型的 Locker，最適合擺放大型行李箱

在日本使用寬頻網路

日本幾個重要的機場內都有提供免費的 Wi-Fi 服務，而小部分市區內的 JR 車站也有無線網路，尤以九州的 JR 鐵路車站網路最為完善；大部分著名景點的車站都有免費 Wi-Fi 提供旅客使用，只要連上車站網路即可，不需要輸入密碼，非常方便。

日本免費的 Wi-Fi 熱點並不普遍，大部分要付費，不像香港很多公共地方都有免費的 Wi-Fi 提供。雖然大多數的高級飯店或旅館都有提供 Wi-Fi，但大都僅止於大廳。旅館的大廳設有 Wi-Fi，而房間內普遍都是利用網路線上網，較大型的商務旅館房間內就有網路線，而部分旅館則需到服務台借用。有部分著名景點的民宿，雖有網路可用，但卻沒有網路線可借，故此，到日本旅遊就有必要自備一條網路線或網路分享器。至於較偏遠地區的家族式民宿，則普遍沒有提供上網，如果非要上網不可，那就要開國際漫遊或租借網路分享器了。以下介紹一些提供 Wi-Fi 服務的供應商：

✶ 日本免費 Wi-Fi 上網服務

「FREESPOT」：

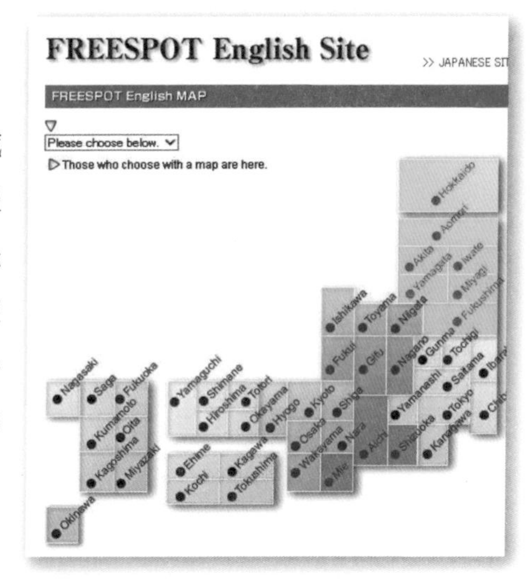

www.freespot.com/users/map_e.html

部分貼有「FREESPOT」貼紙的公共設施或餐飲店，代表該處可使用免費無線上網服務，但有些只提供給住客或顧客，只要預先搜尋好「FREESPOT」提供地點，再根據使用流程設定網路就可使用了。※ 流程可參考：visit-japan.jp/fit/useful/wifi.html 內的「05 實際在日本使用了 Wi-Fi」。

「7SPOT」：

webapp.7spot.jp

「7SPOT」（7&i Group），是另一個提供免費 Wi-Fi 上網服務的網路供應商，必須申請成為「7SPOT」會員才可以使用，主要的 Wi-Fi 據點是 7-11 便利店、SOGO 百貨、西武 SEIBU 百貨、「イトーヨーカドー」大賣場和幾家「7&i 集團」的餐飲店等。

玩家叮嚀

為了方便旅客，日本各大府縣多個場所都提供了 FREE Wi-Fi 的服務，只要在手機內下載「Japan Connected-free Wi - Fi」APPS 後，再做一次性登記，即可在任何有提服務的地方使用 Wi-Fi 服務。

★ 台灣租借 Wi-Fi 分享器

台灣的電信業者也提供可在日本使用網路服務的海外漫遊，或者也可在台灣租借 Wi-Fi 分享器，通常一台分享器可以同時讓 10 台裝置連線，有些最多還可到 14 台呢！只要出國前在台灣辦理租借，回國後歸還即可，可說是十分方便。

台灣主要電信業者／國際漫遊服務

業者	中華電信	台灣大哥大	遠傳電信
對應之日本電信業者	NTT Docomo SoftBank	NTT Docomo SoftBank	NTT Docomo
方案	日租型亞洲國際漫遊上網	國際漫遊日租型	CONEXUS 行動聯盟 (日計價優惠)
價格	1 天 NT$399 3 天 NT$999 5 天 NT$1599	1 天 NT$399	1 天 NT$399
申請方法	1. 電話申請 2. 直營門市申請 3. 網路 (emome) 申請 4. 簡訊申請	1. 台灣大哥大 APP 申請 2. 電話申請 3. 直營門市申請 4. 網路申請 5. 簡訊申請	1. 遠傳行動客服 APP 申請 2. 電話申請 3. 直營門市申請 4. 網路申請
網址	www.emome.net/international_roaming_plan/daily	www.taiwanmobile.com/travel/dataPromotion/roamingApply/promotion-1.html	www.fetnet.net/cs/Satellite/rate/roaming/FET

* 每家電信業者規定不同，詳細內容請至網站查詢

台灣 Wi-Fi 租借業者 （※ 更新自 2015 年 5 月）

業者	網址
EB 日本 WIFI	www.wifi-rental.tw
大晏資訊股份有限公司	wi-go.com.tw
日商英達通訊有限公司	www.xcomglobal.com.tw
木昇企業有限公司	www.1to10.com.tw
台灣卡薩羅馬科技有限公司	www.173wifi.com.tw
宇創國際通訊有限公司	www.wi5.com.tw/index.php
特樂通股份有限公司	www.telecomsquare.co.jp/tw/#a5
無限全球通移動通信股份有限公司	globalwifi.com.tw/?pr_vmaf=RKWeYtFqM4
超能量資訊股份有限公司	www.hipowerd.com
維思資訊股份有限公司	www.ivideo.com.tw/activity/taiwan-WiFi-tjp.asp
赫徠森國際企業有限公司	www.horizon-wifi.com

◀ POCKET WIFI，到日本後即可使用，非常方便。但要小心保管，若遺失或損壞則需賠償巨額

玩家叮嚀

如需借用 iNet 服務，最重要的是要考慮是否有這個必要，如果一群朋友遊日，可平均攤分租借服務的費用，當然比較划算。但若人數不多，則需考慮是否在日本的任何時間都需要有 Wi-Fi ？由於大部分旅館或飯店（民宿除外）皆有提供 Wi-Fi 或上網服務，如只是想在社群網站上做「當日分享」，建議就不需額外花費每天七、八十元的上網費了！另外，由於各公司所提供的借用服務有限，如果真的決定要使用網路，最好先上網預約，尤其旅遊旺季更易遇上全部借出的情況。

★日本電訊公司租借 Wi-Fi 服務

只要在抵達日本機場後，到服務台辦領或領取已預訂的 Sim 卡或網路器即可。由於數量有限，提早預約更可提早知道電話號碼（借用 Sim 卡者），非常方便。借用方法簡單，先在網路上填寫申請預約表，到達機場後再前往各電訊公司的服務台辦理領取手續。歸還手續就更容易了，可即時退還或把裝置投入歸還箱就好。

收費標準

供應商	JAL ABC		TelecomSquare	SoftBank	
機型	PocketWi-Fi D25HW	004Z ULTRA	PocketWi-Fi D25HW 等，提供 9 種機型	PocketWi-Fi C01HW	007Z ULTRA
借機費	無料	無料	無料	315円	315円
費用（日）	1,290円	980円	960円	1,575円	1,260円
基本保險費	210円		210円		
備註	只有二種 3G 機提供		有 4G 機提供，價錢相對較貴	含其他租用服務（包括 SIM 卡）	
可租借機場	成田、羽田、中部國際、關西		成田、羽田、中部國際、關西、福岡	成田、羽田、中部國際、關西、新千歲	
網址	www.jalabc.com/chinese/index.html		www.telecomsquare.co.jp/inbound/en/index.html	www.softbank-rental.jp/c/rental.php	

* 租借服務必須以信用卡付款（以上價格以各公司網頁為準）

玩家教你省

也可考慮使用 SKYPE 作聯絡工具。雖然同一日本電訊公司的手機可在指定時間內可免費撥打，但非指定時間及至電非同一電訊公司手機時則需要另外付費，而每通電話的收費比利用 SKYPE 還要貴。日本人現在流行利用 SKYPE 來撥打電話。而撥打至香港的電話收費也很便宜，除每通電話的接通費用為大約 0.3 ～ 0.4 元外，之後每分鐘只收取不到 0.1 元的費用，而撥打電腦使用的 SKYPE 帳號更是免費的呢！

行程安排

訂購機票、行程確認、
達人推薦住宿……
小氣玩家，出發！

經常有朋友問我：「到日本旅遊，去哪裡比較好？」我會提出一個問題：「這趟旅遊目的是什麼？」如果只是普通購物，或只是心癢癢想去「朝聖」，那不用多想，來個東京、大阪之旅就好，這也是一般香港人熟悉的地方，隨時隨地只要有錢有假就可以起飛了。不過，近幾年來，有不少人開始追求不一樣的「朝聖」活動，他們想要的是特別且不再局限在城市購物區，想要到其他地方遊歷。

本書主要介紹的就是從大阪出發至島根、立山黑部及北陸 3 個地區旅遊的 Free Pass 及行程分享。為了方便不同讀者的需要，另會附上一些相關的機票及 Free Pass 等資訊供大家選擇及比較。

常見航空公司介紹

安排行程，從訂機票開始！

本章會介紹的 Free Pass 主要以大阪為出發地，並附有從名古屋和東京出發的相關 Free Pass，而在這部分會先介紹幾家我常搭乘的熱門航空公司，並做簡單比對，讓大家更容易找到適合自己需求的選擇。

訂購機票主要有以下幾種途徑：

❶經旅行社購買自由行套票：主要以國泰、長榮、華航或日航為主，包住宿，較適合不想花時間訂飯店及比較機票價格的旅客，但住宿限制較多且選擇較少。

❷經旅行社購買來回機票：選擇較多，要自行訂飯店，但可配合行程安排最適合的住宿。

❸於各航空公司網頁訂購機票：花時間，但可因應個人需要訂購，廉價航空的選擇較多。某些航空公司還會不時推出優惠機票，較適合可隨時旅遊的人士。

★ 國泰航空 www.cathaypacific.com

大部分自由行套票皆以這家公司的機票為主，也是很多香港人喜歡的選擇。

優點：可以利用里程數換領機票；購買機票也可以存里程數。
班次較多。
座位比較寬，舒適。
直航飛機。

缺點：由於里程數換領機票人數愈來愈多，服務質素沒之前的好。
一般機票價格比較昂貴。

★ ANA 全日空 www.ana.co.jp

日本的航空公司，機票價格較貴。

優點：有信譽的保證。

餐食以日式料理為主。

直航飛機。

缺點：班次不多。

機票價格較貴。

> **玩家叮嚀**
>
> 樂桃航空的座位以每行 A-F 排列，A 及 F 為靠窗位置，由於左右兩邊各 3 個座位，而且位置較窄，所以在登機時會先安排 A 及 F 座位的旅客先入座，不要心急先上機，否則要讓給 A 及 F 座位的乘客入座是頗麻煩的。

★ 樂桃航空（PEACH AIRLINE） www.flypeach.com/tw

於 2011 年成立，為 ANA 投資的廉價航空公司，也是台灣少數有開闢高雄航點的航空公司。

優點：不時會推出特價機票，單程約 NT.2,580（日本內陸機優惠較多）。

可因應需要加餐飲及行李寄送服務。

關西機場的第二航廈只供樂桃航空使用，回程時延誤的機會較少。

乘坐樂桃航空有購買 JR 車票的優惠，只要出示登機證即可。

缺點：座位較窄，四小時多的飛行時間，會有點辛苦，選擇靠通道兩旁的座位較好。

飛機較小，升降時搖晃較大。

自助式 CHECK IN 服務，與普通航空公司不同。

▲香港到大阪的航班是凌晨或中午的飛機

▼關西機場內樂桃航空的自助式 CHECK IN 服務

▲樂桃航空簡單的登機證，要留意登機的次序，靠窗的先登機

* 以上純屬個人意見分享，無任何偏頗或影射成分。

如何選擇 Free Pass？

Free Pass 用得巧，荷包沒煩惱

本書主要介紹從大阪出發至島根、立山黑部及北陸 3 個地區旅遊的 Free Pass 及行程分享。還會附上相關 Free Pass 資訊供大家選擇比較之用，包括：從名古屋或東京出發的北陸 Free Pass、從名古屋出發的立山黑部 Free Pass 和世界遺產白川鄉、五箇山 Free Pass 等。無論旅程是從哪個地區出發，都可配合不同的 Free Pass 進行深度之旅。

根據右頁圖表 (A)，從大阪出發皆有相關 Free Pass 可前往北陸、島根及立山黑部旅遊。只要在大阪，就能一次過滿足 3 個願望，而本書亦主要以大阪出發的旅遊分享為主軸，但由於部分 Free Pass 屬於季節性限定，如在其他季節前往北陸旅遊，就得靠其他相關的 Free Pass 才能成行。故此，本書除了重點介紹大阪的 Free Pass 外，還會以名古屋和東京為據點，提供不同的選擇，讓讀者可以更靈活地安排自己的行程。每個 Free Pass 的使用期間，可乘車種及自由乘搭範圍皆有所不同，選定旅遊日期後，可從圖表 (B) 比對能使用的 Free Pass 再選擇出發地；如果不受日期影響，則可以先決定旅遊目的地，再選擇旅遊日期。

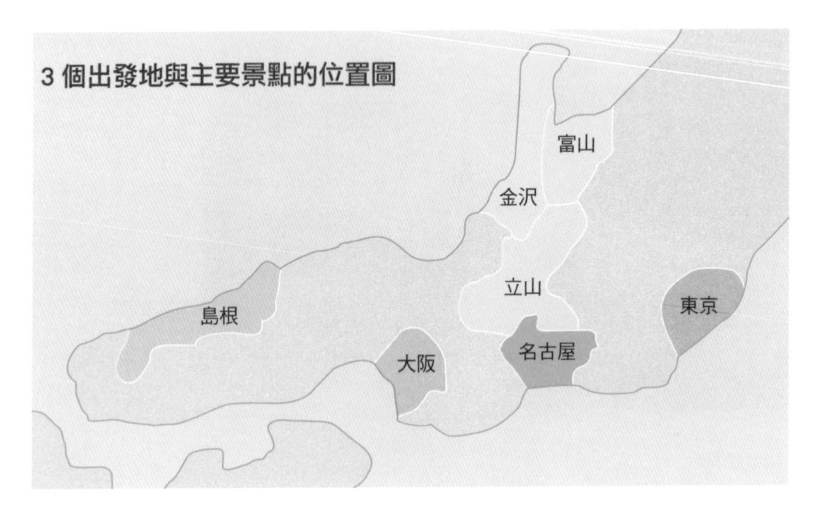

(A)3 個出發地區與推出的 Free Pass 關係表

旅遊景點／出發地		大阪	名古屋	東京
北陸	主要鐵路沿線 Free Pass	✓	✓	✓
	附加 Free Pass： 世界遺產五箇山、白川鄉		✓	
島根：松江＋出雲		✓		
北阿爾卑斯山（立山黑部）		✓	✓	

(B) 各種 Free Pass 可使用期間

<table>
<tr><th>11月</th><th>12月</th><th>1月</th><th>2月</th><th>3月</th><th>4月</th><th>5月</th><th>6月</th><th>7月</th><th>8月</th><th>9月</th><th>10月</th></tr>
<tr><td colspan="5">北陸任乘放題套票（大阪發）</td><td></td><td></td><td></td><td></td><td></td><td></td><td></td></tr>
<tr><td colspan="12">北陸觀光自由套票（名古屋發）</td></tr>
<tr><td colspan="12">北陸自由乘車券（東京發）</td></tr>
<tr><td></td><td></td><td></td><td></td><td></td><td colspan="7">立山黑部阿爾卑斯山乘車券</td></tr>
<tr><td></td><td colspan="4">世界遺產套票
（白川鄉、五箇山）</td><td></td><td></td><td></td><td></td><td></td><td></td><td></td></tr>
<tr><td colspan="12">松江・出雲周遊券</td></tr>
</table>

(C) 各種 FREE PASS 關係圖

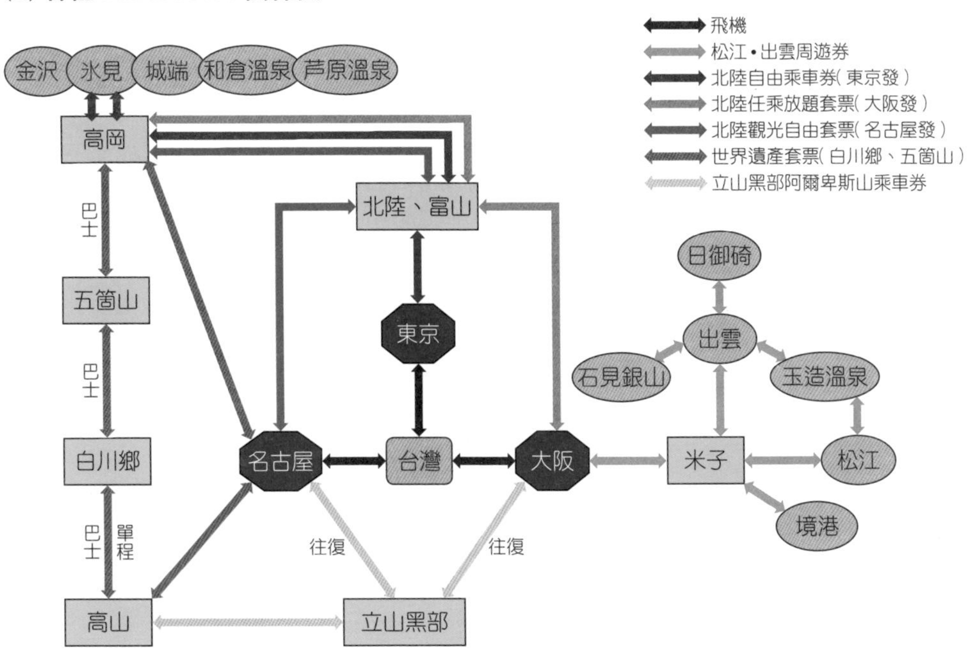

★旅遊，要在最適當的時間去最適當的地方

經常有朋友問我：「我想去日本旅遊，去哪裡比較好？」我會提出一個問題：「你這趟旅遊目的是什麼？」如果只是普通購物，或只是心癢癢想去「朝聖」，那不用多想，來個東京、大阪之旅就好，不用多花腦筋，飛機班次多、交通便利、到處都是購物區，不太需要安排、計劃。我曾帶過好幾個朋友遊日本，他們每到一個特別的地方，都會高興地說：「我們除了東京以外，其他地方幾乎沒去過。」這是很普遍的情況，因為在東京、大阪購物區和景點區，到處可聽到熟悉的語言，是既安全又方便的旅遊地點。不過，近幾年來，有部分人開始追求不一樣的「朝聖」活動，他們想要特別而不是局限在購物區的城市之旅；但想要到其他地方遊歷，交通方面需要多花時間研究。

有一次姐姐問我：「我跟朋友 2 月想去日本，飛大阪還是名古屋好？」我問她：「你這次去日本的旅遊目的是什麼？購物？著名景點？看雪？還是什麼？」她才發現自己原來都沒有認真去想過這個問題，於是我再解釋說：「大阪，就是購物區，物價比東京便宜一點，但是一年四季的差別不大；但 2 月是下雪的季節，可以考慮去看雪，飛名古屋，再轉去北陸一帶遊玩，那裡是著名的豪雪區。從名古屋出發去五箇山和白川鄉的「雪中童話屋」比較近，又有便宜的 Free Pass 可以用，是滿特別的。」後來他們決定了來個北陸行，因為 2 月難得一見的合掌造建築厚厚的積雪確實很吸引人，於是便利用名古屋推出的「白川鄉．五箇山世界遺產套票」走了一趟北陸。

玩家叮嚀

附加的相關 Free Pass——名古屋出發的「白川鄉．五箇山世界遺產套票」則比較適合重點式到兩地及高山一帶遊覽。而 3 種不同的北陸 Free Pass 都沒有包括連接世界遺產白川鄉及五箇山之間的巴士車費。雖然本書所介紹的北陸行程中，有前往五箇山參加夜燈祭，但需額外支付接駁城端至五箇山的加越能巴士或計程車的費用。所以，如要重點式遊白川鄉．五箇山的話，建議先飛往名古屋，再選用「白川鄉．五箇山世界遺產套票」比較適合（北陸篇 P. 243 會有套票的詳細介紹）。

日本一年四季都有她可欣賞的地方，冬季北陸、東北的雪祭和滑雪活動；春天全國盛開的櫻花；夏天北海道的七彩花田；秋天的滿山紅葉。我們要在適當的季節前往適當的地方，才能欣賞到日本最美的一面。如果都錯過了，那到日本旅遊就只能滿足「朝聖」的欲望，而不能遇上驚喜。

那麼，本書介紹的 3 個旅遊地區：島根、立山黑部和北陸，到底該選擇哪個目的地好呢？試著回答以下問題，找出最適合自己的旅遊點吧！

你打算哪個月份到日本旅遊？

- 12 月至 3 月 → 北陸、島根
- 4 月至 5 月 → 立山黑部、島根
- 6 月至 9 月 → 北陸、立山黑部、島根
- 10 月至 11 月 → 立山黑部、島根

這趟旅遊的目的？

- 與雪作伴 → 北陸、立山黑部
- 自然風景 → 北陸
- 世界遺產 → 北陸、島根

有打算季節性旅遊？

- 紅葉季節 → 立山黑部、島根
- 豪雪季節 → 北陸、立山黑部
- 四季皆可 → 島根

出發地是哪裡？

- 大阪 → 立山黑部、島根、北陸
- 東京 → 北陸
- 名古屋 → 北陸、島根

認識大阪

OSAKA，我來了！

本書介紹的 3 種 Free Pass 都是以大阪為出發點，所以該來簡單介紹一下大阪的資訊！

★地區簡介

關西地區的最大城市，位於奈良、京都和神戶的中心地段，有 JR 鐵路及多種私鐵連接關西各地區，除東京外，大阪是日本的第二大都市，集經濟、文化於一身。大阪的物價較東京便宜五分之一，住宿、飲食及購物都比東京更為集中。唯獨大阪市內的地鐵是出了名的昂貴，不過，幸好有不同的私鐵可以選擇，以減輕旅遊車費支出。

★鐵路介紹

- JR 鐵路：JR 鐵路是全國鐵路，連接各區各縣，唯票價較貴，外國人雖可購買外國人專用的 JR Pass，但如果只是近距離移動，並不划算。
- 南海電車：連接關西機場及難波，並有高野山線及和歌山線之分，是從關西機場到難波的首選鐵路。
- 阪急電車：主要連接大阪、京都及神戶三地的鐵路。也是到京都嵐山的選擇之一。
- 京阪電車：主要連接大阪與京都的鐵路，包括宇治線。
- 阪神電車：主要連接大阪與神戶的鐵路，從難波直接可到神戶而不用在大阪換車。
- 近鐵電車：主要連接奈良和吉野等地。

★觀光必逛

來到大阪，當然要嘗嘗道地美食：大阪燒、人形燒、章魚燒、老爺爺芝士蛋糕等都是大阪的名物，到處可見售賣這些名物的攤販、餐廳等。另外，大阪的烏龍麵、板壽司和河豚等也是遊客喜愛到大阪品嘗的食物。大阪購物和飲食主要集中在難波（心齋橋、道頓堀）及大阪梅田一帶，非常方便。除了到著名的購物區外，也可以到超級市場搜羅零食或日本醬料等，在那裡可以買到價格較為便宜的伴手禮或食物。大阪市內主要以「玉出」和「業務」為較大型的超市，到處可見。

「玉出」每天皆有優惠貨品推出，每間「玉出」的貨品價格皆不同，買滿1,000円以上便可以1円換購不同的貨品，可換領的種類及數量皆以店內所張貼的廣告而定，大多以飲品、泡麵及小食為主。至於「業務」，故名思義是與業務有關，即主要提供店家所用的貨源，量較多較大，但價錢則較便宜。在店內近門口處總會擺放著優惠貨品，一覽無遺，是購買日本食材的好地方。

◀關西機場內JR鐵路和南海電車的閘口相鄰，不要走錯入口啊！

▼「玉出」超級市場

★大阪食宿索引

【住宿】

❶Osaka Hana Hostel

❷Hostel Base Point Osaka

❸ カプセルホテル朝日プラザ心齋橋

❹ サウナ＆カプセルアムザ

❺ ナンバプラザホテル（Namba Plaza Hotel）

❻ ビジネスイン千日前ホテル（Business Inn 千日前 Hotel）

❼ ホテル味園（Hotel 味園）

【美食】

⓫「源平」大阪燒（3F）

⓬ 金龍拉麵（白飯、前菜任吃）

⓭ 榮華亭燒肉

⓰ 一風堂

⓳ 老爺爺芝士蛋糕

【其他】

❽「玉出」超市

❾「業務」超市

❽BIC CAMERA（難波）（8F，100円商店）

⓮ 心齋橋

⓯ 難波南海電車站 / 高島屋

⓱ 日本橋近鐵站及地鉄站

⓲ 黑門市場

⓴100円店

㉑金券 SHOP

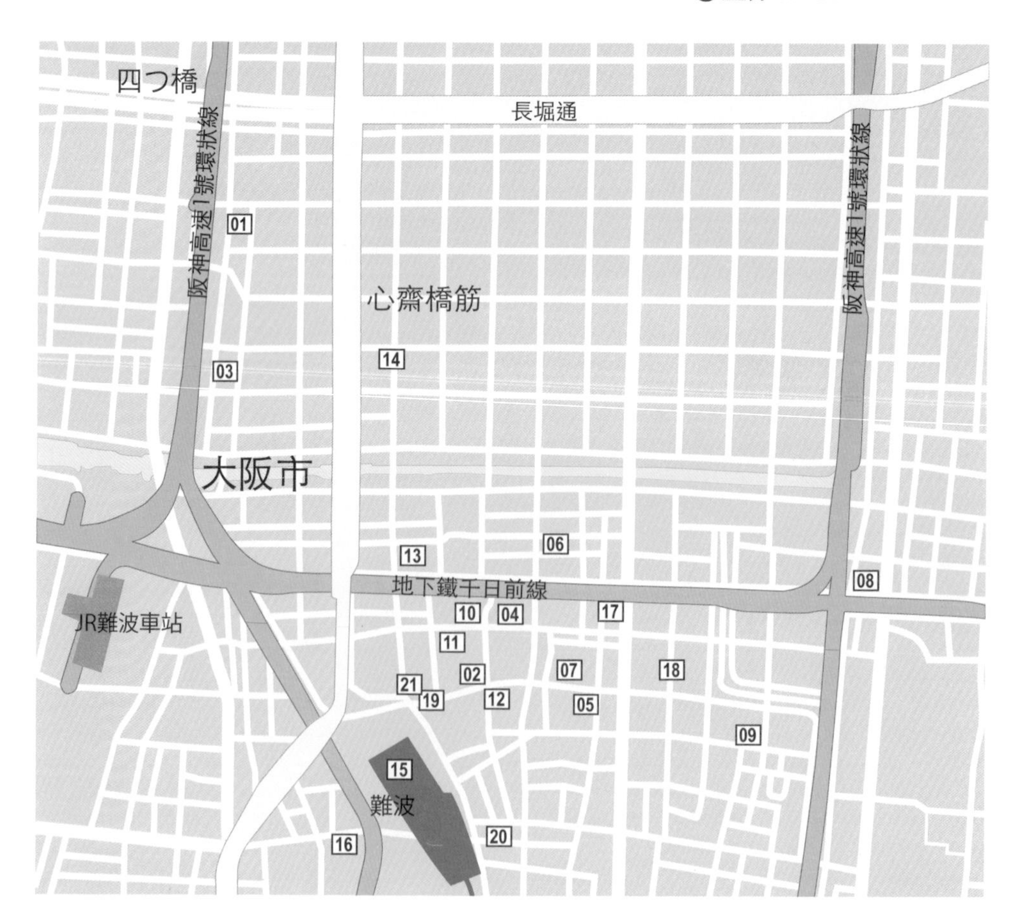

住宿推薦

至於住宿方面，很多朋友到大阪旅遊，總會問我住哪裡比較好，個人比較喜歡難波，其中一個原因是難波為南海電車總站，來往關西機場非常方便，車票也較便宜；另外，因心齋橋、道頓崛及千日前主要購物街就在難波內，物價比大阪梅田低，餐食及商場較為集中，再加上前往奈良、神戶及京都皆有多種鐵路可供選擇，故此難波較大阪梅田為佳。以下介紹也以難波為主。

▲ Business lnn 千日前 Hotel

▲ Hotel 味園

【青年旅館】

Osaka Hana Hostel

☎+81-6-62818786
🚌大阪府大阪市中央区西心斎橋 1-8-4
🌐osaka.hanahostel.com（有中、英文版）

Hostel Base Point Osaka

☎+81-6-66441810
🚌大阪府大阪市中央区千日前 2-11-17
🌐basepoint-osaka.com（有英文版）

【膠囊旅館】

カプセルホテル朝日プラザ心斎橋

☎+81-6213-1991
🚌大阪市中央区西心斎橋 2 丁目 12-22
🌐www.asahiplaza.co.jp（有英文版）

サウナ＆カプセル　アムザ「小箱」

☎+81-6-6633-1000
🚌大阪市中央区千日前 2 丁目 9-17
🌐www.daitoyo.co.jp/amza

【廉價旅館】

ナンバプラザホテル（Namba Plaza Hotel）

☎+81-6-6641-3000
🚌大阪市中央区難波千日前 1-20
🌐www.nambaplaza-hotel.jp

ホテル味園（Hotel 味園）

☎+81-6632-0357
🚌大阪府大阪市中央区千日前 2-3-9
✉hotel@universe-misono.co.jp
🌐www.universe-misono.co.jp/hotel（有英文版）

ビジネスイン千日前ホテル（Business Inn 千日前 Hotel）

☎+81-6-6211-3004
🚌大阪府大阪市中央区千日前 1-5-17
🌐www.1000nichi-hotel.com

島根篇

松江、出雲

島根縣屬日本山陰地區，面臨日本海。台灣沒有飛機可直接飛抵，必須從大阪出發，先乘新幹線到岡山，再轉乘特急列車才能到達。由於特急沿山路而建，故此鐵路的平均速度比其他城市地區慢很多，前往山陰地區時，對於自助旅遊的遊客來說交通並不算便利，不過，島根縣卻是個令人流連忘返的地方。我曾利用「松江・出雲ぐるりんパス」（松江・出雲周遊券）進行了一個世界遺產、溫泉鄉之旅，跟我一起進入這個日本神話之鄉吧。

MAP

北海道・東北
北陸
關東
中國
四國
近畿
九州・沖繩
東海
甲信越

島根

日
本
海

北海道
青森
秋田
岩手
山形
宮城
福島
新潟
群馬
栃本
茨城
石川
富山
長野
埼玉
東京
千葉
福井
山梨
神奈川
近畿
岐阜
鳥取
京都
滋賀
愛知
靜岡
兵庫
島根
岡山
大阪
三重
廣島
奈良
山口
香川
德島
和歌山
愛媛
高知
福岡
佐賀
大分
長崎
熊本
沖繩
宮崎
鹿兒島

松江 · 出雲ぐるりんパス

松江・出雲周遊券

「松江 · 出雲周遊券」是到松江、出雲及境港等觀光的 JR 西日本「特別企画車券」之一。除了這些著名的景點外，日本其中一個世界遺產——石見銀山，也位處於此。此車券包括所有前往該區及各著名景點的交通費（包括鐵路、巴士及遊覽船）和 10 種觀光設施的入場費，是個非常便利的周遊券。

JR 西日本網址：www.jr-odekake.net/railroad/ticket/tokutoku/

車票簡介

- 至 2015 年 3 月 31 日（每年更新）
- 出發前一個月至出發前一天（即日不能購買）
- ✓ 連續 3 天
- 至 2015 年 4 月 3 日（每年更新）
- 全年通用
- 出發地周邊主要車站的綠色窗口
- ※ 可補差額改乘綠色車廂（高級車廂）

★ 一般套票價格（價格參考至 2015 年 4 月）

不同出發地的票價不同，請因應行程需要購買適合的車票。

出發地	京都市內	大阪市內	神戶市內	岡山／倉敷
大人	20,340 円	20,030 円	19,310 円	13,140 円
小孩 *	10,170 円	10,010 円	9,650 円	6,570 円

· 小孩票不能單獨購買，必須兩人以上同行。
· 綠色車廂（高級座位）：大人 2,000 円，小孩 1,000 円。

★可乘搭範圍

往返路線

・從不同的出發地至岡山駅的新幹線普通車指定席（到達可自由周遊範圍前不可中途下車）。

・岡山至米子的特急列車指定席或自由席。

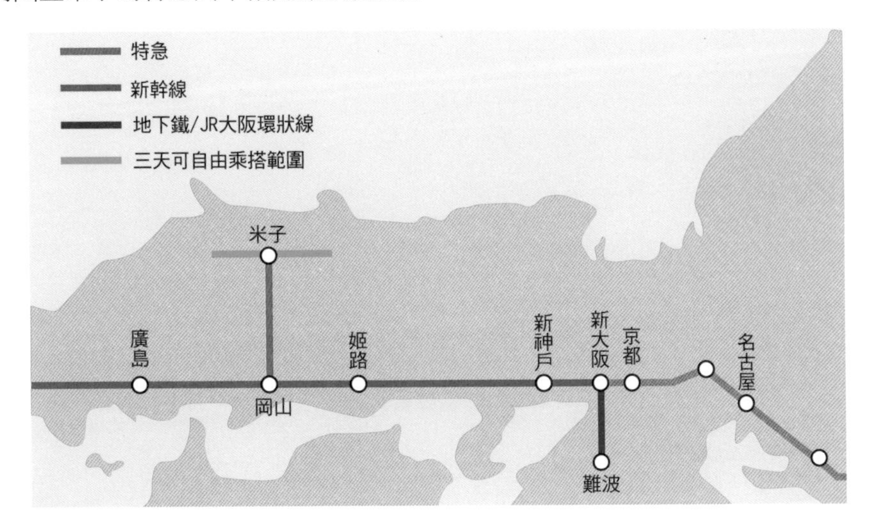

可自由乘搭範圍

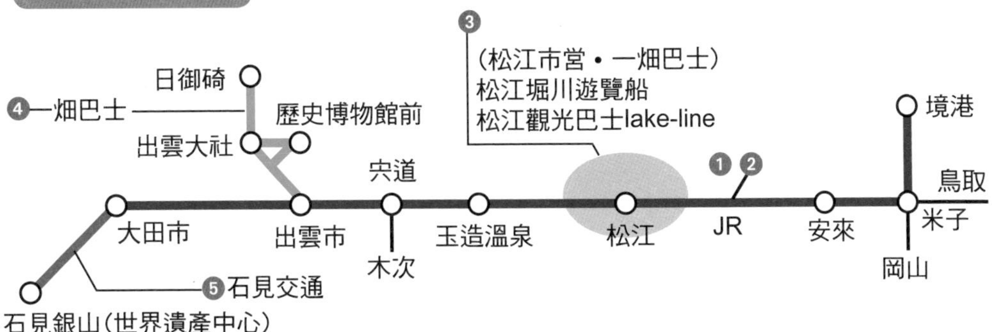

①自由乘搭範圍內的特急普通車自由席
②JR 西日本鐵路：山陰線（米子→松江→出雲市→太田市及境港全線）
③松江レイクライン全區域：松江市營巴士、一畑巴士（松江市內中心地區）
④一畑巴士：出雲市→出雲歷史博物館前→出雲大社→日御碕
⑤石見交通：大田市→石見銀山（到世界遺產センター／世界遺產中心止）

✶松江・出雲周遊券，怎麼玩

昔日的「松江 ・ 出雲周遊券」是山陰地區當地發售的周遊券，須配合其他票券使用；而新版的「松江 ・ 出雲周遊券」則同時包含了來回京、阪、神至米子的新幹線、特急普通車指定席，以及山陰地區當地發售的周遊券，不用再分別購買兩種不同的 Free Pass，價錢為 20,030 円（大阪出發價格）。雖然價錢變貴，但卻減少許多麻煩，再加上現在 Free Pass 所指定的新幹線列車已改成「のぞみ」（NOZOMI）——山陽新幹線中速度較快的列車，故此價格提高了也是合理的。

新版「松江 ・ 出雲周遊券」票券共兩張：「松江 ・ 出雲ぐるりんパス（ゆき）」（去程用票券）及「松江 ・ 出雲ぐるりんパス（かえり）」（回程及自由周遊範圍內用票券）；無論在自由周遊範圍內乘搭任何指定的交通工具及進入任何指定的觀光設施時，都必須出示後者（回程用）票券，故此，要好好保管啊！此票券包含 10 種設施的入場券或免費的觀光設施（後面會詳細介紹各觀光設施），以及「松江銘菓、銘茶老舗巡り券」（松江銘菓、銘茶老舗試食和抹茶試飲券）；記得，出發前要先確認各設施的休園、休館時間及列車運行情況，以免撲空。

另外，還提供租車優惠，租用一台 S 型車，一天只需 5,000 円，超時需另加費用（需留意日本假期不能使用）。但若想租車遊覽山陰及山陽地區，建議單獨購買「こだま＆やくも指定席往復きっぷ」往返京、阪、神及米子的車票即可，因松江 ・ 出雲周遊券內的自由周遊範圍交通不適合使用。

玩家解析

昔日的「松江 ・ 出雲ぐるりんパス」是山陰地區當地發售的周遊券（4,200円），另配合「こだま＆やくも指定席往復きっぷ」（指定席往返車票）（12,000円／6年前的價格）一併使用。當時的新幹線指定席只限於乘坐「こだま」（KODAMA）——新幹線中速度最慢的列車，故此所需時間較多，而價錢則較便宜。

✶ 車票解讀

這裡所展示的是 4 年前我留日時所購買的「こだま＆やくも指定席往復きっぷ」車票與舊的「松江 ・ 出雲周遊券」Free Pass，但除特別說明的部分外，其餘各項大致和新版的「松江 ・ 出雲周遊券」使用方法及條件一樣，提供大家參考。

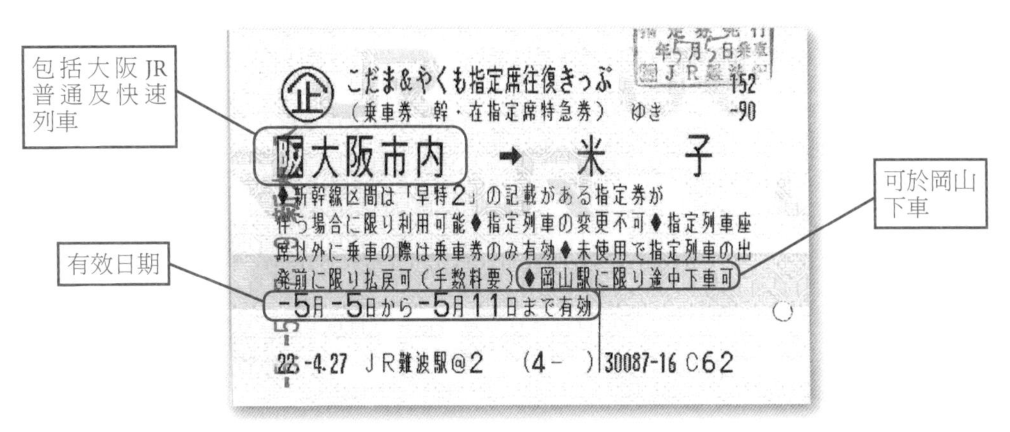

▲「こだま＆やくも指定席往復きっぷ（ゆき）」
大阪市區至米子的新幹線及特急指定席乘車券及特急券（去程用）

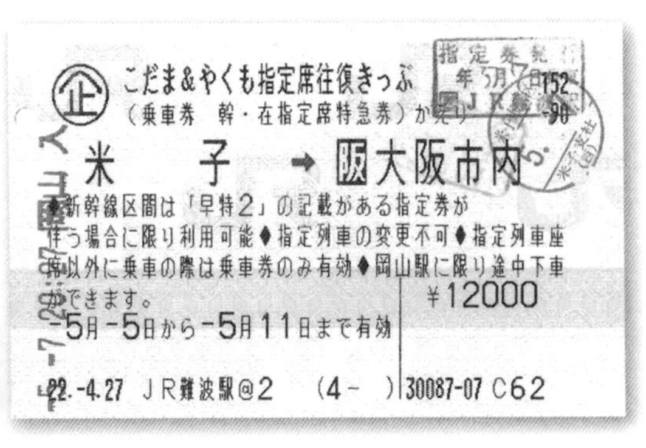

▲「こだま＆やくも指定席往復きっぷ（かえり）」
米子至大阪市區的新幹線及特急指定席乘車券及特急券（回程用），基本上與去程用乘車券內容一樣

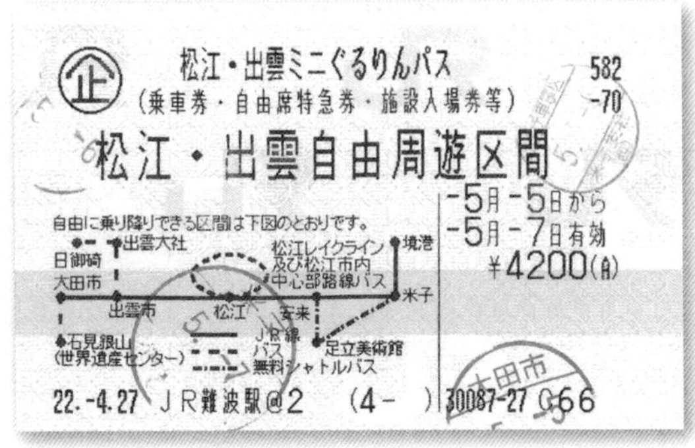

▲「松江 ・ 出雲ぐるりんパス」
自由周遊範圍內使用，包括自由搭乘範圍內部分交通工具的乘車券，特急「やくも号」（YAKUMO）」或「サンライズ出雲号ノビノビ座席」（SUNRISE 出雲號）自由席特急券，即在自由周遊範圍內可乘搭普通、快速及特急列車的自由席

✶可乘搭的列車

只要出示「松江 ・ 出雲ぐるりんパス（ゆき）」去程票券，即可在大阪市內任意乘搭 JR 鐵路至新大阪。例如從難波出發前往大阪，可乘搭「大阪環狀線」到大阪，再轉乘任何 JR 列車普通車自由席到新大阪。亦可乘搭 JR 山陽新幹線「のぞみ」前往岡山（Japan Rail Pass 則不能乘搭此型號列車）。

新大阪

從新大阪新幹線月台搭乘往博多方向的「のぞみ」列車，於岡山下車（到達岡山前不可中途下車）。

圖為昔日「松江 ・ 出雲ぐるりんパス」可乘搭的往返新幹線列車：「こだま」，現已由「のぞみ」山陽新幹線代替

B

岡山

到達岡山後，再轉乘 JR 伯備線從岡山至米子的「やくも」特急列車。

①「やくも」特急列車

②乘搭從岡山至出雲方向的「やくも」特急列車

米子

到達米子後可自由乘搭周遊範圍內所有列車自由席。3 天自由周遊範圍內可乘搭指定的交通工具，包括 JR 鐵路特急普通列車的自由席。

★此行程需預先取得的指定席券

此行程需要先買到的車票用 4 張（含來回）：

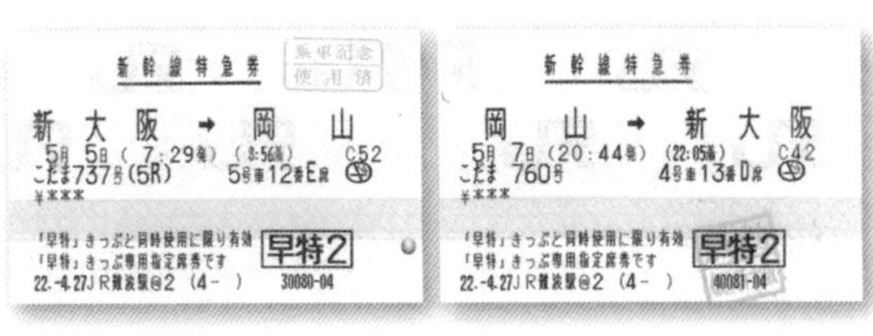

▲新幹線去程指定席券：新大阪→岡山

▲新幹線回程指定席券：岡山→新大阪

▼特急去程指定席券：岡山→米子「やくも」

▼特急回程指定席券：米子→岡山「やくも」

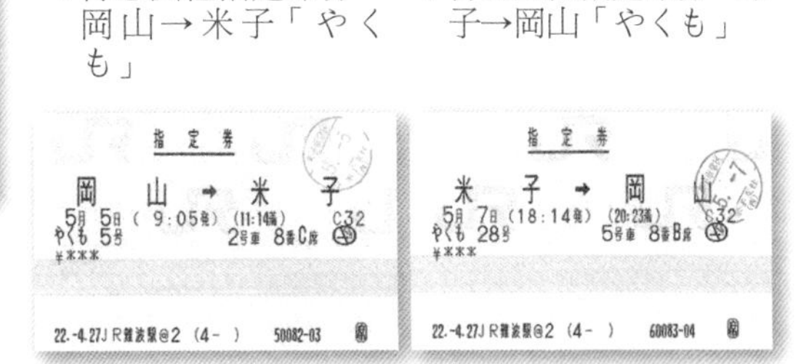

玩家叮嚀

想省錢？還是省時間？大阪地鐵車費是出了名的「貴」。如果從難波（心齋橋）一帶前往大阪車站，地鐵車資 240 円，車程約為 15 分鐘。如果想省錢，此套票可以免費利用 JR 的大阪環狀線，從難波前往大阪車站，需時約 30 分鐘。

※ 大阪環狀線地圖下載：www.e-japannavi.com/trans/o_map_kanjo.shtml

大阪環状線・Yume咲線　交通圖

大阪環状線
Yume咲線換乘図
地鐵換乘線
御堂筋線
長堀鶴見線地線
四橋線
谷町線
堺筋線
千日前線
中央線
※茶色為其他鉄路換乘線

JR京都線
JR神戸線
阪神本線
阪急神戸線
JR学研都市線
JR東西線
京阪本線
阪急神戸線
福島
大阪
天満
桜之宮
京橋
大阪城公園
森之宮
玉造
近鉄奈良線
鶴橋
桃谷
JR大和路線
JR阪和線
南海電鉄
寺田町
天王寺
新今宮
今宮
JR難波線
芦原橋
大正
弁天町
西九条
野田
安治川口
ユニバーサルシティ
(Universal City/環球城)
桜島

島根 3日 小旅行

▼松江城

▲足立美術館

▲島根縣立古代出雲歷史博物館

★省錢行程大公開！

這次山陰島根之旅是我的留學生活中最後一個旅程。3 月學期結束後，申請了在日本多待一個月的歸國準備逗留期間，為的是希望能盡最後的努力，繼續遊走日本。這趟旅程讓我深入了解了島根的文化與歷史，亦是一趟難得的漫遊。以下提供「松江・出雲周遊券」與單獨購買來回新大阪～米子車票加上觀光入場券的價格比較。

※ 車票以一人（大人）・特急普通車指定席・來回票價，每程獨立計算。

玩家教你省

一般購票方式	松江 ・ 出雲周遊券
新大阪 ⇆ 米子車票 17,840 円＋ 米子 ⇆ 大田（最遠距離車站）5540 円＋ 9 種觀光設施入場券費用 5,800 円＋ 乘搭松江堀川遊覽船及遊覽車費用 2,200 円 ＝ 31,380 円（＋自由乘搭範圍內交通費）	包含： ・ 自由乘搭範圍內所有交通費 ・10 種觀光設施入場券 ＝ 20,030 円

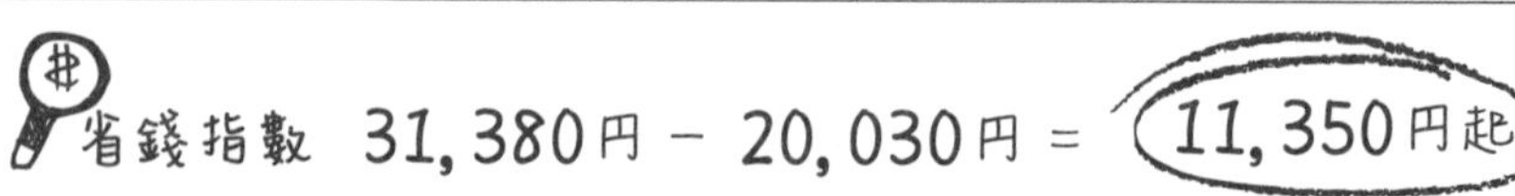

山陰內保存著幾個日本的重要遺產，其中以松江城、出雲大社和石見銀山最為著名。松江城和堀江的景色有小京都的美譽，而境港則是「鬼太郎」作者水木茂先生的出生地，到處可見「鬼太郎」及日本妖怪的人物雕塑。 利用「松江 ‧ 出雲周遊券」遊島根，3 天的行程，只遊覽周遊券所包含的 10 種觀光設施時間已很緊迫，故此不需額外多加行程。部分設施集中在同一區域，3 天行程足夠遊走所有景點；但由於我在搜集住宿資料時發現，島根縣內的玉造溫泉有優惠的住宿方案，故此特別花了時間到那裡享受溫泉鄉。這單元，除了分享旅遊經驗外，還會介紹其他值得遊覽的景點，就讓我們進入山陰之旅吧！

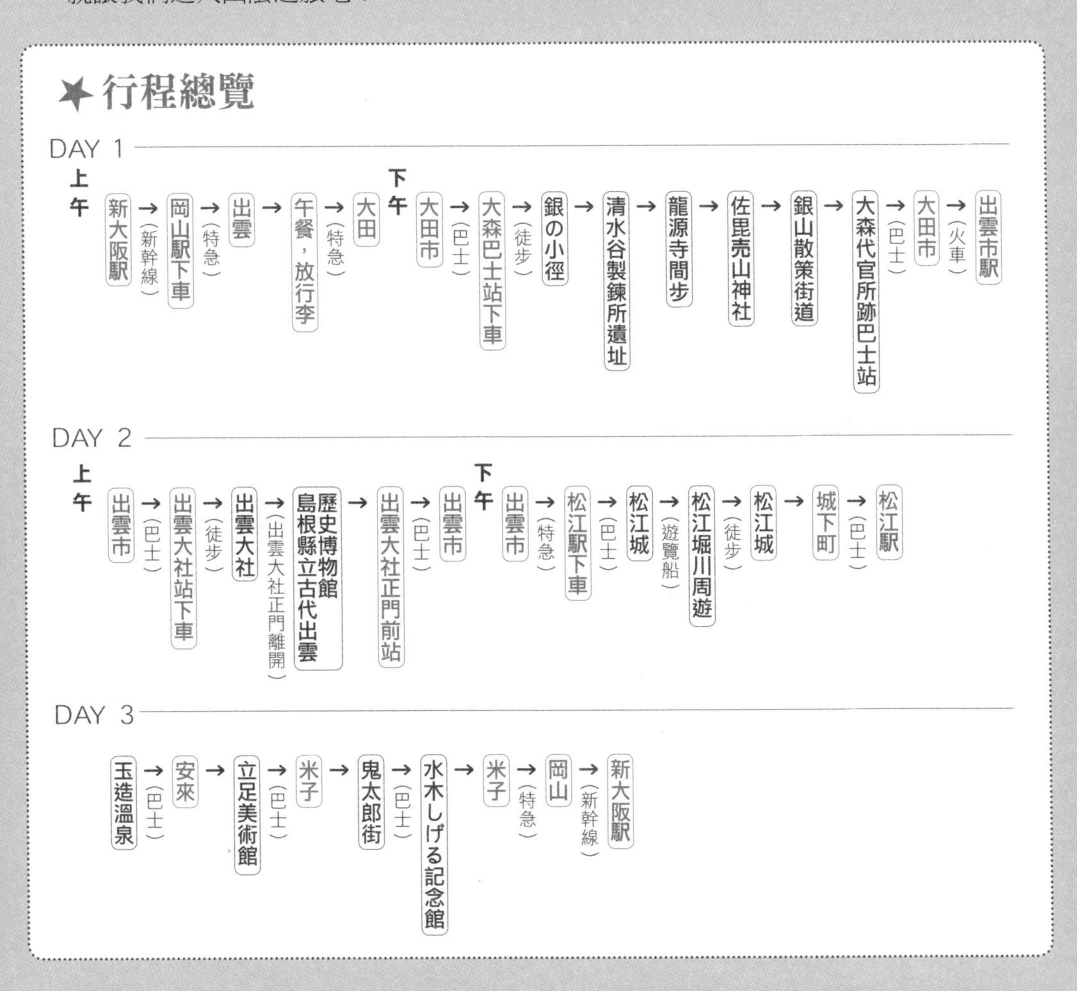

石見銀山地區

石見銀山景點地圖

龍源寺坑道
佐毘売山神社
至廣島
大久保坑道
銀の小徑
清水寺
清水谷製錬所遺跡
世界遺產中心
豐榮神社
觀光協會手信店
大田市觀光協會
石見銀山導覽會
羅漢寺
五百羅漢
腳踏車出租處
大森
巴士站
舊河島家
銀山散
策街道
腳踏車
出租處
熊谷家
住宅
大森代官所
跡巴士站
石見銀山
資料館
勝源寺
往大田市

銀山散策街道地圖

河童屋
だんご屋お銀店
大森
丁银屋
たまる屋
群言堂
竹下ブリキ店
朝日屋
キルト屋彩り
カフェカリアーリ
有馬光栄堂
カフェのぽせモン
（CAFÉ 店）
まぶのはな
鶴の石
ウラフトさら
町並み交流中心
石見銀山
特產品中心
中村製パン
（麵包店）
JA石見銀山
松原屋
廣田屋旅館
銀山ビレッジ
（VILLAGE）
木建商店
味之店
大森
代官所跡
釜屋
小店
銀之店
食事處大會館
梅之店

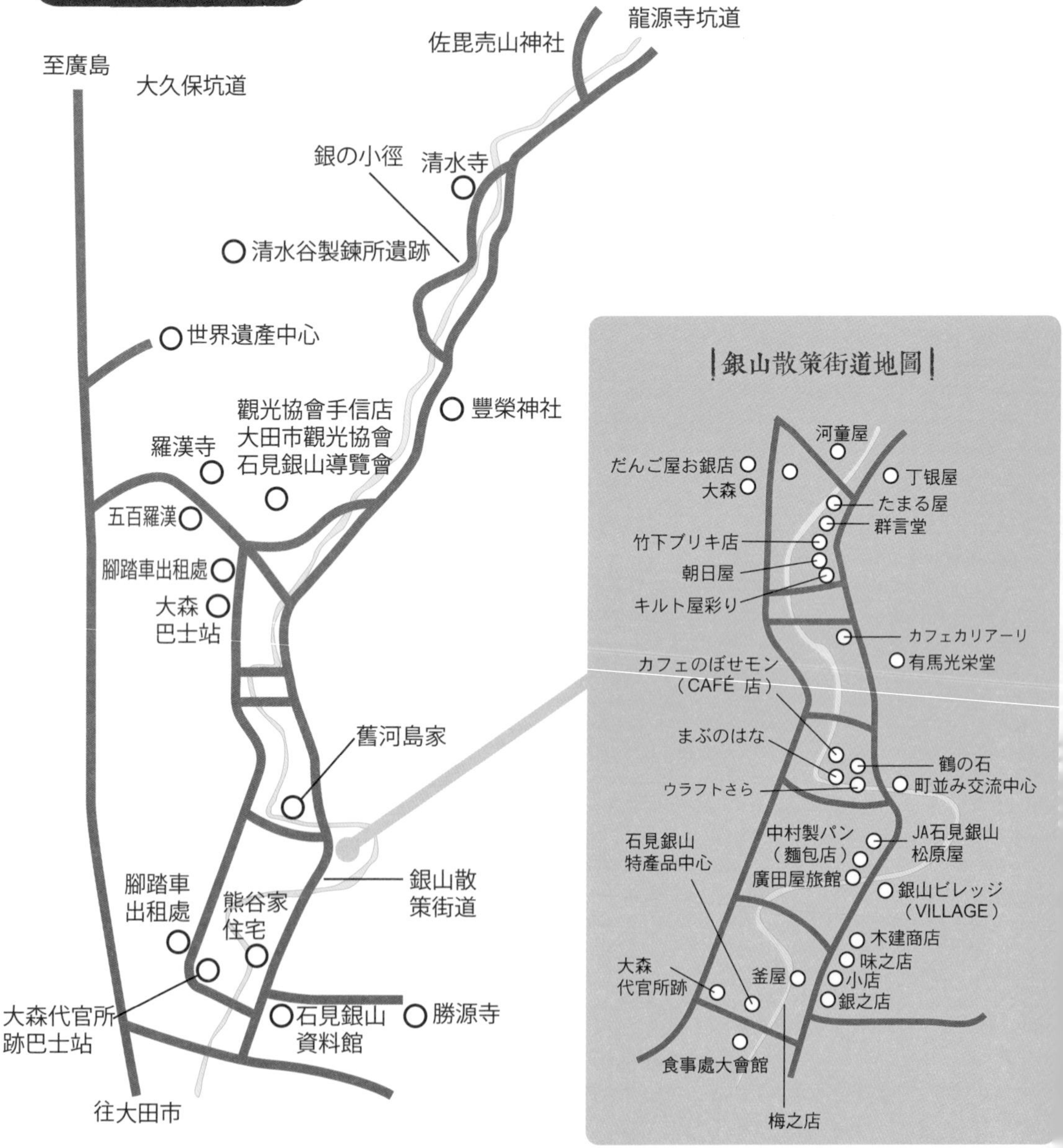

▲銀礦洞

位於島根縣大田市大森町中心的石見銀山是亞洲唯一的產業世界遺產，是江戶時期前日本最大的銀礦所在地。雖然是開採銀礦，但卻又流露著一股與大自然共存的味道。除了擁有著名的銀礦山遺跡外，還孕育著特別的大自然與礦山並存的文化景觀。16 世紀初到 20 世紀初，石見銀山的銀礦產量達世界產量的三分之一，而所開採出的銀石質素很高，再加上那裡保存著很多擁有歷史價值的工具和物件，故此，石見銀山於 2007 年成功登錄成為世界遺產之一。

★「石見銀山」怎麼去

「松江 ‧ 出雲周遊券」周遊券包括以下所有車費：

出發地	目的地	交通工具	車程需時
新大阪駅	岡山駅	新幹線（NOZOMI）	約 45 分鐘
岡山駅	米子駅	特急（YAKUMO）	約 2 小時
米子駅	大田駅	特急（SUPEROKI）	約 1 小時 15 分鐘
大田駅	石見銀山	石見交通（仁万線）	約 30 分鐘

- 石見巴士路線和時間表（仁万線）：iwamigroup.jp/publics/index/6
- 石見交通：iwamigroup.jp
- 大田市觀光協會網站：www.visit-ohda.jp

▲小橋＋流水＝美景

▲真正的紅葉樹，長年都是紅色的

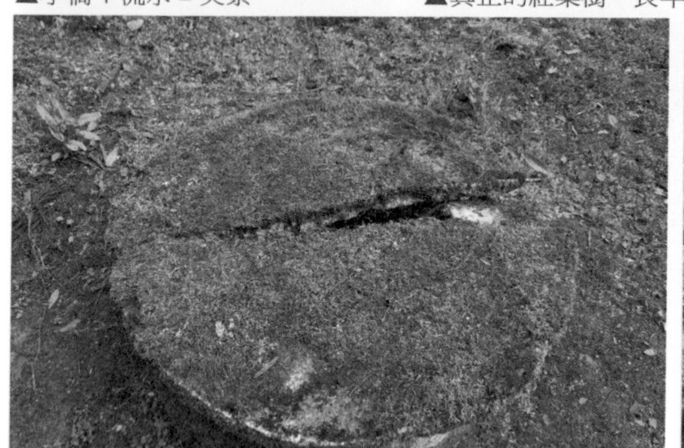

▲被廢掉的一口井

▲供遊客休憩的地方

聽說銀山地區內有600個以上的坑道，其中最著名的7個「間步」（坑道的意思），分別是「龍源寺間步」「釜屋間步」「新切間步」「大久保間步」「福神山間步」「本間步」和「新橫相間步」，它們都被登錄成為國家遺跡之一。除了以上7個「間步」外，還有其他如：清水谷製錬所、大森代官所跡、五百羅漢等遺跡，全部集合起來才算是石見銀山的世界遺產。現在，讓我們一起進入「銀之旅程」吧！

大森巴士站及大森代官所巴士站旁有遊覽用出租車，但要留意，不能於銀之小徑內行進。

銀の小徑

交通：從 JR 大田市駅乘搭石見巴士 28 分鐘，於大森站下車。

於大田市駅乘搭石見巴士往「世界遺產センター」（世界遺產中心）方向走，於中途大森車站下車。便可沿著「銀の小徑」往「龍山寺間步」出發。在綠蔭的保護下，潺潺的流水聲伴隨著我們走過清幽的小徑，兩旁可見昔日遺留下來的建築，風光明媚，休閒地漫步於小徑上，有種和大自然融合在一起的感覺。

▲沿著小溪往前走

▲木製指示牌也融入大自然

▲白色小花到處可見

▲沿途看到的小屋，幾隻小貓懶洋洋的，多麼讓人羨慕的生活

清水谷製鍊所遺址

交通：從 JR 大田市駅乘石見巴士 28 分鐘，於大森站下車，徒步 30 分鐘

我們經過棧道，繞過小橋來到了清水谷製鍊所遺址。明治時代，清水谷製鍊所是當地人的一個小規模開採銀礦的地方，靠著這個製鍊所勉勉強強地維持著當時的生活。後來現代化開採及製鍊技術的興起，這裡的製鍊技術落後，而銀礦量不足應求而停止使用，因而被廢除成為現在的遺址。

▲昔日製鍊所

▲清水谷製鍊所遺址

▲從清水谷製鍊所遺址上眺望的景色

▲清水谷製鍊所遺址的坑洞

清水寺

清水寺是日本國家的重要文化遺產，是真言宗的古剎寺院。當時移遷到清水谷的時候，便改名為清水寺，於 1878 年才移遷至現在這個位置。清水寺方格形的天花，仍保存著當時開發銀礦山的長安家的家徽。

龍源寺間步

龍源寺坑道是石見銀山中的其中一個坑道，位於栃畑谷。當時主要開採銀和銅的坑道，是唯一公開的觀光坑道，只要在入口旁的位置購買入場券就可以隨意進入。

費用：大人410円、小孩200円
時間：09:00 ～ 17:00
（12月～2月：09:00 ～ 16:00）
公休：年末年始
交通：從JR大田市駅乘石見巴士28分鐘，於大森站下車，徒步40分鐘
*只要在龍源寺坑道的售票處出示護照旅遊證件，就可以半價優惠購買入場券

▲「龍源寺間步」出口，就在入口附近

▼（龍山寺坑道）入口，旁邊有售票處

▲昔日坑道內徒手開採的礦洞

大久保間步

大久保坑道是石見銀山最大的坑道，坑道內到處可見由人力、機械及火藥所開採而留下來的痕跡。平常並不開放，必須參加當地的觀光團才能進入。上次去石見銀山時，由於趕不上最後一個觀光團的時間，所以沒有機會進入參觀，但由於現在新版的周遊券可乘搭比較快的「のぞみ」新幹線到岡山，所以應該可以趕及下午13:30的觀光團。

觀光團資訊
景點：石見銀山世界遺產センター、金生坑、大久保間步（入坑）、釜屋間步
時間：約2小時30分鐘
費用：大人3,800円/人；中、小學生2,800円/人（小學生以下不能進入）
時間：星期五、週末及國定假日（每年12月至翌年2月關閉）
網址：www.iwami.or.jp/ginzan

佐毘売山神社

交通：從大田市駅乘巴士 28 分鐘，於大森下車，徒步 30 分鐘。

傳說於 1434 年所興建的佐毘売山神社，是礦山之神——金山彥的山神社，是「山神宮」之中最大的一個神殿。沿著這條步道往上走，就可以走到仙山的山頂。仙山的山腰位置有一個展望台，可以眺望大森町、山吹城跡及三瓶山的景色。

銀山散策街道

銀山散策街道是石見銀山的政治經濟中心地段，昔日的建築鱗次櫛比，住宅、商店、餐館等各式各樣的建築物排列在街道旁，全長約 880 公尺的街道，徒步 20 分鐘左右就能一睹昔日石見銀山繁華的景象。

▼昔日的建築

▼群言堂內有咖啡店可稍作休息

▲可於大森車站附近租借腳踏車漫遊石見銀山步道

▲部分店鋪仍保存著昔日的用品

其他相關資訊

「松江 • 出雲周遊券」周遊券並不包括石見銀山內的觀光設施入場券及觀光團費用，需因應需要另付入場費。其中，有 4 個景點可購買共通入場券，對於遊客來說是個好選擇。

【石見銀山 4 館共通チケット】

票價為大人 1,000 円（通常 1,500 円）、小孩 300 円（通常 550 円），發行日起 2 日可用。可用設施：石見銀山世界遺產センター（世界遺產中心）、石見銀山資料館、重要文化財熊谷家住宅、代宮所地役人舊河島家。

●石見銀山世界遺產センター（世界遺產中心）

石見銀山世界遺產中心有關於石見銀山的歷史、礦山技術等，更利用模型、影片等的介紹讓遊客更了解石見銀山這個世界遺產的資訊。這裡亦會公開對於石見銀山的調查及研究等結果，還有體驗學習的設施，從而加深對石見銀山的認識。

費用：大人 300 円、小孩 150 円
時間：08:30 ～ 18:00（3 月～ 11 月）
08:30 ～ 17:30（12 月～ 2 月）
休館：年末年始和每個月最後一個星期二
交通：從 JR 大田市駅乘巴士約 40 分，於「世界遺產センター」站下車
網址：ginzan.city.ohda.lg.jp

●石見銀山資料館

石見銀山的地方官資料、礦山資料等都在資料館裡展示出來，讓遊客知道更多石見銀山的歷史。

費用：大人 500 円、小孩 200 円
時間：09:00 ～ 17:00
休館：年末年始、特別展前後休息
交通：從 JR 大田市駅乘巴士 26 分鐘，於大森代官所跡站下車，徒步 5 分鐘
網址：fish.miracle.ne.jp/silver

●河島家

於 19 世紀初建造，昔日的銀山地方官所居住的地方，是大森之町裡唯一公開的武家屋敷。

費用：大人 200 円、小孩 100 円
時間：09:00 ～ 16:30
休館：年末年始
交通：從 JR 大田市駅乘巴士 27 分鐘，於新町站下車
網址：kumagai.city.ohda.lg.jp/10.html

•重要文化財熊谷家住宅

當時造酒、賣銀的有錢商人所住的地方，在遺跡內放置著昔日曾使用過的物品及用具等，當時的奢華生活，活靈活現地展示在眼前。

費用：大人 500 円、小孩 100 円
時間：09:30 ～ 17:00
休館：年末年始和每月最後一個星期二
交通：從 JR 大田市駅乘巴士 26 分鐘，於大森代官所跡站下車，徒步 2 分鐘
網址：kumagai.city.ohda.lg.jp

【其他景點】

•勝源寺

是淨土宗的寺院，約於 1688 年開始建成，由於當時石見銀山是江戶幕府直屬的領地，當時非常被重視的一個地方，所以勝源寺的地位比一般的寺院高。

費用：大人 400 円、小孩 100 円
時間：10:00 ～ 17:00
休館：不定休
交通：從 JR 大田市駅乘巴士 26 分鐘，於大森代官所跡站下車
網址：www.shougenji.ecnet.jp/index.html

•五羅漢

真言宗的寺院，那裡有一個放了「五百羅漢」像的石窟，500 尊羅漢像的樣貌表情都不一樣。當時的地方官、當地人為了祭祀在坑道內工作而死去的工人而建。

費用：大人 500 円、小孩 300 円
開放：09:00 ～ 17:00
休息：不定休
交通：從 JR 大田市駅乘巴士 28 分鐘，於大森站下車
網址：www.rakanji.jp

【伴手禮】

•銀兵衛 · 阿月

為手造銀細工的店鋪。極具價值，不妨買一個手工的銀器當紀念。

時間：09:00 ～ 16:00
休日：每個星期三
地址：島根県大田市大森町ハ 206

•石見銀山燒酎

是當地著名的伴手禮。甘薯所製造的燒酎，保存著所用材料的原味，甘薯的甜味會留下一絲絲餘韻，箇中的味道真的一試難忘。

【其他特產】

石見青花魚、野草茶、梅味噌、甘薯漬物等。

{出雲地區}

出雲是島根縣的第二大城市，僅次於松江市。出雲之所以著名，皆因從古至今這裡就有「神話之鄉」的稱號，最著名的神話是須佐之男殺了八岐大蛇的故事。天照大神（太陽神）的弟弟須佐之男被放逐到出雲國這個地方，遇見了稻田姬，她的 7 個姊妹皆被八岐大蛇（8 個頭的大蛇）殺害；須佐之男為了保護稻田姬，就用天照大神的 3 件神器中的草薙劍把牠殺死。之後，須佐之男與稻田姬成為夫妻，這個浪漫的神話故事一直流傳下來，令出雲成了最熱門的結緣之地。

▼出雲駅的外貌是模仿出雲大社的建築所建造的，顯現了當地的特色

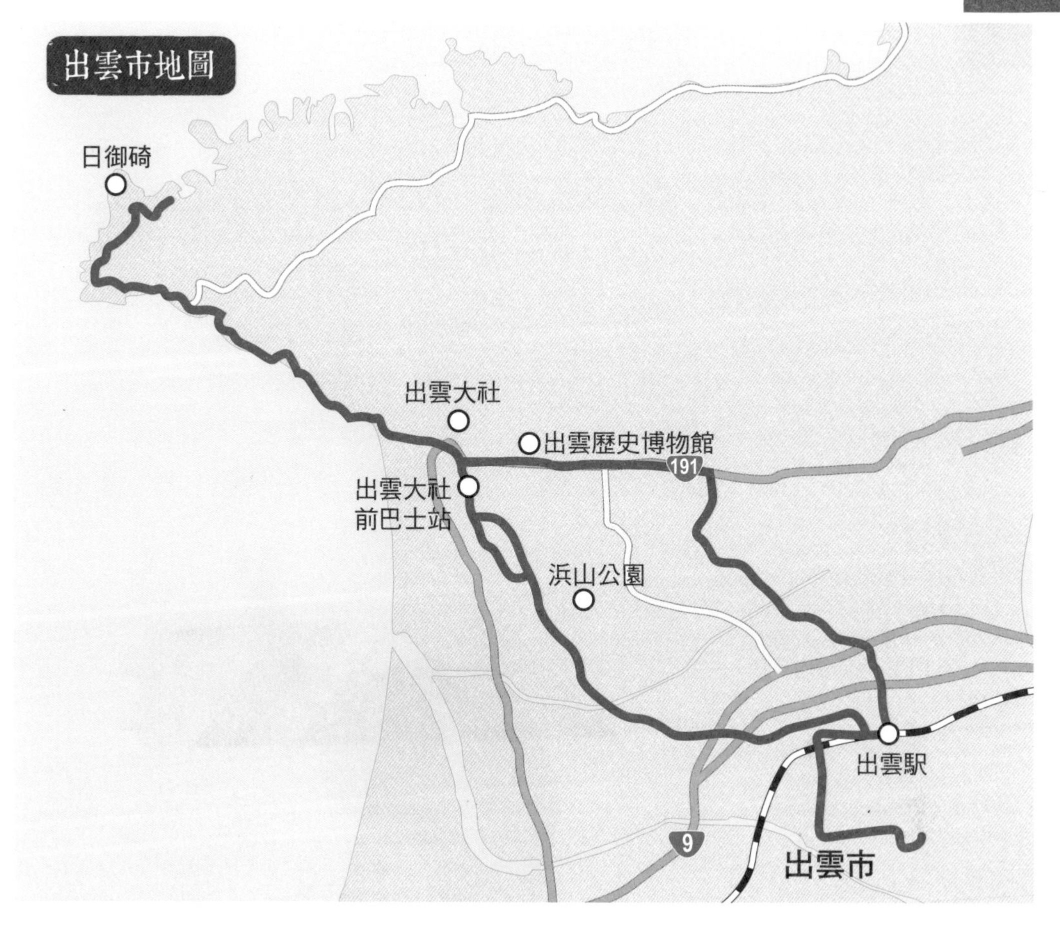

★「出雲市」怎麼去

「松江 • 出雲周遊券」Free Pass 包括以下所有車費：

出發地	目的地	交通工具	車程需時
米子駅	出雲駅	特急（SUPEROKI） 特急（YAKUMO）	約 45 分鐘
大田駅	出雲駅	特急（SUPEROKI）	約 25 分鐘
出雲駅	正門前站	一畑巴士日御碕線或大社線	約 25 分鐘
出雲駅	日御碕站	一畑巴士日御碕線	約 45 分鐘

* 一畑巴士路線和時間表（日御碕線大社線）：www.ichibata.co.jp/bus/rosen/pdf/time_izumo_1.pdf
* 一畑巴士網站：www.ichibata.co.jp/bus/rosen/taisha.html
* 一畑巴士可乘範圍：出雲市←→ 出雲歷史博物館前←→出雲大社←→日御碕

據說「八重垣神社」就是他們締結姻緣的地方，所以這裡更是結緣祈福者必來參拜的神社。而島根、鳥取縣境內的日野川、斐劍川、江之川、伯太川等河川的源頭，傳說正是八岐大蛇死後的 8 個頭而變成的支流。

這些神話故事的流傳廣為人知，有些傳說更是大部分日本人確信存在的，因此，出雲在日本中成為了神話之鄉。日本的遊戲和漫畫大部分都是以這些神話故事當背景來塑造角色和舞台。其中「拳王」系列遊戲就是以三神器和八岐大蛇故事打造出遊戲的角色關係及背景，兩大主要角色八神庵和草薙京正是他們的後裔，世世代代都是宿敵；還有連載多年的漫畫「火影忍者」也是以相關的神話故事來取材，其中主角佐助長大後所召喚出來的須佐能乎，就正是天照大神之弟——須佐之男，被召喚出來的須佐之男手持的就是天叢雲劍。

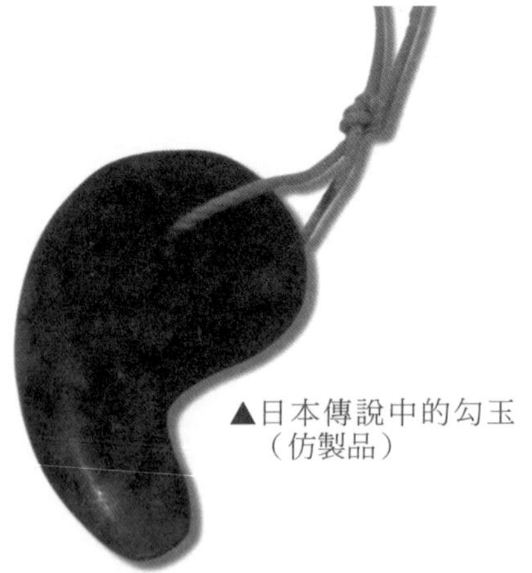

▲日本傳說中的勾玉（仿製品）

旅人隨筆

關於天照大神的三大神器，聽說是日本天皇代代相傳的三件寶物，有人說寶物已經不知所蹤了，但大部份的日本人卻深信這 3 件寶物卻仍然安放在不同的地方一直被祭祀着。這 3 件寶物分別是八咫鏡（代表正直）、天叢雲劍（代表勇氣）和八阪瓊曲玉（代表慈善）。天叢雲劍又名草薙劍，傳說在八岐大蛇身上找到的，現在安放在愛知縣的熱田神宮被封印起來；八咫鏡則是天照大神的化神，被安放在三重縣的伊勢神宮中祭祀；而八阪瓊曲玉（即勾玉）則被安放在皇宮裏代代相傳。雖然大多數的日本人都深信 3 件寶物確實存在，但並沒有被實證，且聽說根本沒有人看過這 3 件寶物呢！

出雲大社

出雲之所以著名，除了是神話的故鄉，也因為是出雲大社的所在地。傳說出雲大社是最先有神明的地方；在神明界裡，出雲就像首都一樣，是眾多神社之首。現在的出雲大社，最特別的可說是掛在神樂殿上，重五噸的大注連繩，屬日本最高級的注連繩。聽說很多人會把硬幣拋向注連繩，硬幣若能卡在注連繩上而不掉下來，就會帶來好運。

每年舊曆 10 月，在出雲大社都有一個名叫「神在月」的祭典，全國 800 萬名神明都會離開自己本來的地方，來到出雲大社召開會議的一項神事。由於每個地方的神明都不在自己所屬的地方，故在這段期間，這些沒有神明的地方都被叫做「神無月」，就是神不在的意思。唯獨出雲被稱為「神在月」，因這裡集齊了全國的神明。出雲大社的地位有多高，從這些神話故事、傳說等就顯而易見了。

▲出雲大社於古代出雲歷史博物館旁的入口

▲進入大社後可見神話故事中的塑像

▲出雲大社內的建築

▲神樂殿旁的小池

聚集於出雲的各個神社會於舊曆 10 月 10 日開始進行「神迎祭」，一連串的祭典亦隨之而舉行，相關網址：www.izumo-kankou.gr.jp/676（日文）。

神在月資訊

出雲大社（出雲市大社町）	舊曆 10 月 10 日～ 17 日、26 日
日御碕神社（出雲市大社町）	舊曆 10 月 11 日～ 17 日（14 日是龍神祭）
万九千神社（出雲市斐川町）	舊曆 10 月 17 日～ 26 日（26 日是神等去出祭） 新曆 11 月 26 日（特別祈願祭）

▼出雲大社御仮殿

▲殿上的木刻

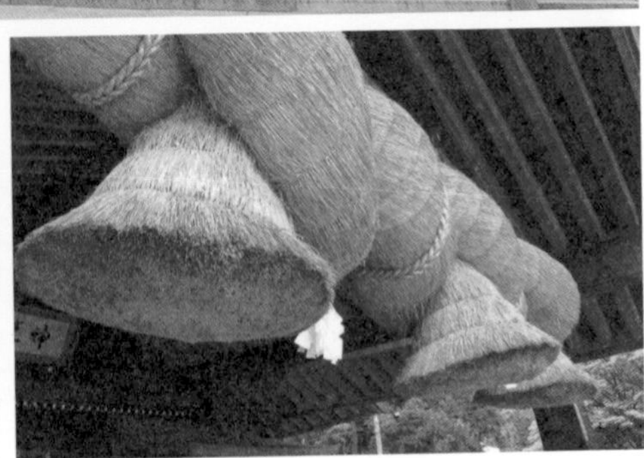

▲神樂殿的大注連繩

▼館內最大的模型，估計真實古殿高達 32 丈

▲出雲大社本殿八足門

▲現今出雲大社的模型

另外，根據典籍及出土的木柱可推測，古代的出雲大社乃日本最大的神社建築，其次是大和國（奈良）的東大寺大仏殿及京都的平安神宮，故又有「雲太、和二、京三」的說法流傳下來。還沒被燒毀前的東大寺有十五丈之高，不過根據古書記載，出雲大社比東大寺還高出很多呢！

▲古代出雲大社的構想圖。位處海邊的出雲大社，據典故和出土木柱大小估計高達 32 丈

地址：島根県出雲市大社町杵築東 195
電話：+81-53-53-3100
時間：3 ～ 10 月 06:00 ～ 20:00，11 ～ 2 月 06:30 ～ 20:00
公休：全年無休
費用：免費（宝物殿：大人 150円、小孩 50円／彰古館：50円）
交通：JR 出雲市駅乘搭一畑巴士向「出雲大社、日御碕」方至「出雲大社」站下車徒步約一分鐘。或乘搭一畑電車於出雲大社前駅徒步約 10 分鐘。
一畑電車網頁：www.ichibata.co.jp/railway

島根縣立古代出雲歷史博物館

位於出雲大社旁的島根縣立古代出雲歷史博物館裡展示了古代出雲文化遺產，揭開了日本誕生的神祕面紗。內有很多不同的展示廳，並設有利用影像和音響介紹各式各樣的神話故事的神話迴廊；還有關於島根縣人民從古到今的生活演變、2000 年發掘出土的「出雲大社境內遺跡出土的宇豆柱」、以及其他提供不同資訊與歷史文化知識的書籍、影片等供遊客閱覽和欣賞。其中最值得參觀的是主題別展示館內所介紹島根古代文化的展覽，為大家解開巨大神殿的出雲大社之謎。建議行程：上午行程可提早出門先到日御碕，再折返出雲大社。

費用：大人 610円、大學生 410円、高中以下 210円（出示「松江・出雲周遊券」可免費參觀）
時間：09:00 ～ 18:00（11 ～ 2 月為 09:00 ～ 17:00）
公休：年末年始和每月第三個星期二
交通：從 JR 出雲駅乘一畑巴士，於「正門前」或「古代出雲歴史博物館前」下車。
網址：www.izm.ed.jp

▲日御碕神社

日御碕

日御碕是「日本自然百選」及「世界歷史燈塔百選」之一，是日本最高的燈塔，從展望台眺望可見日本海一帶景色。由於臨近海邊，海產特別豐富。日御碕神社亦位處於此，朱紅色的建築，更具氣派，祭祀天照大神的神社。

松江

松江，是山陰地區的重要城鎮，1607 年是松江歷史的開始。這裡有國家重要文化財產「松江城」以外，在城下町的堀川、各式老鋪、武家屋敷、塩見繩手、舊建築和瓦磚等仍散發著昔日江戶時代繁華城鎮的氣息。走在松江市的街道上，就有一種回到江戶時代的感覺。比對江戶時代所繪畫的城下町地圖與現在松江市內的住宅位置圖，城下町與堀川等構造幾乎與江戶時代時候一樣，是日本少數保存完整的城鎮。

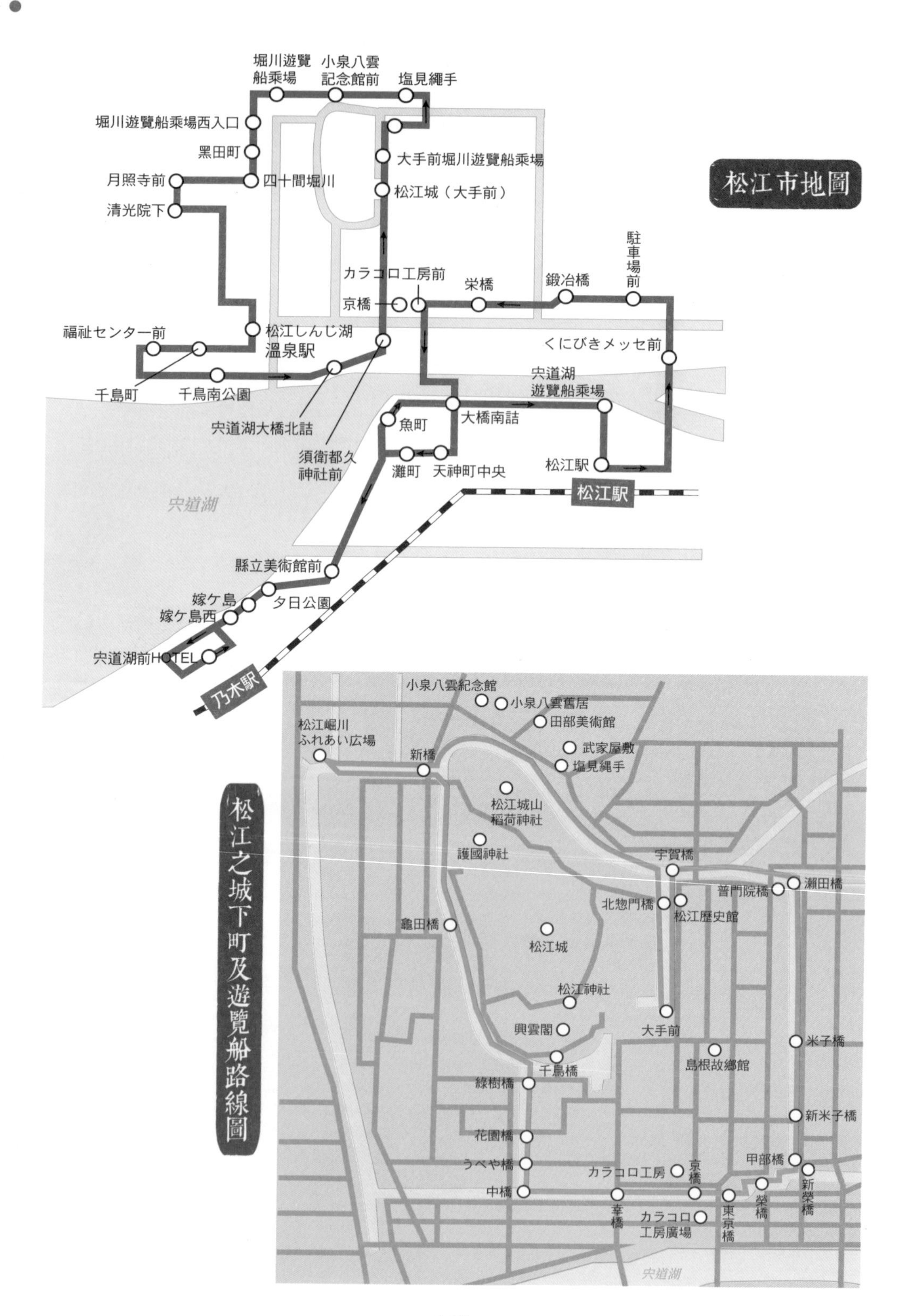
松江市地圖
堀川遊覽船乘場
小泉八雲記念館前
塩見繩手
堀川遊覽船乘場西入口
黑田町
大手前堀川遊覽船乘場
月照寺前
四十間堀川
松江城（大手前）
清光院下
駐車場前
カラコロ工房前
栄橋
鍛冶橋
京橋
福祉センター前
松江しんじ湖溫泉駅
くにびきメッセ前
千鳥町
千鳥南公園
宍道湖遊覽船乘場
魚町
大橋南詰
宍道湖大橋北詰
須衛都久神社前
松江駅
灘町
天神町中央
松江駅
宍道湖
縣立美術館前
嫁ケ島
夕日公園
嫁ケ島西
宍道湖前HOTEL
乃木駅
松江之城下町及遊覽船路線圖
小泉八雲紀念館
小泉八雲舊居
田部美術館
松江崛川ふれあい広場
武家屋敷
新橋
塩見繩手
松江城山稻荷神社
護國神社
宇賀橋
普門院橋
瀬田橋
北惣門橋
松江歷史館
龜田橋
松江城
松江神社
大手前
興雲閣
米子橋
千鳥橋
島根故鄉館
綠樹橋
新米子橋
花園橋
甲部橋
うべや橋
カラコロ工房
京橋
新榮橋
中橋
幸橋
東京橋
榮橋
カラコロ工房廣場
宍道湖

▲古代的鎧甲

▲松江城天守閣模型

堀川四通八達，因在建造松江城的時候挖了很多水道，故此松江亦有「水之都」的稱號。若想好好欣賞這個保留著江戶時代面貌的城鎮，可考慮乘坐遊覽船，享受優閒的時光，漫遊城下町川流不息的水道，細味古城的樂趣。除此以外，也可以乘搭觀光巴士遊覽，會另有一番滋味。擁有悠長的歷史和文化，長年累月積存深厚的古城鎮氣息，讓松江於 1951 年被指定為僅次於京都市和奈良市的「國際文化觀光都市」之一，亦有「小京都」之稱號。

和菓子是松江著名的特產，一直秉持著傳統的技術，流傳至今，製作出保存著昔日特色和味道的和菓子。其中「菜種の里」「山川」及「若草」為松江的三大銘菓，以第七代松江城主所命名。可見松江的歷史價值並不只在於其建築，而在和菓子的文化上亦擁有其獨特之處。

▲利用石垣的優良技術所築成的松江城

▲不同時代的頭盔

▲松江神社，松江城內的神社之一，位於大手門前入口附近

松江城

松江城有山陰地區唯一遺留下來的天守閣，於1611年建成，是少數的木製城池之一。被堀川所包圍的小山丘上所興建的城池，成為了有水鄉之稱的松江市標誌，是國家的重要文化財產之一。松江城是日本少數沒有受戰災破壞的城池之一，高30公尺的天守閣與同一時期建造的姬路城相比，松江城為了能減少戰爭的破壞，所以在外圍採用黑色的護板，故沒有姬路城的華麗，但卻又不失其莊嚴的外貌。

玩家教你省

在松江城之大手門下面的松江觀光資訊所，可免費寄存手提行李喔。

時間：09:00 ～ 16:00（7, 8 月至 17:00）／ 12 月至 3 月 09:30 ～ 15:30

走到天守閣最高層，還可以 360 度眺望松江城的全貌，也可以看到大山、 道湖等，讓人心廣神怡。天守閣內展示著昔日的物品，如：鎧甲、頭盔、箭、刀劍等，還有舊有的瓦頂裝飾。在城山公園休憩更是當地居民的樂趣之一。

【本園】
時間：4 月 1 日～ 9 月 30 日（07:00 ～ 19:30）
　　　10 月 1 日～ 3 月 31 日（08:30 ～ 17:00）

【天守閣】
時間：4 月 1 日～ 9 月 30 日（08:30 ～ 18:30）
　　　10 月 1 日～ 3 月 31 日（08:30 ～ 17:00）
費用：大人 560円、小孩 280円、外國人 280円（可憑「松江・出雲周遊券」入場）
公休：全年無休
網址：www.matsue-tourism.or.jp/m_castle

▼鉄砲裝束

松江堀川遊覽船

在建造松江城的同時所挖成的堀川，一直保存著原有的姿態，是全國難得保存完好的城下町。但要欣賞這個有「水之都」稱號的松江，最好的方法是乘坐遊覽船穿梭堀川，懷緬一下昔日的日本風情，要一次飽覽當地人一直好好保存各具特色的老橋，最好的方法莫過於此。

一艘艘遊覽船在堀川上經過，可以跟對面的遊客打個招呼，更感親切。在比較低的橋下經過，我們都幾乎趴在船上，還滿有趣的一次經驗。掌舵的船伕除了擔當導遊角色、講解歷史外，他們還會唱古老的民謠調劑一下，如果遇到不懂日文的遊客，他們還會用英文簡單解釋，讓遊客有賓至如歸的感覺。堀川遊覽船有 3 個乘船處，分別是「大手前廣場」「カラコロ廣場」及「松江堀川ふれあい廣場」，遊覽路程全長約 3.7 公里，所需時間約 55 分鐘。

費用：大人 1230円、小孩 610円（出示「松江‧出雲周遊券」可免費乘搭）
時間：3 月 1 日～ 6 月 30 日（9:00-17:00，15 分一班）
7 月 1 日～ 8 月 31 日（9:00-18:00，15 分一班）
9 月 1 日～ 10 月 10 日（9:00-17:00，15 分一班）
10 月 11 日～ 11 月 30 日（9:00-16:00，15 分一班）
12 月 1 日～ 2 月底（9:00-16:00，20 分一班）
網址：www.matsue-horikawameguri.jp/ch/index.html

【附近景點】

●カラコロ工房（KARAKORO）

它是舊日本銀行松江支店的本館建築，保存著昔日的外貌。現在已成為各式各樣的體驗工房，集創作、視覺、味覺之一身的 SHOPPING MALL。

時間：工房 09:30 ～ 18:30
飲食 11:00 ～ 18:30
網址：www.karakoro-kobo.com

●松江堀川 地ビール館（啤酒館）

而「松江堀川ふれあい廣場」乘船位置的附近景點則推薦藩政期的松江啤酒工場，經過了 130 年的歲月，現在已改成特產店（1F）及啤酒餐廳（2F）。

時間：特產店 09:00 ～ 18:00；冬季至 17:00
餐廳 11:00 ～ 14:30；16:30 ～ 21:00
公休：全年無休
網址：www.ichibata.co.jp/jibeer/

小泉八雲記念館

小泉八雲是愛爾蘭人，在日本是著名的文學家及教育工作者，深受日本文化的影響。著名的《怪談》便是從山陰地區的日本民間傳說或故事取材改編的短篇故事，深受日本人的喜愛。他投入於寫作的世界裡，曾創造出多本著名的作品。位於小泉八雲舊居旁的小泉八雲記念館內收藏著當時他最常使用的椅子、桌子、衣物等共 160 件。

費用：大人 300円、小孩 150円（出示「松江 • 出雲周遊券」可免費參觀）
時間：4 月 ～ 9 月（08:30 ～ 18:30）、10 月～ 3 月（08:30 ～ 17:00）
公休：全年無休
交通：松江城徒步 3 分鐘，於小泉八雲舊居旁
網址：www.matsue-tourism.or.jp/yakumo

▲小泉八雲舊居遺址前的「塩見繩手」

▲舊居內庭園，小泉八雲的著作《知られぬ日本の面影》的取材地

小泉八雲舊居

小泉八雲與妻子於 1891 年 5 月至 11 月期間曾居住於此。其著作大部分都在家裡完成，在這裡得到了很多創作的靈感；其中介紹日本風俗、習慣及文化的作品廣受日本人歡迎。舊居內的書房、房間、布置和庭園的樣貌盡力保存至今，只有一部分開放參觀。來到這裡，除了欣賞舊居的建築和內部結構外，還要好好欣賞這個住宅裡附設的庭院，因小泉八雲其中一部著作就是利用這個庭院為舞台。雖然日本有很多名人的舊居遺留下來，但把自己屋內的庭園當重要的作品對象則是史無前例。

費用：大人 300円、小孩 150円（出示「松江 • 出雲周遊券」可免費參觀）
時間：4 月～ 9 月 08:30 ～ 18:30、10 月～ 3 月 08:30 ～ 17:00
公休：全年無休
交通：松江城徒步 5 分鐘，於小泉八雲記念館旁
網址：furusato.sanin.jp/p/area/matsue/33

武家屋敷

現在的屋敷是在1733年大火燒過後再重建的，這270年間一直保存著昔日的樣貌，被指定為松江市的文化財產之一。這裡是當時松江藩中級武士的住宅，屋內展示了當時所用的家具、生活用品等。入口的長屋門是僕人的住所，是武家屋敷的特徵之一；中間的主人房面積約有70坪。外面的門廳至客廳部分的建築方式和材料均與起居室的迥然不同，顯示出武士家族公私分明；庭院則建造得簡單純樸，與大自然融合，顯出剛健之感。屋內與普通的住宅一樣，有起居室、客廳、浴室、廚房等，遊客可以感受到當時武士的起居生活是多麼節儉而簡樸。

▲水井

▲起居室

▲昔日的工具、用品

費用：大人300円、小孩150円（出示「松江・出雲周遊券」可免費參觀）
時間：4月～9月 08:30～18:30、10月～3月 08:30～17:00
公休：全年無休
交通：松江城徒步5分鐘
網址：www.matsue-tourism.or.jp/buke

【附近景點】

●松江銘菓．銘茶老鋪

「松江・出雲周遊券」附有一張「DISCOVER WEST 特典～松江銘菓・銘茶老鋪巡り券」試飲試食券。

時間：10:00 ～ 17:00
交通：從 JR 松江駅徒步 15 分鐘，亦可乘搭觀光巴士及一畑巴士（Free Pass 免費乘搭）分別於「天神町中央」站下車或「天神町」下車即可

●松江歷史館

在松江歷史館內記載著城下町的組成及變遷，還有透視了現在城下町的祕密。展示資料包括：影像、書籍、模型等，從這些途徑介紹松江的歷史和文化。另外，展館內還有各種的體驗活動提供與遊客親身感受這個保存完好的歷史城鎮的文化氣息。

費用：大人 510 円、小孩 250 円（出示「松江・出雲周遊券」可免費參觀基本展示室）
時間：4 月～ 9 月 8:30 ～ 18:30，10 ～ 3 月 08:30 ～ 17:00
公休：每個月的第三個星期四
交通：從松江駅坐觀光巴士約 13 分鐘、於大手前堀川遊覽船乘船場站下車或於塩見繩手站下車徒步 3 分鐘
網址：www.matsu-reki.jp

●島根縣立美術館（2F 展館）

島根縣立美術館收藏了日本畫、洋畫、西洋繪畫、版畫、工藝、相片、雕刻及現代美術作品，不時會免費舉行演講會、電影會、美術講座等，讓當地人民培養對藝術的興趣。2009 年這裡更被選為「日本之夕陽百選」的其中之一，為了讓遊客可以從美術館欣賞宍道湖的夕陽美景，故此閉館時間改為日落後的 30 分鐘。

費用：300 円（出示「松江・出雲周遊券」可免費參觀）
時間：3 月～ 9 月（10:00 ～日落後 30 分鐘）、10 月～ 2 月（10:00 ～ 18:30）
公休：年末年始及每個星期二
交通：從 JR 松江駅徒步 15 分鐘或乘搭市營巴士（南循環線內）約 6 分鐘，於「県立美術館前」站下車
網址：www1.pref.shimane.lg.jp/contents/sam

{玉造溫泉}

離開松江城，便往玉造溫泉出發，晚上選擇到玉造溫泉住宿的原因有四：第一、玉造溫泉是山陰島根縣內保存著傳統歷史和最古老的溫泉，是山陰區內具代表性的溫泉區；第二、我們在網路上找到便宜住宿方案，既能享受溫泉鄉，也能以優惠的價錢入住高級旅館，不離我的省錢原則；第三、玉造溫泉既是山陰著名的溫泉，但卻與其他的溫泉區不一樣，鄰近 JR 鐵路站；第四、從玉造溫泉有接駁車可以直接到達第三天的行程景點——足立美術館。基於上述種種理由，我們就來個溫泉鄉之旅吧！

聽說玉造溫泉是日本最初的美人湯，溫泉水裡的硫酸鹽有美肌功效，可保濕，來這的大多以女性為主。雖然附近的宍道也是島根縣著名的溫泉區，但論規模，玉造溫泉較大。之所以叫「玉造」，皆因這裡曾是出產青瑪瑙名玉的地方。傳說天照大神 3 件寶物中的「八尺瓊勾玉」就在這製造的，所以玉造溫泉裡的勾玉橋也成了玉造溫泉的地標。此外，玉造溫泉街還有 3 個免費足湯，可讓一天來回的遊客體驗在玉造溫泉泡湯的滋味，不過，我建議大家在這裡住一晚，好好享受美景和寧靜氣氛。

▲玉造溫泉駅，進入溫泉鄉

▼穿著浴衣漫步溫泉街，融入異鄉世界

玉造溫泉街地圖

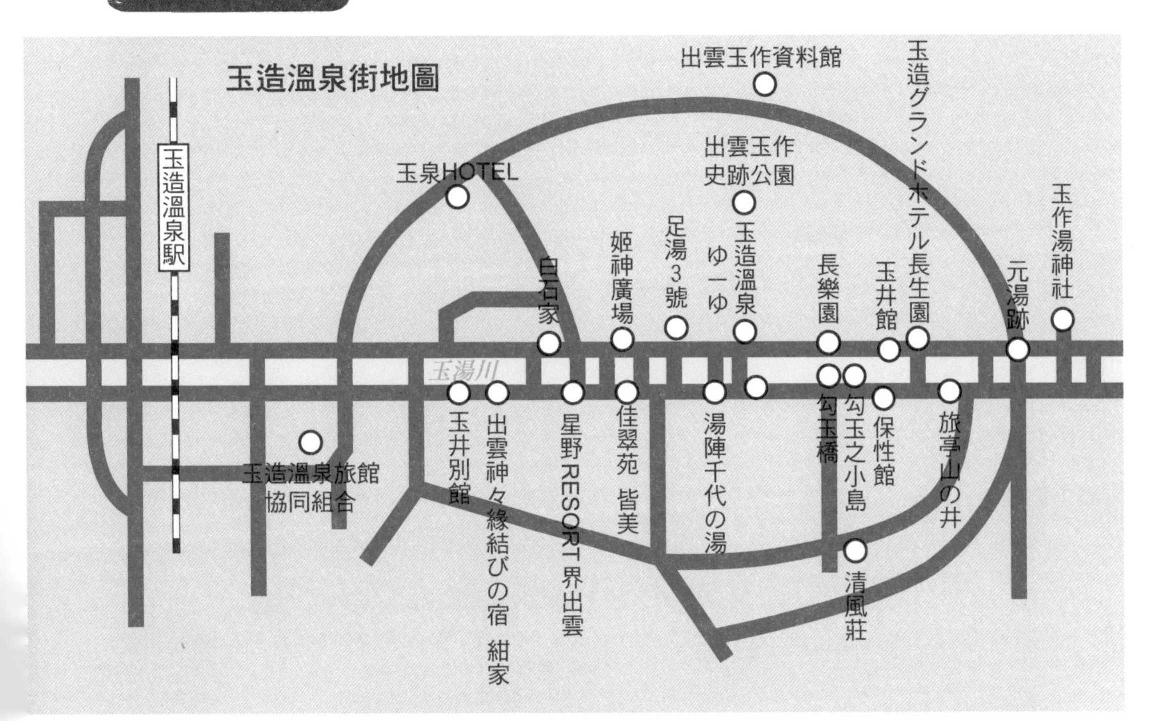

▼玉造川兩旁有很多不同神話角色的塑像，令玉造溫泉更具神祕色彩

▲達 64 度的高溫，小心！

來去玉造住一晚——「旅亭 ・ 山の井」

這次行程選擇了「旅亭 ・ 山の井」溫泉旅館，是擁有最古老歷史的出雲玉造溫泉的旅館。其有新館和舊館之分，新館的設備比較新穎，但價錢則較舊館貴。除了房間的分別外，基本上餐食和服務都一樣，房間大小也沒有太大差別；以我一貫的「無料」精神，當然選擇入住舊館。選擇舊館有一個好處，就是當他們的客人不多時，為了提高服務的質素，他們會安排預訂舊館的旅客「免費」升級到新館。

我第一次到玉造溫泉，就愛上這個地方！雖然入住的是舊館，但晚餐和早餐都在房間裡用膳，有專人服務，以平民價格入住，但卻有高級旅館享受。第二次再去，以同樣的價錢預訂了舊館的 3 人房，但旅館讓我們「免費」升級至新館。除了要享受泡溫泉的樂趣外，還要享受旅館為我們所提供的一切服務。由於溫泉旅館都有悠久的歷史，所以都會秉持著「客人為本」的理念，堅持做好每一個細節。從旅館的裝潢、布置、擺設到服務，一絲不苟，所有步驟及過程都非常講究，讓客人有賓至如歸的感覺就是他們之所以會如此成功之處。

來到溫泉旅館，服務員會先獻上傳統的抹茶和菓子，讓客人稍作休息，才辦理入住的手續。日本傳統的茶道非常講究。從泡製的過程到遞到客人手上的每個步驟都很重要，這是對客人的一種尊敬和禮貌；而做為客人，也應表現出感謝之心，從主人手上接過抹茶後，都會以喝完表示基本的禮貌喔。

▲旅亭山の井外觀

▲晚餐後房間搖身一變，服務員已為我們準備好一切所需，泡完溫泉就可以立刻就寢

高級旅館在餐食方面一貫以新鮮為主，會採用當季的食材做出最道地有特色的菜餚。餐食會一份一份的排得整整齊齊。別看每道都少少的，卻很能讓你吃得飽飽的啊。

晚餐（13 種菜式）

❶ 這裡共四人份，一個人兩大盤／❷ 生魚片／❸ 蕎麥麵／❹ 海鮮沙拉／❺ 烤物
❻ 蒸蛋、清湯、甜點、水果／❼ 炊飯

早餐

比較簡單，但還是能吃得很飽。現已改成在餐廳自助用餐，食物種類更多。

❶ 半熟蛋、煎魚、前菜、納豆、海苔／❷ 漬物、前菜／❸ 豆腐

住宿案內
地址：島根県松江市玉湯町玉造 1042
電話：+81-852-62-0621
方案：素泊 4,400 円起／一人；包早餐 5,400 円起／一人；包早、晚餐 6,800 円起／一人（新館房價較舊館貴）
交通：JR 玉造溫泉駅坐車 5 分鐘，免費接送
網址：www.ryotei-yamanoi.jp

足立美術館

▲足立翁像

▲被庭園包圍的美術館

「庭園的本身就是一幅畫」——這是足立美術館創辦人：足立全康，在介紹這個富有魅力的美術館時所說的。足立全康於 71 歲（昭和 45 年，西元 1970 年）時創設了這個連續 10 年被選為「日本一庭園」稱號的美術館。美術館被庭園包圍，庭園面積達 50,000 坪，聽說足立全康把整個庭園後面的山丘都買下來，避免有人在山上建造房子而破壞了庭園的自然美景。91 歲的足立全康在去世前花盡一生的心力，用自己的眼睛和雙腳蒐集全國的松柏和石頭等，傾盡全副熱情創造了這個「日本一庭園」。

讓日本庭園和日本畫達到調和之感是足立美術館的基本方針。美術館有 6 個不同主題的庭園：苔庭、枯山水庭、寿立庵之庭、池庭、白砂青松庭及亀鶴之滝。另外，館內以名畫家「横山大觀」為首，收藏了高達 1,300 件的作品，美術館會配合庭園的四季景色而更換展出的作品。整個庭園最特別的，就是用不同的手法，將庭園化身為畫中世界。敞大的窗戶，把庭園這幅大自然的圖畫收納其中，窗戶的木造窗框起了畫框的功效，會隨四季而轉變成不同的色彩：春天的杜鵑紅、夏天的新綠、秋天的紅葉及冬天的雪白。大自然成為了巧奪天工的名畫家，突顯了自然與人工調和之美。

費用：大人 2,300 円、大學生 1,800 円、高中生 1,000 円、中學生以下 500 円（出示「松江 • 出雲周遊券」可免費換領入場券一張）
時間：4 月～ 9 月 09:00 ～ 17:30；10 月～ 3 月 09:00 ～ 17:00
閉館：全年無休（新館展品替換期間休息）
交通：於 JR 安來駅、JR 米子駅、玉造溫泉及皆生溫泉有免費接駁車可直達美術館（詳情可參考：www.adachi-museum.or.jp/ja/i_shuttle.html）
網址：www.adachi-museum.or.jp

玩家叮嚀

立足美術館共有 8 個地方是每位遊客必欣賞的，扣除前文所提到的「生の額絵」（活的畫框：畫框內的圖畫會隨著四季景色改變而不同）外，其餘 7 處如下：

歡迎之庭：迎接來賓的庭園，讓大自然的四季景色來接待每位客人的地方。

池庭：用傳統手法打造出一種新感覺的庭園。

枯山水庭：庭園裡的中央部分，運用了「枯山水式」的傳統手法：中央三塊大石想像成為瀑布、從那裡流出來的水成為了一條大河，表現成一種雄厚的山水之意。

龜鶴の滝（龜鶴瀑布）：為紀念開館 8 周年建造的人工瀑布，增加了動態之美。

白砂青松庭：參考「橫山大觀」的名作所造出的庭園。

生の掛軸（活的掛軸）：掛軸中的景象原貌，有一條人造瀑布。

苔庭：以青苔為主角塑造出京風的雅致庭園。

境港妖怪村

▲信箱上的鬼太郎

離開足立美術館，可坐免費接駁車到米子駅，再乘境港線進入妖怪世界。境港之所以跟妖怪扯上關係，是因為日本一位著名的漫畫家——水木茂，他一直對妖怪深感興趣，還擔任世界妖怪協會會長，致力研究妖怪。後來，他創作了很多關於妖怪的故事，其中「鬼太郎」就是他的代表作。因為境港是水木茂的出生地，所以在那裡到處可見關於妖怪的塑像、物品等，後來更有「妖怪村」之名。

米子駅內有一個專屬境港線的獨立月台，只要根據鬼太郎爸爸「眼球老爹」的指示，就能輕易找到它的位置，帶領我們進入它們的世界。從米子駅開始，每個車站都會介紹一種妖怪，並會介紹它相關的特性或故事，在 45 分鐘的車程中，妖怪陪伴我們進入它們的世界。不知不覺，就到了終點站——境港。

▲米子駅外的合掌像，合掌造型表示歡迎來往於此的各國旅人

▼全日本有 153 種不同的妖怪，你又知道多少種呢？

▲境港線有 4 台繪上不同角色的列車，很幸運能碰上 3 台，卻沒緣跟鬼太郎的爸爸遇上

▲指示方向牌

▼離開境港駅，我們來到它們的「妖怪世界」

水木しげる記念館

「水木しげる記念館」內收集很多水木茂的寶物和作品。七、八十年前，為了節約用電，到處都是漆黑一片，因此有些關於妖怪的故事開始流傳，無論發生什麼奇怪事情，人們都會立刻怪在妖怪頭上。有些人對妖怪開始產生興趣，他們根據自己構想出的妖怪模樣，編寫了一個個精彩有趣的故事。日本的妖怪跟我們中國的鬼不一樣，我們所知道的鬼都是可怕的、嚇人的，但是日本的妖怪卻是用來教訓懶惰和頑皮的人。水木茂筆下的鬼太郎就是一個生動有趣而又帶有教育意義的故事。

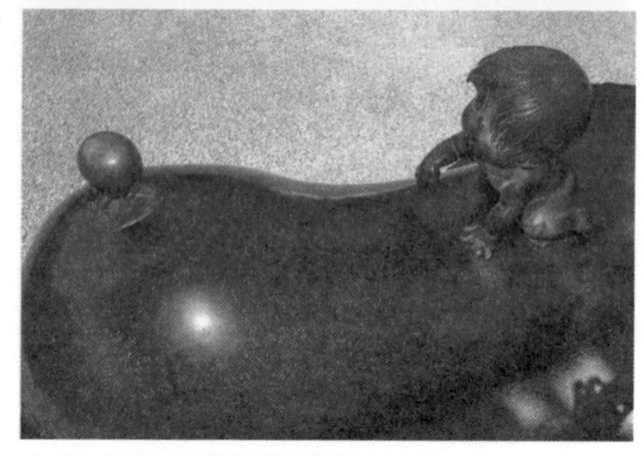

▲鬼太郎小時候的塑像

館裡展示 40 種不同妖怪，它們出生於日本各地，我們所認識的「河童」也是其中一員。還有關於鬼太郎故事創作的歷程、故事、人物解構等，在館內會得到無窮的樂趣。

費用：大人 700 円、中學生 500 円、小孩 300 円（出示「松江‧出雲周遊券」可免費入場）
時間：09:30 ～ 17:00（夏天至 18:00）
休息：全年無休
交通：從境港駅步行 10 分鐘
網頁：mizuki.sakaiminato.net

境港妖怪街

境港不大，從妖怪街只要徒步 10 分鐘就能到達「水木茂記念館」，但走在妖怪街上，根本不可能只花 10 分鐘就走完，因為在這裡每走一步就會遇到妖怪。它們無處不在，不怕風吹雨打，也不怕烈日當空，因為它們只想熱情地招待每一位來到妖怪村的客人。還有無數的妖街樣貌，多不勝數，留待你們親身去拜會它們吧！

▲在境港駅外就有水木茂先生和鬼太郎一起創作的塑像

▲每家店鋪都離不開鬼太郎

▼鬼太郎什麼時候跑去賣汽水了？

妖怪神社

聽說神社建成時，全國的妖怪都來到這裡見證，因為這是水木茂筆下的「妖怪故鄉」，為了保護這裡的自然環境而建造的神社，妖怪們都非常重視它。離開境港前，記得要去妖怪神社祈願，看看能不能從妖怪神社裡得到一點妖力吧！

▲妖怪神社

▼神社前的鬼太郎爸爸

▲鬼太郎拉麵店正門

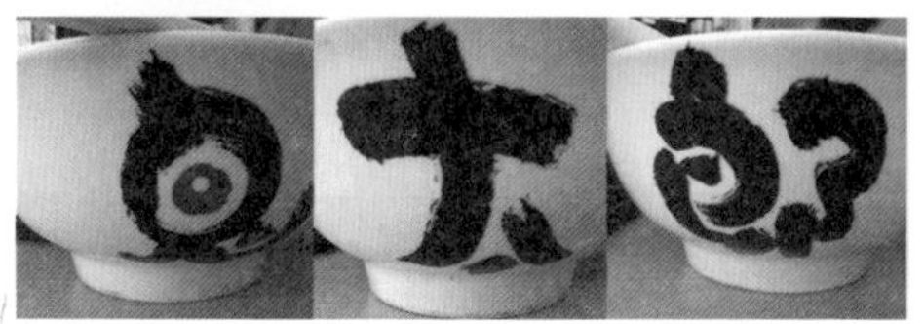
▲碗側印有鬼太郎的大名

鬼太郎拉麵店

既然來到鬼太郎的出身地，肚子餓時就來一碗鬼太郎拉麵吧！裡面的餐點造型特別，光用看的就值回票價，不會讓你失望的！

地址：鳥取県境港市本町 31 番地（水木しげる記念館斜對面）
電話：+81-859-44-1245
時間：10:30 ～ 17:00；12 月～ 3 月中 10:30 ～ 15:00（平日）、10:30 ～ 17:00（假日）
價格：780 円（鬼太郎拉麵）
網站：ajiya-group.net/shop_maguro.html

玩家住宿推薦（房價為一般網頁內標價，不時會有優惠方案推出）

【連鎖飯店】

●SUPER HOTEL 出雲駅前

地址：島根県出雲市駅南町 1 丁目 3 番地 3
電話：+81-853-21-9000
住宿：一人房 4,980 円起；兩人房 7,980 円起
交通：JR 出雲駅徒步 1 分鐘內
網址：www.superhotel.co.jp/s_hotels/izumo/izumo.html

●SUPER HOTEL 米子駅前

地址：鳥取県米子市万能町 112 番地
電話：+81- 859-32-9000
住宿：一人房 4,980 円起；兩人房 6,980 円起
交通：JR 米子駅徒步 2 分鐘
網址：www.superhotel.co.jp/s_hotels/yonago

●東横 INN 出雲市駅前

地址：島根県出雲市今市町 971-13
電話：+81- 853-25-1044
住宿：一人房 5,480 円起；兩人房 8,400 円起
交通：JR 出雲駅徒步 1 分鐘
網址：www.toyoko-inn.com/hotel/00105/index.html

●東横 INN 松江駅前

地址：島根県松江市朝日町 498-10
電話：+81- 852-60-1045
住宿：一人房 4,980 円起；兩人房 6,400 円起
交通：JR 松江駅北口出徒步 2 分鐘
網址：www.toyoko-inn.com/hotel/00098/index.html

●東横 INN 米子駅前

地址：鳥取県米子市明治町 100
電話：+81- 859-36-1045
住宿：一人房 5,480 円起；兩人房 6,900 円起
交通：JR 米子駅徒步 2 分鐘
網址：www.toyoko-inn.com/hotel/00161/index.html

【平價住宿】

●旅亭山の井（玉造溫泉區）

地址：島根県松江市玉湯町玉造 1042
電話：+81-852-62-0621
住宿：素泊 4,400 円起；包早餐 5,400 円起；包早、晚餐 6,800 円起（皆一人價，新館房價較舊館貴）
交通：JR 玉造溫泉駅坐車 5 分鐘，免費接送
網址：www.ryotei-yamanoi.jp

●やすらぎを保つ宿　保性館（玉造溫泉區）

地址：島根県松江市玉湯町玉造 1191-1
電話：+81-852-62-0011
住宿：包早、晚餐 8,900 円起（皆一人價，也有其他住宿方案，晚餐料理不同）
交通：JR 玉造溫泉駅坐車 5 分鐘，免費接送
網址：www.hoseikan.jp

●グリーンリッチホテル松江駅前（松江區）

地址：島根県松江市朝日町 493-1
電話：+81-852-27-3000
住宿：素泊 3,750 円起；包早餐 4,250 円起（皆一人價）
交通：JR 松江駅下車徒步 2 分鐘
網址：www.gr-matsue.com

●松江シティホテル本館／別館（松江區）

地址：島根県松江市末次本町 31
電話：+81- 852-25-4100
住宿：素泊 2,750 円起；包早餐 2,750 円起；包早、晚餐 6,250 円起（皆一人價）
交通：JR 松江駅下車徒步 15 分鐘
網址：www2.crosstalk.or.jp/sobido/dalian/ctyhote.html

●旅館駅寺津屋（松江區）

地址：島根県松江市天神町 60-3
電話：+81- 852-21-3480
住宿：素泊 4,200 円起；包早餐 4,800 円起；包早、晚餐 6,400 円起（皆一人價）
交通：JR 松江駅下車徒步 7 分鐘

●ホテルアジェンダ駅前館（米子區）

地址：鳥取県米子市明治町 181
電話：+81-859-32-8011
住宿：單人房 3,500 円起；雙人房 2,500 円起（皆一人價）
交通：JR 米子駅徒步 3 分鐘
網址：www.hotel-agenda.jp/ekimae.html

●グリーンホテル米子（米子區）

地址：鳥取県米子市万能町 151-2
電話：+81-859-22-0771
住宿：單人房 3,900 円起；雙人房 3,400 円起（皆一人價）
交通：JR 米子円徒步 3 分鐘

●ホテルサンヌーベ（出雲區）

地址：島根県出雲市西新町 1-2548-1
電話：+81-853-20-2777
住宿：素泊 3,938 円起；包早餐 4,500 円起（皆一人價）
交通：JR 西出雲駅下車徒步 1 分鐘
網址：www.ekinan.co.jp/index.html

●ニューウェルシティ出雲（出雲區）

地址：島根県出雲市塩冶有原町 2-15-1
電話：+81-853-23-7388
住宿：包早餐 6,340 円起；包早、晚餐 8,200 円起（皆一人價）
交通：JR 出雲駅下車，轉乘巴士 10 分鐘，於厚生年金会館前站下車徒步 1 分鐘
網址：www.nwci.jp

【豪華旅館】

●出雲・玉造温泉　白石家（玉造溫泉區）

地址：島根県松江市玉湯町玉造 44-2
電話：+81-120-40-0148
住宿：包早、晚 13,900 円起（皆一人價）；若選擇其他晚餐則價格不同
交通：JR 玉造溫泉駅乘車 7 分鐘，有免費接送
網址：siraisiya.com/bath

●湯之助の宿駅長楽園（玉造溫泉區）

地址：島根県松江市玉湯町玉造 323
電話：+81-120-62-0171
住宿：包早餐 9,600 円起；包早、晚餐 13,000 円起（皆一人價）；也有其他價格不同的住宿方案
交通：JR 玉造溫泉駅徒步 30 分鐘，可接送
網址：www.choraku.co.jp

●星野リゾート　界出雲（玉造溫泉區）

地址：島根県松江市玉湯町玉造 1237
電話：+81-50-3786-0099
住宿：素泊 17,500 円起；包早餐 19,500 円起；包早、晚餐 25,000 円起（皆一人價）
交通：JR 玉造溫泉駅坐車 5 分鐘。提供免費接送
網址：kai-izumo.jp

●松乃屋（玉造溫泉區）

地址：島根県松江市玉湯町玉造 1215
電話：+81-120-38-0611
住宿：包早、晚餐 12,600 円起；包早、晚餐、露天溫泉 15,750 円起（皆一人價）
交通：JR 玉造溫泉駅坐車 5 分鐘
網址：matsunoyu.jp

●文人ゆかりの宿　皆美館（松江區）

地址：島根県松江市末次本町 14
電話：+81-852-21-5131
住宿：包早餐 14,280 円起；包早、晚餐 20,265 円起（皆一人價）
交通：JR 松江駅計程車 10 分鐘
網址：www.minami-g.co.jp/minamikan

●HOTEL ながた（出雲區）

地址：島根県出雲市今市町 864-5
電話：+81-853-23-1700
住宿：素泊 7,350 円起；包早餐 8,710 円起（皆一人價）
交通：JR 出雲駅下車徒步 8 分鐘
網址：www.hotel-nagata.co.jp

※ 以上住宿價格及資料僅供參考，請以各旅館公布為準。

富山篇

立山黑部（北阿爾卑斯山）

立山位於日本富山縣，其連綿的山峰、壯麗而雄偉的氣魄，宛如歐洲阿爾卑斯山，因此有了「日本阿爾卑斯山」的美譽。日本阿爾卑斯山主要分為北阿爾卑斯山、中阿爾卑斯山和南阿爾卑斯山 3 個山脈，有「日本屋脊」之稱。最近熱門的旅遊勝地——「立山黑部」就是位於北阿爾卑斯山山脈之上。

MAP

北海道・東北
北陸
關東
中國
四國
近畿
九州・沖繩
東海
甲信越

富山

日本海

北海道
青森
秋田
岩手
山形
宮城
新潟
福島
栃木
群馬
茨城
石川
富山
長野
埼玉
福井
東京
山梨
千葉
神奈川
近畿
岐阜
鳥取
京都
滋賀
愛知
靜岡
兵庫
島根
岡山
大阪
三重
廣島
奈良
香川
山口
德島
和歌山
福岡
愛媛
高知
佐賀
大分
長崎
熊本
沖繩
宮崎
鹿兒島

立山黑部アルペンきっぷ

立山黑部
阿爾卑斯山乘車券

為了方便橫越日本三大險峻山脈之一的立山黑部，山上有 6 種交通工具貫穿扇沢駅至立山駅的山脈路線。由於扇沢駅與室堂駅之間禁止汽車駛入，所以大部分旅客都是以旅行團的身分前來遊覽。不過，對於喜歡自由行的人來說，又有什麼方法可以自由遊覽這個神祕的地方呢？除了單買山脈路線上各種交通工具的乘車券外，我們還可以選擇利用「立山黑部阿爾卑斯山乘車券」進行這次尋幽探祕之旅。

它除了可以任意乘搭山上 6 種交通工具外，還包括大阪或名古屋至富山的來回新幹線及特急車券（也有其他出發地可供選擇）。是個既方便又省錢的 Free Pass，讓你體驗雪之大谷所帶來的震撼，感受險峻山岳的魅力，還有機會追尋珍貴雷鳥的蹤影，帶你進入這個神祕的雲端世界！

車票簡介

- 每年 4 月 1 日至 11 月 23 日（每年更新）
- 出發前一個月至出發當天（購買當天即可使用）
- ✓ 連續 8 天
- 可用期間：每年 4 月 16 日至 11 月 30 日（根據每年開山時間更新）
- 4 月 27 日～ 5 月 6 日（黃金週連休）、8 月 11 日～ 8 月 20 日（盂蘭盆節）
- 出發地周邊主要車站綠色窗口
- ※ 可另補差額改乘綠色車廂（高級車廂）

立山黑部阿爾卑斯山山脈遊覽路線

★一般套票價格（價格參考至 2014 年 11 月）

「立山黑部阿爾卑斯山乘車券」包含了來回新幹線及特急指定席費用、可自由乘搭區域內的所有交通費用，對於想到立山黑部自由行或登山的旅客來說十分方便！

路線	JR 東海	JR 東海	JR 西日本	JR 西日本
出發地	名古屋發（Type B）	名古屋發（Type B）	大阪發	大阪發
經由路線	高山線 + 中央線	北陸線 + 中央線	北陸線 + 中央線（新幹線）	往返北陸線
大人	18,610 円	21,850 円	26,730 円	24,260 円
小孩	9,360 円	10,970 円	13,250 円	12,020 円

・名古屋發的票券有 AB 兩種，Type B 的乘車範圍並不包括「寺田」到「宇奈月溫泉」間的富山地方鐵道線；若需要，須購買 Type A 的 Free Pass（大人要再加 2,100 円，小孩加 1,040 円）。

・小孩票不能單獨購買，必須兩人以上同行。

玩家叮嚀

除了名古屋及大阪外，還有其他不同地區出發的選擇，詳情可參閱以下網站。

●JR 西日本鐵路公司：www.westjr.co.jp

●立山黑部阿爾卑斯山脈網站：www.alpen-route.com/tw

✶可乘搭範圍

往返路線

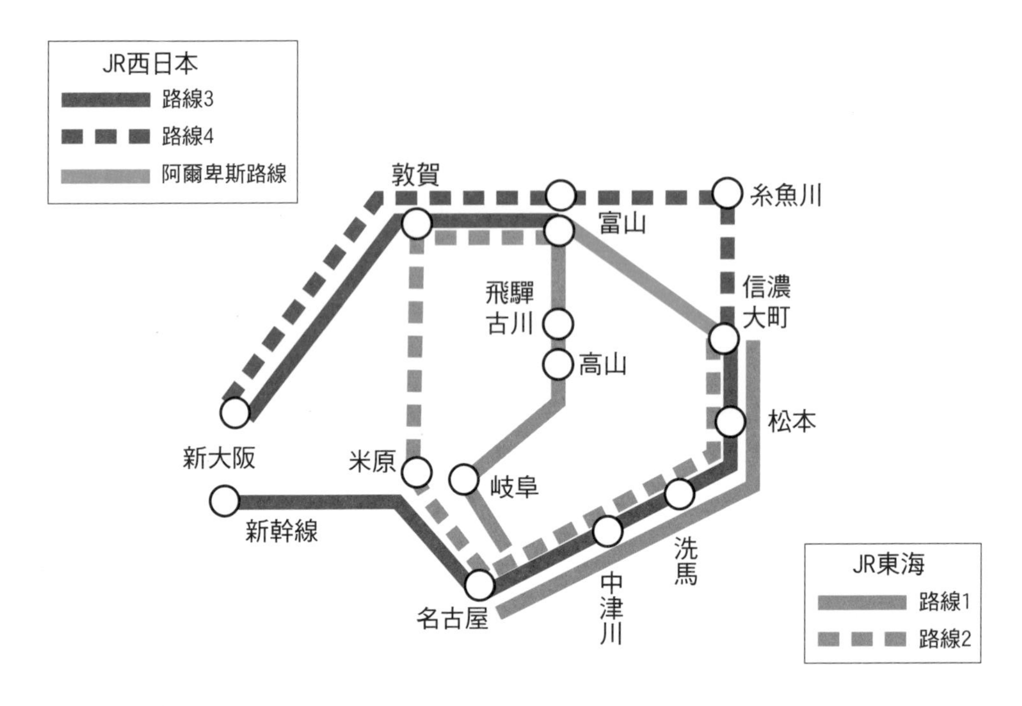
JR西日本
路線3
路線4
阿爾卑斯路線
敦賀
糸魚川
富山
飛驒
古川
高山
信濃
大町
松本
新大阪
米原
岐阜
新幹線
名古屋
中
津
川
洗
馬
JR東海
路線1
路線2

路線 1：名古屋←（高山線）→富山←（阿爾卑斯山上路線）→信濃大町←（中央線）→名古屋
路線 2：名古屋←（北陸線線）→富山←（阿爾卑斯山上路線）→信濃大町←（中央線）→名古屋
路線 3：新大阪←（北陸線）→富山←（阿爾卑斯山上路線）→信濃大町←（中央線）→名古屋
←（新幹線）→新大阪
路線 4：新大阪←（北陸線）→富山←（阿爾卑斯山上路線）→信濃大町←（大糸線）→糸魚川
←（北陸線）→新大阪

可自由搭乘範圍

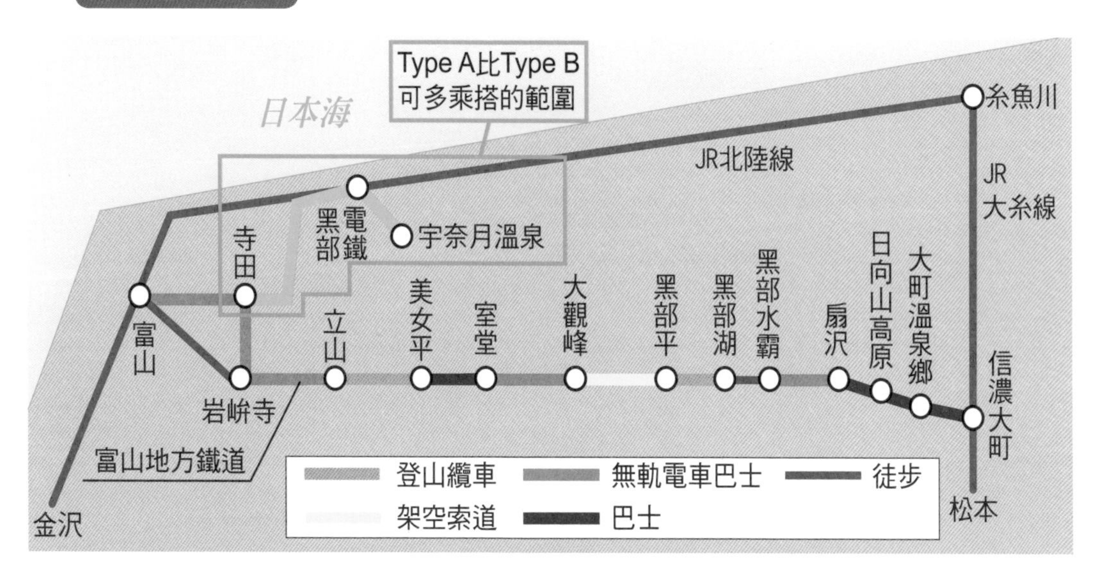

- JR 鐵路：JR 富山駅～糸魚川駅之間不可中途下車。
- 富山地方鐵路：富山駅～立山駅可自由乘搭及可乘搭特急普通車自由席。
- 信濃大町路線巴士：扇沢駅 ～ 信濃大町駅之間只能於 JR「信濃大町駅」「大町溫泉鄉」「日向山高原」及「扇沢駅」4 站自由上下車。

可自由上下車範圍（JR 鐵路）& 可乘車種

鐵路	大糸線全線	中央線	高山線
區域	松本～信濃大町～糸魚川	中津川～木曽福島～洗馬	岐阜～下呂～高山～飛驒古川
可乘車種	到達自由周遊範圍前可乘搭一次特急自由席，中途下車後只能乘搭快速或普通列車	於乘車區域內可有一次乘搭特急指定席的機會，中途下車後只能乘搭特急自由席、快速或普通列車	於乘車區域內可以有一次乘搭特急指定席的機會，中途下車後只能乘搭特急自由席、快速或普通列車

✶ 車票解讀

「立山黑部阿爾卑斯山乘車券」包括 3 張車券：去程券、回程券（包括北阿爾卑斯山山脈交通）及說明券。

新大阪至名古屋可乘搭新幹線；名古屋至松本駅（中央線）可乘搭特急

去程用，可乘搭大阪市內的 JR 普通列車或快速列車至大阪及新大阪

此券為北陸線＋中央線路線 Free Pass（還有其他路線可供選擇，請參考「一般套票價錢」

不能使用日期

Free Pass 使用期限為 8 天

可乘搭新幹線到名古屋，再從名古屋乘搭特急列車之普通車指定席到目的地

到達大糸線後才能自由上下車（即到達松本駅後才能自由上下車）

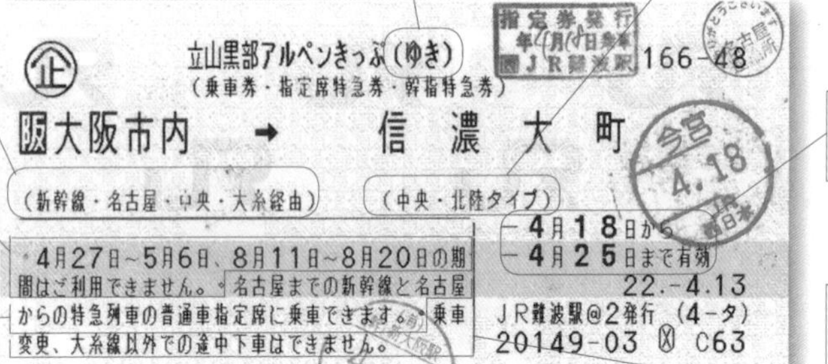

▲「立山黑部阿爾卑斯山乘車券」（去程用）：大阪市區至信濃大町駅前乘車用

自由乘搭區域及回程用券

富山地方鐵道不含寺田～宇奈月溫泉間區域（名古屋發的 Type A Free Pass 除外）

回程經北陸線，可乘搭特急列車之普通車指定席

如果乘搭新幹線，不能途中下車或換車（但基本上北陸線只有特急列車）

票價（不同出發地的票價不同，因可乘搭的路線和車種不同）

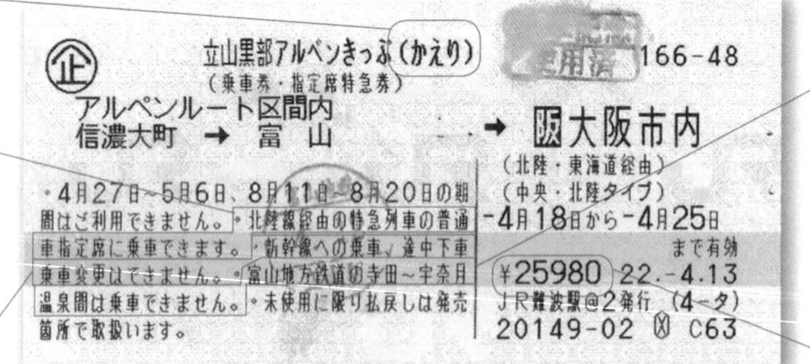

▲「立山黑部阿爾卑斯山乘車券」（回程用）：北阿爾卑斯山脈路線區域內信濃大町→富山→大阪市內用

✶ 此行需預先取得的指定席券

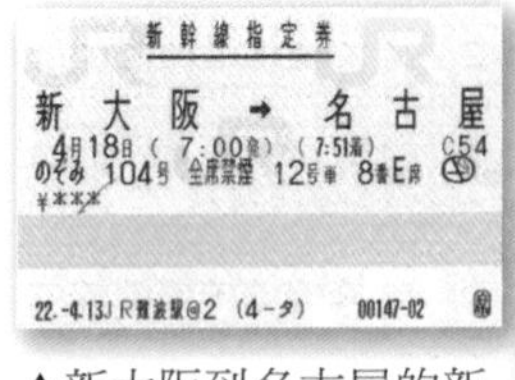

▲新大阪到名古屋的新幹線指定席券

▼特急「しなの」特急指定席券

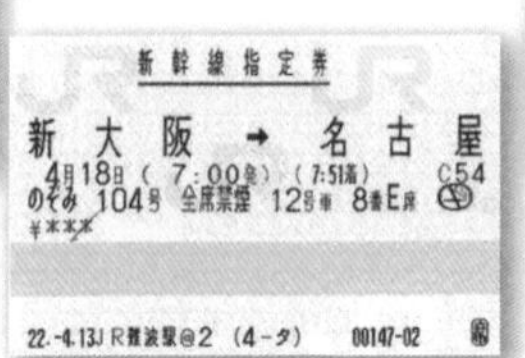

▲特急「あずさ」特急指定席券

▼富山返回大阪的特急指定席券（建議同時把回程的特急指定席券也預先劃位）

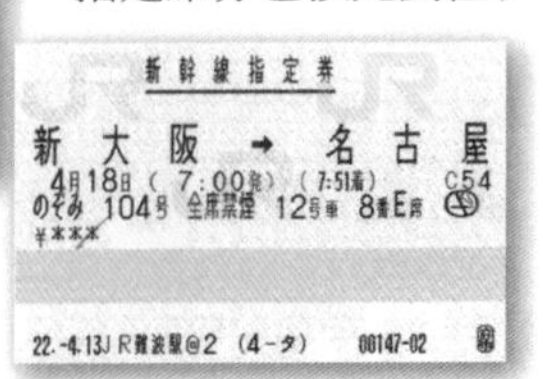

✶可乘搭的列車

只要出示「立山黑部阿爾卑斯山乘車券」去程券，即可在大阪市內任意乘搭 JR 鐵路至新大阪。我們從難波出發前往新大阪，可乘搭「大阪環狀線」先到大阪，再轉乘任何 JR 普通車自由席（包括特急列車）到新大阪（因為新大阪才有新幹線的車站）。到了新大阪車站，月台很多，只要根據指標前往新幹線閘口，向站在閘口旁的票務員出示「立山黑部阿爾卑斯山乘車券」去程券即可進入車站，並對照電子版上所顯示的列車及月台資料，找到前往名古屋的列車月台等候上車。

新大阪

從新大阪到名古屋可乘搭山陽新幹線的「のぞみ」（NOZOMI）號。

①列車電子板上顯示新大阪往東京方向新幹線「のぞみ」號班次很多

②新幹線 N700 系「のぞみ」列車（全國 JR Pass 不能乘搭）

名古屋

於名古屋換搭「しなの」（SHINANO）至松本駅（大糸線）。中央線之中津川站到洗馬站可自由上下車，但於中央線下車後，就要乘搭普通列車到達松本駅才能再換車到信濃大町駅，而不能再坐特急了。

松本

在松本駅換特急「あずさ」（AZUSA）往信濃大町駅。在大糸線下車後，就只能換乘普通或快速列車。

搭乘「あずさ」往南小谷的方向

立山黑部 2日遊

✶ 省錢行程大公開！

這個 Free Pass 可以連續使用 8 天，但由於當時留學時期還要打工，只能用兩天的時間前往立山黑部走了一圈，雖然感覺浪費了剩下的 6 天車費，但實際上還是有省到錢喔！非冬季的立山黑部是熱門的爬山和郊遊勝地，所以這個 Free Pass 非常適合在立山黑部漫遊或登山的遊客，因為可在 8 天內任意乘搭山脈上的交通工具。

以下提供「立山黑部阿爾卑斯山乘車券」與單獨購買來回新大阪～北陸車票價格的比較表。車票以一人（大人）．普通車指定席．JR 西日本北陸線＋中央線的「立山黑部阿爾卑斯山乘車券」做比較，每程獨立計算。

玩家教你省

一般購票方式	立山黑部阿爾卑斯山乘車券
【JR 鐵路往返區段】 新大阪 信濃大町乘車券 6,620 円＋ 新大阪 信濃大町特急券 4,190 円＋ 富山 新大阪乘車券 5,460 円＋ 富山 新大阪特急券 2,310 円＝ 18,580 円 【北阿爾卑斯山山脈路線交通費用】 信濃大町駅→扇沢駅路線巴士 1,500 円＋ 扇沢駅→立山駅 8,240 円＋ 立山駅→富山駅 1,170 円＝ 10,910 円 18580 円 ＋ 10910 円 ＝ 29,490 円	包含： 自由乘搭範圍內指定列車 自由乘搭山上交通及富山地方鐵道 ＝ 26,730 円
省錢指數 29,490 円 － 26,730 円 ＝ 2,760 円起	

* 上述單獨購票價格未包括大阪市內交通及自由乘搭範圍內所有交通費。

▲仁科神社
▼雷鳥
▲立山連峰

立山黑部於每年4月中旬開山，一大群旅客蜂擁而至的結果，就是4月底後，著名的雪壁會變成黑色，不再雪白。於是，我們決定4月17日開山的隔天就往黑部峽谷出發，希望能看到最迷人的景色，看到還沒被破壞的雪壁。第一天從大阪出發，中午才到信濃大町（進入立山黑部最近的JR鐵路站），所以當天安排到信濃大町附近的木崎湖看看，晚上住在立山黑部入口附近的大町溫泉鄉的小木屋，第二天才進山。

★行程總覽

DAY 1

難波駅 →（大阪環狀線）大阪駅 →（特急）新大阪駅 →（新幹線）名古屋站 →（特急）松本駅 →（特急）信濃大町駅 →（免費腳踏車）信濃大町／木崎湖地區 → 信濃大町駅 →（巴士）大町溫泉鄉 →（徒步）住宿：小木屋（Canadian Village Montreal）

DAY 2

大町溫泉鄉 →（巴士）扇沢駅 →（山內交通）立山車站 →（山內交通）立山黑部地區 →（山內交通）立山車站 →（富山地方鐵路）富山駅 →（特急）大阪駅 →（大阪環狀線）難波駅

信濃大町 木崎湖

木崎湖是長野縣大町市內仁科三湖的其中之一，與附近的青木湖和中網湖齊名，是糸魚川線上最南面的湖。木崎湖西側是立山連峰，每逢冬天都有很多觀光客來此造訪，除了到附近的滑雪場滑雪外，也可以去木崎湖碰碰運氣，看看能不能遇到難得一見的奇觀——水波瞬間結冰的現象。來到信濃大町，本來要轉乘大糸川線往木崎湖旁邊的「海ノ口」站，但因在信濃大町的觀光協會有免費腳踏車可借，故決定於信濃大町下車後利用腳踏車遊大町。

單車散策小提案

信濃大町駅→星湖亭→仁科神社→木崎湖→小車站

▲供免費借用的腳踏車

▼信濃大町市內巴士站

▲沿著立山連峰一直往糸魚川方向騎車便可到達木崎湖

信濃大町廣域地圖

星湖亭

木崎湖因位處在立山連峰附近而引來不少遊客，亦因多部電影及電視劇曾在這裡取景，故有不少人慕名而來。而〈星空的邂逅〉這部動畫更是藉木崎湖來締造主要舞台，整個故事發生在木崎湖及附近村落，小車站、立山連峰、木崎湖上的棧橋等經常出現在動畫中，星湖亭外的公園內鞦韆和溜滑梯更是整套動漫中讓人印象最深刻之處。

星湖亭內有釣具借用的服務，可到木崎湖指定的範圍垂釣。其本身也是食堂，還有售賣特色的土產，供遊客休憩的最佳之選。

▼到處都有動畫相關的海報及相片

▼星湖亭提供用餐及釣具租借

▲仁科神社前的鳥居

▲仁科神社前入口左側石造台

▲仁科神社拝殿兼神樂殿，與木曾的水無神社完全一樣，以仁科神宮模樣打造出來的

◀古石碑

▲有獨特木雕的「手水舍」，進入神社前用作潔淨身心的地方，主要是洗手和漱口，而並非用來喝的喔！

仁科神社

經過星湖亭，沿著木崎湖左方繼續騎，在市營的露營區東側森林裡，便是仁科神社。仁科神社的祭神是仁科盛遠，是鐮倉時代初期的武將之一。仁科神社位於木崎湖的西南端，昔日是木崎湖南面突出半島上丘陵的地帶，這裡正是過去仁科城的位置；過去半島的西側原本屬湖的部分，現在變成水田，故此木崎湖內的半島已消失了。

木崎湖

春天時，可看到木崎湖本身的樣貌，湖附近的居谷里濕原裡每年都能看到各式各樣的植物發芽生長的情況。夏天，這裡則變成了避暑聖地；6 月的螢火蟲在夜間飛舞，能更親近大自然；8 月的花火大會更吸引了不少的遊客前來欣賞。秋天，木崎湖周圍滿山紅葉，特別是氣溫較低的早晨，晨霧中的木崎湖有種特別的氛圍。冬天，木崎湖水波瞬間結冰的奇景是攝影愛好者慕名而來的主要原因之一。

▲木崎湖旁邊是露營區

▲木崎湖旁小屋

▲木崎湖上的棧橋

▲從山丘上的樹梢縫中眺望木崎湖

▲我們繞著木崎湖走了一圈，從不同的角度欣賞它

特色小車站

從信濃大町騎腳踏車到木崎湖，會經過兩個小火車站。在木崎湖旁也有兩個小火車站，其中以「海ノ口驛」最為有特色。除了其本身就在木崎湖旁外，還因為此車站在〈星空的邂逅〉動畫中，男女主角經常在那裡出現而讓人印象最深刻。不過，4 個車站中我比較喜歡「信濃木崎驛」。因為它的外型像一幢小房子，車站前的大樹聳立著，與車站互相映襯下，在我腦袋裡留下了深刻的印象。

一向喜歡鐵路的我，看到舊車站時更是雀躍萬分。在小火車站月台上等待著列車進站的一刻，跟看到新幹線和特急列車的快感完全不同。我們放慢腳步，心靈恬靜，享受著與木崎湖作伴的時光。

▲木崎湖旁的「海ノ口驛」車站

▲列車在雄偉的立山連峰前通過的這一幕，可以與富士山前的新幹線比擬嗎？

▲我最喜歡的「信濃木崎驛」車站

▲腳踏車遊覽的好處，就是可以細品每個角落

單車散策小提案

信濃大町→信濃木崎驛→海ノ口驛→稲尾→北大町→信濃大町

來去大町住一晚
「Canadian Village Montreal」

地址：長野県大町市 1040-1
電話：+81-261-23-3232
住宿：以一棟計算，季節不同價格不同。8,000 円起（冬季價格）
交通：信濃大町駅乘搭市內巴士到大町溫泉鄉約 15 分鐘，大町溫泉鄉徒步 3 分鐘，乘車至立山黑部扇沢駅則需約 20 分鐘。
網址：www.canadianvillage.jp

Canadian Village 位於大町溫泉鄉附近，徒步至溫泉鄉只需 3 分鐘，可乘市內巴士前往立山黑部的扇沢駅入口，非常方便。這裡提供不同物品的借用服務，也有為客人準備燒烤套餐和火鍋用具等服務。Canadian Village，顧名思義是利用從加拿大輸入的木材而建的一棟式獨立型木屋，內設獨立洗手間、廚房、獨立房間、大廳等。木屋外還有敞大的庭園，可供住宿者烤肉及停泊車輛之用。

住宿價格以一棟計算，即一大群三五知己共住最為划算。我們是在 Jalan 聯合訂房網站預訂的，住宿方案選擇較多，優惠也多，可比對一下價錢再決定。當年只需 10,000 円（冬季價錢）便可租一棟 4 ～ 6 人的小木屋。

▲開放式廚房，可供煮食用

▲在超市買到特價海鮮及肉類

▼一排排的獨棟式木屋

玩家叮嚀

前往 Canadian Village 前可考慮先在信濃大町站附近的超市購買食品（可參考下方地圖）或於直接向旅館預訂食物包；後者價格當然較貴，但可省下不少工夫。

立山黑部 北阿爾卑斯山山脈

▲黑部水庫

入山口：扇沢站（長野縣）或立山站（富山縣）
全線開通：每年 4 月中旬至 11 月 30 日
網站：www.alpen-route.com
時間：www.alpen-route.com/access/timetable/index.html

長久以來，立山被人民視為神山之一，每年都有不少人前來參拜，人們都非常尊崇她。後來因為「黑部水庫」的建成，同時開放了這個神祕而又令人嚮往的淨土。每年 4 月時開山，吸引大量遊客蜂擁而至，欣賞黑部水庫這個偉大的建設以及立山壯麗的景色。

為了避開各地旅行團的「追擊」，我們決定提早入山。離開 Canadian Villlage Montreal，步行經過鹿島川便可到達大町溫泉鄉，在那裡可乘搭路線巴士到扇沢駅，車程約 20 分鐘。我們便正式進入立山黑部的範圍。來到扇沢駅，要先到售票處換領立山黑部的交通券，這樣才能於山脈上隨意往來。

▼立山黑部之「冰筍」：在洞窟的深處，岩石表面的水滴大約在 -3 度左右滴下時瞬間結冰而成的冰柱，透明感極高，由於形狀貌似長筍而得名

▲貫穿北阿爾卑斯山有二個入口，扇沢駅便是長野縣的入口

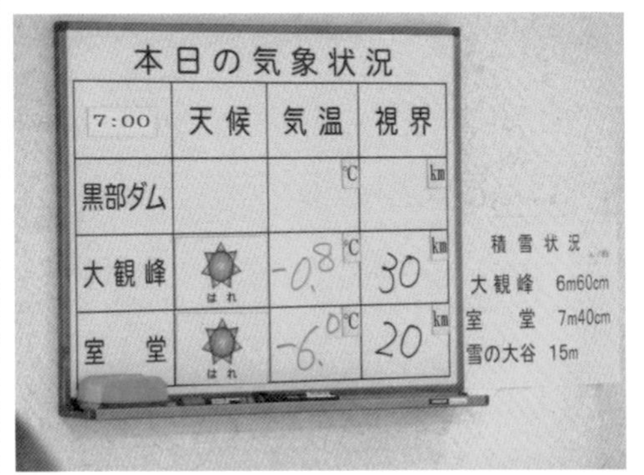

▲天氣及溫度資訊告示牌

遊覽立山黑部的最佳時機：

- 4 ～ 5 月：室堂的雪之大谷（雪壁）的宏偉
- 6 ～ 10 月：黑部水庫洩洪壯觀的情境
- 10 ～ 11 月：黑部峽谷滿山楓紅的景色

▲立山黑部上使用的乘車整理票。在黑部湖或立山駅的售票處出示「立山黑部阿爾卑斯山乘車券」的回程券就可以換領，部分山上交通只需出示回程券即可隨意乘搭

▲關西無軌電車的模型

▲以模型塑造出昔日開鑿隧道時的情況。日本的「黑部の太陽」電影就是以這工程為藍本而拍成的。

玩家叮嚀

扇沢駅是關西電力公司的綜合案內中心，也是關西無軌電車的車站。綜合案內中心有兩層：下層為售票處，上層則為候車室和乘搭無軌電車的閘口。兩層高的中心內有關於黑部水庫的歷史、模型等供遊客了解黑部水庫這個偉大的工程，還有餐廳可供休憩之用。

▲扇沢駅綜合案內中心

在扇沢駅時記得取一份小冊子，除可以蓋章紀念用外，蓋滿 10 個紀念章後還可換取小禮物一份。冬天時由於黑部湖並不開放，故此黑部湖的第七個空格不用蓋章也可以換領到小禮物。

▲集齊 9 個蓋章後換到的小型無軌電車磁鐵

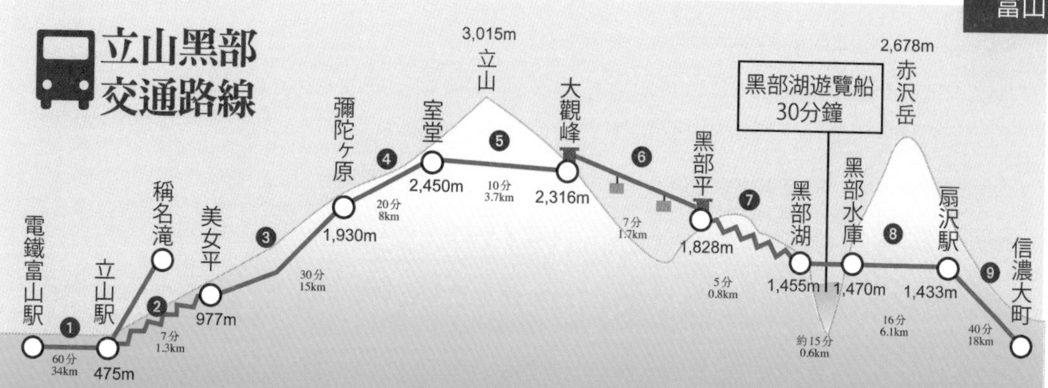

①富山地方鐵路：富山縣的地方鐵路，連接立山駅至電鐵富山駅的立山線全程約需一小時。從地方鐵路富山站步行至 JR 富山站，再換乘 JR 北陸本線便可返回大阪或乘高山線返回名古屋。富山地方鐵路本線以宇奈月溫泉為終點站。

②立山登山纜車：立山黑部交通方式之一，連接立山駅至美女平駅的登山纜車，全長 1.3 公里，只需 7 分鐘便可一口氣從 475 公尺的立山駅爬升至位處 977 公尺的美女平。

③④立山高原巴士：立山黑部交通方式之一，連接室堂～弥陀ヶ原～美女平駅之間，全長 23 公里，全程約需 45 分鐘，沿途可飽覽立山高原地帶的美景。從車窗欣賞紅葉滿山盛開的風景最迷人。

⑤立山隧道無軌電車：立山黑部交通方式之一，連接室堂至大觀峰的隧道無軌電車，是日本位處最高的無軌電車，全長 3.7 公里，全程約需 10 分鐘。利用電車作隧道接駁工具可減少廢氣的排出以達到環保目的。

⑥立山架空索道：立山黑部交通方式之一，連接大觀峰至黑部平之間的架空索道，是日本位處最高的架空索道，全長 1.7 公里，全程需時約 7 分鐘。

⑦黑部登山纜車：立山黑部交通方式之一，連接黑部平至黑部湖的登山纜車，全長只有 800 公尺，只需 5 分鐘便可到達目的地。為了保護自然景觀和防止豪雪損害而建設的地下登山纜車。

⑧關電無軌電車：立山黑部交通方式之一，連接黑部水庫至扇沢駅的無軌電車，全長 6.1 公里。

⑨信濃大町路線巴士：連接 JR 信濃大町駅至扇沢駅的路線巴士，途徑大町溫泉鄉和日向山高原站。

黑部水庫（黑部ダム）

黑部水庫工程是日本的重大建設之一。戰後，隨著日本的經濟發展迅速，產生電力不足的問題，關西地區的供電長期處於限制狀態。有鑒於此，政府決定興建一座水力發電廠解決這個問題。興建水力發電廠需要一個合適的地方，以利用最天然的資源來提供發電廠最重要的水力來源。此時，保存著原始樣貌、日本最大、最深的祕境——黑部峽谷，被挑選成為這個偉大工程的基地。這裡擁有豐富的資源，且黑部川的水量充足，高度落差又大，提供了水力發電最基本的條件。不過，險峻的地形與冬天的豪雪等自然環境卻是嚴峻的考驗。

關西電力公司集合了知識、技術和經驗，以保護自然環境為大前題，盡量減少對環境的破壞，花了 7 年時間，利用大量人力及巨額投資，終於在昭和 38 年（西元 1963 年）6 月完成這項偉大的「黑部水庫」建設計畫。這個水力發電廠供給電力給關西地區，亦有助日本的經濟增長，它是保護環境和維持天然景觀的一項重要成果。

▲黑部水庫的堰堤，徒步 15 分鐘便可到達黑部湖

▲爬升 220 級樓梯

▲黑部水庫展望台

▲外階梯

乘坐關西無軌電車到達黑部水庫駅後，可選擇直接登上黑部水庫最高的展望台位置，經過 220 級階梯後便可到達。若不想爬二百多階樓梯，也可直接前往水庫堰堤的位置。黑部水庫最吸引的是每年 6 月至 10 月，水庫每秒排放 10 立方公尺水量的壯觀景象，從展望台眺望最為適合。如果幸運的話，更有可能在水庫排水時看到彩虹呢！

玩家叮嚀

黑部水庫的咖哩非常有名，除了在扇沢駅的案內中心餐廳有售賣，黑部水庫展望台中心內的餐廳也能嘗得到，小冊子的其中一個紀念蓋章就是咖哩飯！若有興趣，不妨在展望台內點盤咖哩飯，邊吃邊眺望黑部湖的美景，感受水庫排水的震撼。

黑部湖

立山的黑部川被黑部水庫的興建阻擋流水後成為黑部湖，是日本位處最高的湖（1,448 公尺）。這裡可以乘搭遊覽船環湖，湖的周圍都是未被破壞的天然森林，湖色翠綠，可坐在遊覽船上仰望宏偉的立山黑部。

▲坐遊覽船通過兩峽時，有一種進入阿爾卑斯山深處的感覺

遊船：30 分鐘
運航：6 月 1 日～ 11 月 10 日
費用：大人 1,080円，小孩 540円
網址：www.kurobe-dam.com/garve/index.html

黑部湖駅

走過水庫堰堤後便到達黑部湖駅，可從此處乘搭日本「全線地下式」的登山纜車前往黑部平。從黑部湖爬升至 400 公尺高的黑部平，路軌非常陡峭，故此登山纜車為了順應坡度，車內座位也設計成樓梯的形狀，上下車時會有點可怕，回頭向下望，似有種失重心之感。

▲陡峭無比的黑部登山纜車

▲迎面而來的對頭纜車，視覺上是平路，實際上是大斜坡，迎頭的纜車正下山，而我方則往上爬升 400 公尺到黑部平

黑部平

乘搭登山纜車從 1,455 公尺的黑部湖爬升到 1,828 公尺高的黑部平，那裡像個小庭園一樣，被後立山連峰包圍。登上車站的最頂層展望台，可欣賞立山連峰壯麗的景色，還可俯瞰黑部湖。從纜車站徒步約兩分鐘，可到達高山植物園，秋高氣爽時是個適合休憩的地方，可惜冬天只見一片雪白，無法到處亂走。

▲黑部平駅上的展望台上設有立山黑部山脈的解構圖，清楚指示每個山岳的位置

▲從黑部平到大觀峰的架空索道

▲展望台上提供望遠鏡可讓遊人觀望山岳時使用

大觀峰

離開黑部平，乘坐日本最高的架空索道向大觀峰前進。架空索道有「可移動展望台」之稱，因乘坐時可 360 度欣賞峽谷的景色，冬天山谷鋪滿厚厚積雪，白茫茫一片；秋天時卻換上五顏六色的新裝，遍山楓紅，令人陶醉。只需 7 分鐘就可以爬升 500 公尺到達大觀峰，不得不讚嘆科技的發展迅速。建於懸崖峭壁上的大觀峰駅，除了車站最上層的展望台外，車站以外的地方皆禁止進入。從大觀峰可俯瞰整個黑部湖，視野比黑部平更廣更闊。

室堂

位處 2,500 公尺高的室堂駅是日本最高的車站，也是著名「雪之大谷（雪壁）」所在之地。這裡除了雪壁外，還有地獄谷、血池等自然景觀。室堂駅內還有立山最大的餐廳、室堂供養塔、雷鳥沢等設施。一般遊客來到室堂，站上展望台眺望立山全景外，還可以步行至雷鳥沢或在日本最高的溫泉中泡個熱湯，部分登山人士則會以劒岳登頂為目標，挑戰這個高達 2,999 公尺且極為陡峭的山岳。

▲室堂車站外的迴旋處

▲室堂完全被厚厚的積雪包圍，要走到展望台不是件容易的事

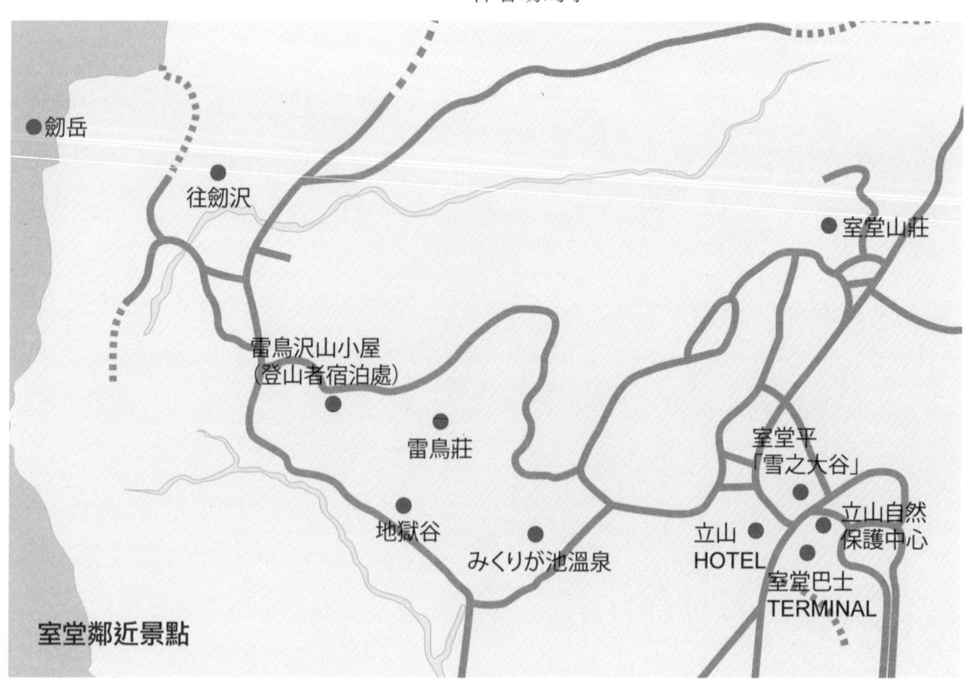

雪之大谷（雪壁）

近幾年很多人對立山黑部產生極大興趣，所以不少旅行社推出立山黑部的旅行團。山嶽上的「雪之大谷」是著名的景點，其位於北阿爾卑斯山山脈路線上最高的室堂駅上，很多遊客慕名而來。每年 4 月開山，高度超過十幾公尺的雪壁是神山送給人們的藝術珍品。

▲在「雪之大谷」宣傳海報上經常看到的相片

不同天氣下的豪雪，形成一層層厚度不一的雪紋，經過約 4 個月的鬼斧神工塑造出的雪壁，非常令人震憾。不過，因為氣候的轉變，雪壁的高度逐年減少，若想要感受雪壁帶來的感動，就要趕緊去看囉！

▲雪之大谷剛開山，還能看到雪白的雪壁，聽說 4 月底、5 月初時會變成灰壁

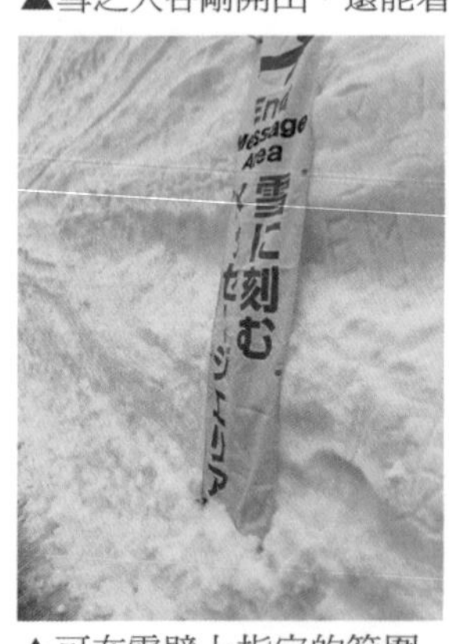

▲可在雪壁上指定的範圍內隨意刻劃，但其他地方則請勿破壞

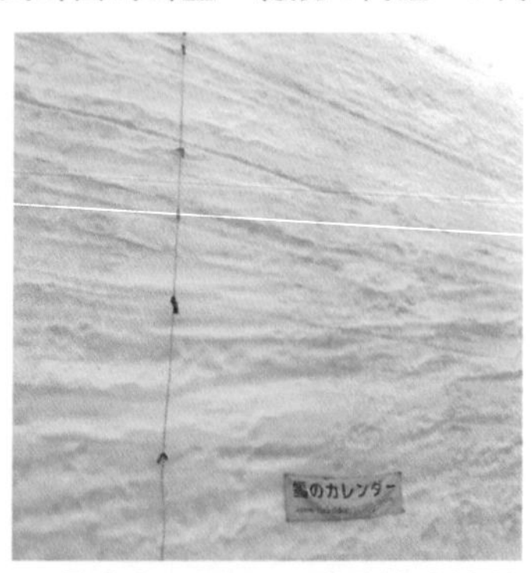

▲「雪之日曆」，雪壁的坑紋就如樹木的年輪一樣；垂直緣掛線段的顏色顯示不同時間的下雪情況

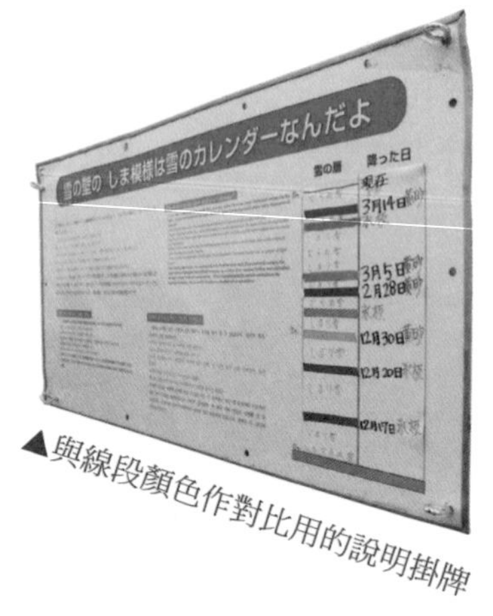

▲與線段顏色作對比用的說明掛牌

時間：每年 4 月中旬至 5 月底（建議於開山後第一、二個星期前往最佳）
地點：立山室堂駅旁
路線：沿指示於行人道遊覽，不可進入行車路線
注意：請勿破壞或於非指定位置內塗鴉
※ 室堂駅乃立山黑部最高之車站，溫度比其他黑部水庫範圍低，需注意保暖。

雷鳥莊

聽說這附近最容易發現雷鳥的蹤影，不過也很容易受到鄰近地獄谷的毒氣侵襲，故前往雷鳥莊前最好先留意當日通報。

時間：4 月 16 日開山～ 11 月中旬
住宿：素泊 6,150 円起
地址：富山県立山町芦峅寺 125
電話：+81-764-63-1664
網址：www.raichoso.com

▲被雪重重包圍的みくりが池溫泉

▲弥陀ヶ原的秋景

▲弥陀ヶ原遊覽步道

弥陀ヶ原

弥陀ヶ原高原約 1,900 公尺高，20 平方公尺。是立山楓葉美景之首。每逢夏天，高原植物盛開、色彩繽粉，吸引不少登山者慕名而來。這裡有遊覽步道、有名為「餓鬼之田」的池塘、花田、展望台等。離開室堂乘坐高原巴士往立山駅時，會途經弥陀ヶ原，沿途起伏的山稜線，景色變化多端，十分迷人。

立山自然保護中心

位於立山室堂駅旁，每年 4 月中旬與立山同步開放，立山自然保護中心有三層樓高，一樓有雷鳥「Passport」蓋章機，提供「Passport」（紀念小卡）可自行拿取；二樓有介紹動植物的生態環境；三樓除了有立山的其他資訊外，也是導賞團的報名處。

開放：4 月 17 日～ 11 月上旬
開館：08:30 ～ 17:00（7 月 16 日～ 8 月 31 日至 17:30）
公休：冬季閉館
費用：免費
地址：富山県中新川郡立山町芦峅寺（室堂平）
電話：+81-764-63-5401
網址：www.k4.dion.ne.jp/~tshizen/

▲雷鳥腳印蓋印卡

神的使者，雷鳥

雷鳥，日本國家自然紀念物之一，自古被視為「神之使者」，從冰河時期就存在的高原地鳥類。立山上有二百多頭雷鳥在此生息，牠們為了適應高原上的氣候變化，有自己的一套生存之道：其毛色會因季節的轉變而不同。

來到室堂，會遇上不少特意前來追尋雷鳥蹤影的攝影愛好者，他們都帶備最強的裝備，不論雷鳥是在立山山頂上出現、或是從山谷深處飛過，他們瞬間都不放過。總之，能否與雷鳥有一面之緣，還是得靠運氣。當時，我們沒有「長大炮」能狩獵雷鳥的蹤影，只好到雷鳥莊去看看相關記錄及相片，安撫一下失落之感。

我們沿著積雪極厚的山路上坡下坡，快到達目的地時，發現一班攝影愛好者圍在一起，對著同一目標不停按快門。我們加快腳步，走近一看！啊！居然有一隻正在休息的雷鳥，距我們只有咫尺之隔，立刻搶個最佳位置，連按快門，生怕牠下一秒就會飛走。非常幸運地，用肉眼就看到了雷鳥的英姿，這個難忘的驚喜，令我畢生難忘。

▲冬天的雷鳥毛色以白色為主，肥胖的身型更覺可愛

▲雷鳥的雛形

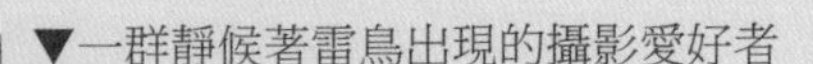

▼一群靜候著雷鳥出現的攝影愛好者

美女平

從室堂乘高原巴士來到約 1,000 公尺高的美女平，可轉乘立山登山纜車。車站附近有樹齡超過 200 年的山毛櫸林和立山杉的原始森林，沿著步道來個森林浴也不錯。除了欣賞林間美景，亦可有機會見到六十多種珍貴的野鳥，這裡是牠們棲息的地方。或可登上美女平屋上展望台，眺望立山山麓或富山平野等美景。來到這裡，將都市繁忙的步伐放慢，靜心享受在原始森林裡漫步時光，休養生息，讓自己走更遠的路。

▲「森林浴の森」日本百選之一的美女平

▲車站旁的美女杉

立山駅

立山駅，是北阿爾卑斯山山脈路線的其中一個入口，也是我們這次旅程中的最後一站。立山駅旁的「熊王の水」是天然的泉水，堪稱日本百水之一，居民會用水瓶直接盛裝飲用，甘甜可口。雖然其泉水並沒有飲用水的水質檢驗證明書，但來到這裡的人都會停下腳步，一嘗天然湧泉的滋味。

▲熊王の水，位於立山駅旁

▲立山駅外觀

玩家終極行程推薦！

利用「立山黑部阿爾卑斯山乘車券」只玩兩天實在太浪費了，故此在這裡給大家一些行程參考。

由於我當時已身在大阪，故此章行程介紹是以大阪為出發點，但若從香港或台灣出發到立山黑部遊覽，建議購買從名古屋出發的 JR 東海「立山黑部阿爾卑斯山乘車券（Type A）」這個 Free Pass，因其包含了宇奈月溫泉（日本著名的溫泉之一）的富山地方鐵路自由周遊範圍。玩完立山黑部再轉乘富山地方鐵路到宇奈月溫泉，再經由高山線返回名古屋，便可一次過玩盡立山黑部及高山一帶。

這個 Free Pass 除了是最便宜的選擇外，亦可一次遊覽最多的景點，故此若沒有特別原因一定要從大阪出發的話，選擇名古屋出發的「立山黑部阿爾卑斯山乘車券（Type A）」比較好。以下有 3 種不同難度的行程建議，大家可根據自己對日本的熟悉度選擇或做更改。

★行程 A

達人等級：★★

適　　合：重點放在遊覽立山黑部的旅客

票　　券：JR 東海　立山黑部アルペンきっぷ（Type B）（名古屋出發）

日　　程：

Day1 名古屋駅→（中央線）→奈良井宿→住宿：信濃大町

Day2 信濃大町→（腳踏車）→木崎湖→（市內巴士）→住宿：大町溫泉鄉

Day3 大町溫泉鄉→扇沢駅→北阿爾卑斯山山脈→住宿：室堂

Day4 北阿爾卑斯山山脈→室堂導覽團→立山駅→富山駅→（高山線）→高山駅

Day5 高山駅→（高山線）→飛驒古川→（高山線）→住宿：下呂溫泉

Day6 下呂駅→（高山線）→名古屋

【景點】飛驒高山

飛驒高山的古街道又有小京都的美譽，尤以白壁土藏的飛驒古川最為著名，古町充滿著純樸的氣息，沿白壁土藏街道走著，古川的瀨戶川與古街道互相映對。除了古街道外，飛驒高山還有很多昔日留下的古建築，隨意在街道上走著，見證歷史的痕跡。

▲高山國分寺三重塔

▲飛驒高山古町

▲「猴寶寶」（SARUBOBOS）是飛驒高山的宣傳大使，到處可見，其有為小孩帶來幸福的平安符之意。母親會親手做給孩子們佩帶，期望他們平安成長

✶行程 B

達人等級：★★★

適　　合：想多走幾個景點或善用 8 日券 Free Pass 的人

票　　券：JR 東海 立山黑部アルペンきっぷ（Type A），高山駅濃飛巴士來回票

日　　程：（也可 Day2 時在信濃大町借腳踏車，騎往木崎湖或青木湖再折返）

Day1 名古屋駅→（中央線）→奈良井宿→住宿：奈良井

Day2 奈良井→信濃大町→（大糸線，途徑中綱湖，可從車窗眺望）→簗場スキー場前駅（青木湖旁）→（大糸線）→海ノ口駅（木崎湖）→信濃大町→（市內巴士）→住宿：大町溫泉鄉

Day3 大町溫泉鄉→（市內巴士）→扇沢駅→北阿爾卑斯山山脈→住宿：室堂

Day4 北阿爾卑斯山山脈→室堂導覽團→立山駅→（富山地方鐵路）→住宿：宇奈月溫泉

Day5 宇奈月溫泉→（高山線）→飛驒古川→（高山線）→住宿：高山

Day6 高山→（濃飛巴士）→住宿：白川鄉

Day7 白川鄉→（濃飛巴士）→高山→（高山線）→住宿：下呂溫泉

Day8 下呂溫泉→名古屋

黑線：JR 中央線／綠線：宇奈月溫泉富山地方鐵路／紅線：JR 高山線／藍線：JR 白川鄉巴士

【景點】宇奈月溫泉

位於黑部峽谷的宇奈月溫泉，因黑部川的水力發電廠的知名度，連帶著也漸為人所知。黑部峽谷在 16 世紀時就有很多溫泉，但由於當時並沒有道路可達，都被原始森林所包圍，直至富山地方鐵路的開通，宇奈月溫泉才再次展開歷史的新頁。

濃飛巴士
車費：4,420 円（來回）、2,470 円（單程）
乘車：高山駅旁巴士站
網站：www.nouhibus.co.jp/new/exp_bus.html

▲宇奈月溫泉街到處都是溫泉旅館

✶行程 C

達人等級：★★★★★

適　　合： 非常熟悉日本交通的達人，不想浪費一分一秒、省錢至上的玩家

票　　券： JR 東海 立山黑部アルペンきっぷ（Type A）（名古屋出發），白川鄉・五箇山世界遺産乗り継ぎきっぷ

日　　程：

Day1 名古屋駅→（中央線）→木曾福島→住宿：奈良井

Day2 奈良井→信濃大町→（單車／火車）→木崎湖 or 青木湖→住宿：大町溫泉鄉

Day3 大町溫泉鄉→扇沢駅→北阿爾卑斯山山脈→住宿：室堂 or 弥陀ヶ原

Day4 室堂或弥陀ヶ原→北阿爾卑斯山山脈→立山駅→住宿：宇奈月溫泉

Day5 宇奈月溫泉→（富山地方鐵路）→富山駅→（徒步）→ JR 富山駅→（北陸本線，需另購單程車票 950 円）→ JR 城端駅→住宿：白川鄉 or 五箇山

Day6 白川鄉 or 五箇山→（濃飛巴士）→住宿：高山

Day7 高山→（高山線）→飛驒古川→（高山線）→住宿：下呂溫泉

Day8 下呂溫泉→（高山線）→名古屋

黑線：JR 中央線／綠線：宇奈月溫泉富山地方鐵路／紫線：單程 JR 鐵路（富山～城端）／橙線：「白川鄉 ・ 五箇山世界遺産乗り継ぎきっぷ」路線（單向）／紅線：JR 高山線

玩家解析

旅遊新手 Q&A

Q1. 為什麼要從 JR 富山駅購買單程車票到 JR 城端駅呢？

A：由於需要購買的兩種 Free Pass 都不能在富山至城端駅間使用，故需另購車票。

Q2. 從高山來回白川鄉不就可以省卻富山至城端間的車費？

A：行程 C 是購買 4,420 円的來回車票來往高山與白川鄉一帶，但只可前往白川鄉，並沒有包括來往五箇山的車費。

Q3. 到了高山後再買「白川鄉 . 五箇山 世界遺産乗り継ぎきっぷ」可以嗎？

A：「白川鄉 . 五箇山 世界遺産乗り継ぎきっぷ」Free Pass 只能單方向移動而不能折返，即以高山為出發點，尾站是城端。到高山再買單程車票返回富山理論上是可以的，但這樣從富山再經高山線返回名古屋時，富山至高山的路段就是多餘的了。

白川鄉・五箇山世界遺產３日券

為配合「立山黑部阿爾卑斯山乘車券（Type A）」的 Free Pass，可順便到世界遺產白川鄉及五箇山遊覽，於 JR 富山駅購買單程車票到 JR 城端駅，再於 JR 城端駅購買「白川鄉 ・ 五箇山 世界遺產乗り継ぎきっぷ」Free Pass 即可。以下提供基本資訊參考。

費用：大人 3,700 円、小孩 1,850 円（城端～高山單程使用）
有效：全年
使用：連續 3 日使用
售點：城端観光案內所（城端駅內）、高山濃飛巴士 CENTER（高山駅横）、加越能綜合巴士 CENTRE（JR 高岡駅前）
車種：南砺市營巴士：全線自由乘搭（只限一天）、加越能巴士：城端駅前～五箇山～白川鄉（途中可上下車）、濃飛巴士：白川鄉～高山濃飛巴士中心（不能途中下車，只可單程）

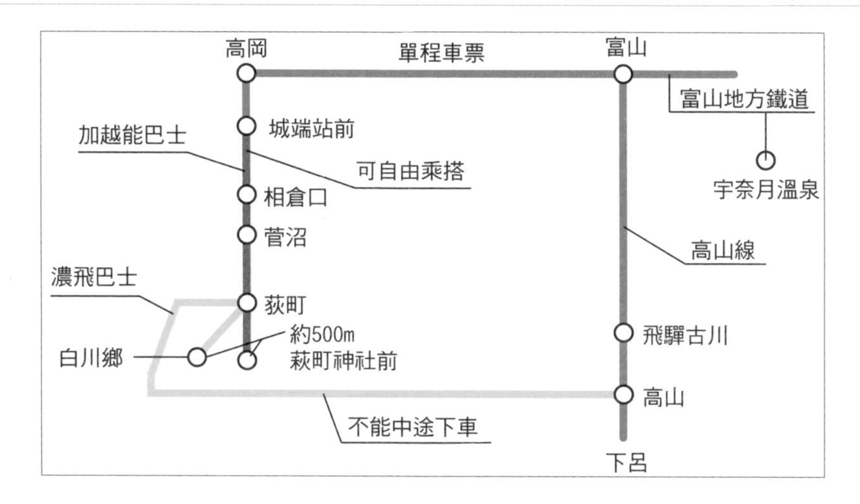

【景點】白川鄉

以白川鄉的荻町為首，與五箇山的相倉地區和菅沼地區是日本重要傳統建築物群的保存集落，被列為世界遺產。白川鄉的合掌造建築眾所皆知。在這小小的山林谷間，卻有這樣一個保有傳統文化歷史的村落，真是難得。※ 有關五箇山的介紹請看北陸篇 P.224 頁。

▲大田屋（傳統合掌造建築）

玩家住宿推薦（房價以 JALAN 住宿方案價格作參考）

由於大町區及立山黑部沒有連鎖飯店，故此，這裡只能提供旅遊路線上的住宿介紹。

【連鎖飯店】

●東橫 INN 富山駅前 1（富山區）

地址：富山県富山市宝町 1-5-1
電話：+81-764-33-1045
住宿：一人房 4,480 円起；兩人房 5,980 円起
交通：JR 富山駅徒步 4 分鐘
網址：www.toyoko-inn.com/hotel/00201/index.html

●Comfort hotel 富山駅前（富山區）

地址：富山県富山市宝町 1 丁目 3-2
電話：+81-764-33-6811
住宿：一人房 8,000 円起；兩人房 11,000 円起
交通：JR 富山駅徒步 2 分鐘
網址：www.choice-hotels.jp/cftoyaek

●SUPER HOTEL 松本天然溫泉（高山線區）

地址：長野県松本市深志 1-5-5
電話：+81- 263-31-9000
方案：一人房 4,380 円起；兩人房 7,480 円起；三人房 9,990 円起
交通：JR 松本駅徒步 5 分鐘
網址：www.superhotel.co.jp/s_hotels/matsumotohigashi/matsumotohigashi.html

●SUPER HOTEL 飛驒高山（高山線區）

地址：岐阜県高山市天満町 4 丁目 76 番地
電話：+81- 577-32-9000
住宿：一人房 3,980 円起；兩人房 7,980 円起
交通：JR 高山駅徒步 2 分鐘
網址：www.superhotel.co.jp/s_hotels/takayama

●SUPER HOTEL 松本天然溫泉（高山線區）

地址：長野県松本市中央 1 丁目 1-7
電話：+81- 263-37-9000
住宿：一人房 3,980 円起；兩人房 7,480 円起；三人房 9,990 円起
交通：JR 松本駅徒步 2 分鐘
網址：www.superhotel.co.jp/s_hotels/matumoto/matumoto.html

●東橫 INN 松本駅前本町（高山線區）

地址：長野県松本市中央 2-1-23
電話：+81-263-36-1045
住宿：一人房 5,480 円起；兩人房 7,480 円起
交通：JR 松本駅徒步 6 分鐘
網址：www.toyoko-inn.com/hotel/00102

●東橫 INN 名古屋駅新幹線口（高山線區）

地址：愛知県名古屋市中村区椿町 7-16
電話：+81-528-56-1045
住宿：一人房 6,980 円起；兩人房 8,180 円起
交通：JR 名古屋駅太閤通口徒步 3 分鐘
網址：www.toyoko-inn.com/hotel/00094/index.html

東橫 INN 名古屋駅桜通口本館（高山線區）

地址：愛知県名古屋市中村区名駅 3-16-1
電話：+81-525-71-1045
住宿：一人房 5,980 円起；兩人房 7,480 円起
交通：JR 名古屋駅桜通口徒步 5 分鐘
網址：www.toyoko-inn.com/hotel/00022/index.html

【平價住宿】（北阿爾卑斯山之旅）

●Canadian Village Montreal 加拿大小木屋（信濃大町區）

地址：長野県大町市 1040-1
電話：+81-261-23-3232
價格：以一棟計算，價格四季不同。8,000円起（冬季價）
交通：信濃大町駅乗搭市內巴士到大町溫泉鄉約 15 分鐘，大町溫泉鄉徒步 3 分鐘，乘車至立山黑部扇沢駅則需約 20 分鐘
網址：www.canadianvillage.jp

●黒部観光ホテル（信濃大町區）

地址：長野県大町市平 2822
電話：+81-261-22-1520
住宿：素泊6,400円起；包早、晚餐（任食放題）7,400円起；早鳥 7,200円起（皆一人價）
交通：JR 信濃大町駅乘市內巴士約 15 分鐘於大町溫泉鄉下車
網址：www.kurokan.com/tChinese（中文版）

●旅館　七倉荘（信濃大町區）

地址：長野県大町市大町 3061
電話：+81-261-22-1564
住宿：素泊 4,500 円起；包早餐 5,500 円起；包早、晚餐 6,800 円起（皆一人價）
交通：從 JR 信濃大町駅徒步 3 分鐘
網址：www.nanakuraso.co.jp

●ニュー竹乃家（信濃大町區）

地址：長野県大町市大町仁科町 3059
電話：+81-261-22-1564
住宿：素泊 3,670 円起／一人
交通：從 JR 大糸線信濃大町駅徒步 1 分鐘

●フィール宇奈月（宇奈月溫泉區）

地址：富山県黒部市宇奈月温泉 462-2
電話：+81-765-62-9520
住宿：素泊 5,350 円起；包早餐 6,350 円起（皆一人價）
交通：富山地方鐵道宇奈月温泉駅徒步 1 分鐘
網址：www.f-unazuki.net

●グリーンホテル喜泉（宇奈月溫泉區）

地址：富山県黒部市宇奈月町 1387
電話：+81-765-62-1321
住宿：包早餐 6,500円；包早、晚餐 8,500円起（皆一人價）
交通：富山地方鐵道宇奈月温泉駅徒步 10 分鐘
網址：www.gkisen.com

●ホテルサンルート魚津（宇奈月溫泉區）

地址：富山県魚津市駅前新町 4-2
電話：+81-765-24-9333
住宿：素泊 3,000 円起；包早餐 3,800 円起；包早、晚餐 7,450 円起（皆一人價）
交通：富山地方鐵道魚津駅徒步 7 分鐘
網址：www.sunroute.jp/chinese_tw/hotelinfo/koshinetsu_hokuriku/uozu/index.html（中文版）

●スパホテルアルピナ飛驒高山
（飛驒高山區）

地址：岐阜県高山市名田町 5-41
電話：+81-577-33-0033
住宿：素泊 4,100 円起；包早餐 5,250 円起（皆一人價）
交通：JR 高山駅徒步 3 分鐘
網址：www.spa-hotel-alpina.com

●ゲストハウス（飛驒高山區）

地址：岐阜県高山市西之一色町 3-934-1
電話：+81-577-33-0158
住宿：素泊 8 人一室（2,300 円起／一人）；二人一室（2,900 円起／一人）
交通：JR 高山駅徒步 18 分鐘
網址：sakura-guesthouse.com/index.html
※ 浴室共用

●カントリーホテル高山（飛驒高山區）

地址：岐阜県高山市花里町 6-38
電話：+81-577-35-3900
住宿：素泊 2,200 円起；包早餐 3,300 円起（皆一人價，浴室共用）
交通：JR 高山駅前
網址：www.country-hotel.jp

●ホテル花（飛驒高山區）

地址：岐阜県高山市総和町 1-78
電話：+81-577-32-8700
住宿：雙人床房（2,500 円起／一人）；和室房，含早餐（3,500 円起／一人）
交通：JR 高山駅徒步 5 分鐘
網址：www.hotel-hana87.com/index.htm
※ 浴室共用

【豪華旅館】
（北阿爾卑斯山之旅）

●星野リゾート　界 アルプス
（信濃大町區）

地址：長野県大町市平 2884-26
電話：+81-50-3786-0099
住宿：素泊 11,500 円起；包早餐 13,500 円起；包早、晚餐 16,500 円起（皆一人價）
交通：JR 信濃大町駅乘市內巴士約 15 分鐘於大町溫泉鄉下車，或搭乘免費接駁巴士
網址：cn.hoshinoresort.com/kai_alps（中文版）

●緑翠亭　景水（信濃大町區）

地址：長野県大町市平 2884-13
電話：+81-261-22-5501
住宿：包早餐 12,000 円起；包早餐及房內露天風呂 17,000 円起
交通：JR 信濃大町駅乘市內巴士約 15 分鐘，於大町溫泉鄉下車或接駁巴士（需電話連絡）
網　址：www.nagano-hotelkeisui.jp（英文版）

●あずみ野　河昌（信濃大町區）

地址：長野県大町市平大町温泉郷 2860-1
電話：+81-261-22-4800
住宿：包早、晚餐（懷石料理）17,000 円起／一人
交通：JR 信濃大町駅乘市內巴士約 15 分鐘，於大町溫泉鄉下車徒步 3 分鐘
網址：www.kawasyo.jp

●宇奈月温泉　ホテル桃源
（宇奈月溫泉區）

地址：富山県黑部市宇奈月温泉 22-1
電話：+81-765-62-1131
住宿：素泊 7,150 円起；包早餐 8,150 円起；不同餐食及獨立湯屋 13,150円起（皆一人價）
交通：富山地方鐵道宇奈月温泉駅徒步 5 分鐘
網址：www.h-togen.com/index_eng.html（英文版）

●延楽（宇奈月溫泉區）

地址：富山県黑部市宇奈月温泉 347-1
電話：+81-765-62-1211
住宿：一般客室包早、晚餐 18,900 円；特別室包早、晚餐 22,050 円起（皆一人價）
交通：富山地方鐵道宇奈月温泉駅徒步 3 分鐘
網頁：www.enraku.com/index.html

●ホテル黑部（宇奈月溫泉區）

地址：富山県黑部市宇奈月温泉 7 番地
電話：+81-120-62-1334
住宿：素泊 7,350 円起；包早餐 8,400 円起；包早、晚餐 12,600 円（皆一人價）
交通：富山地方鐵道宇奈月駅徒步 10 分鐘，有接送服務
網址：www.hotelkurobe.co.jp/yoyaku（日文版）

●弥陀ヶ原ホテル（立山黑部山區）

地址：富山県中新川郡立山町芦峅寺ブナ坂国有林内（弥陀ヶ原）
電話：+81-764-42-2242
住宿：包早、晚餐 15,000 円起／一人
交通：弥陀ヶ原駅徒步 2 分鐘
網址：midagahara.alpen-route.co.jp/english（英文版）

●立山ホテル（立山黑部山區）

地址：富山県中新川郡立山町芦峅寺室堂
電話：+81-764-63-3345
住宿：包早、晚餐 18,900 円起；連泊住宿 16,800 円起（皆一人價）
交通：立山室堂駅徒步 5 分鐘
網址：h-tateyama.alpen-route.co.jp/english（英文版）

●飛騨花里の湯　高山桜庵（飛驒高山地區）

地址：岐阜県高山市花里町 4-126
電話：+81-577-37-2230
住宿：素泊 5,200 円起；包早餐 6,400 円起；包早、晚餐 10,400 円起（皆一人價）
交通：JR 高山駅徒步 5 分鐘
網址：www.hotespa.net/hotels/takayama

※ 以上住宿價格及資料僅供參考，請以各旅館公布為準。

北陸篇

冰見、五箇山、親不知、金澤、東尋坊

北陸是指日本本州中部地區面向日本海的沿岸一帶區域，多指富山縣、石川縣及福井縣 3 個縣區。由於地理位置的關係，冬天時北陸地區經常出現暴雪，算是日本的多雪區；故此，北陸的雪景多不勝數，吸引很多遊客慕名而去，也有很多人專程前往北陸滑雪。香港和台灣皆沒有直航飛機可到北陸，若要前往該區，可考慮從東京、名古屋及大阪 3 個最接近的城市轉乘 JR 鐵路前往。本章主要介紹從大阪出發，利用「北陸乗り放題きっぷ」（北陸任乘放題套票）前往北陸一帶，但由於其是季節性限定的 Free Pass，所以還會另外介紹由名古屋及東京出發的相關 Free Pass 資料提供參考（見 P.240）。

MAP

北海道・東北
北陸
關東
中國
四國
近畿
九州・沖繩
東海
甲信越

石川 富山
福井

日本海

北海道
青森
秋田
岩手
山形
宮城
福島
新潟
栃本
群馬
茨城
石川 富山
長野
埼玉
福井
東京
山梨
千葉
岐阜
神奈川
近畿
鳥取
滋賀
愛知
靜岡
京都
兵庫
島根
岡山
大阪
三重
廣島
奈良
香川
山口
德島
和歌山
愛媛
高知
福岡
佐賀
大分
長崎
熊本
沖繩
宮崎
鹿兒島

北陸乗り放題きっぷ

北陸任乘放題套票

「北陸任乘放題套票」是 JR 鐵路「特別企画乘車券」的一種，是 JR 西日本（京都、大阪、神戶）推出的北陸型 Free Pass；「放題」有無限制之意。除了可乘搭來回西日本京都、大阪或神戶至北陸地區的特急列車外，亦可乘搭北陸新幹線及自由周遊區域內的所有鐵路列車。由於北陸新幹線的通車，故自 2015 年 3 月 14 日起此 Free Pass 亦可乘搭北陸新幹線，而原有的 JR 鐵路分拆後，由其他私營鐵路公司負責營運。

車票簡介

- 2015 年 2 月 14 日～ 2016 年 3 月 31 日
- 出發前一個月至出發前一日（出發當日不能購買）
- ✓ 連續用 3 天
- 2015 年 3 月 14 日～ 2016 年 4 月 3 日期間
- 4 月 27 日～ 5 月 6 日（黃金週連休）、8 月 11 日～ 8 月 20 日（盂蘭盆節）、12 月 28 日～ 1 月 6 日（日本年假）
- 出發地周邊的 JR 西日本主要車站的綠色窗口
- S SCLASS 型 3,200 円（限用 24 小時）、駕車者自行預約、有效期內只能租一次

※ 可另補差額改乘綠色車廂（高級車廂）

★一般套票價格（價格參考至 2015 年 4 月）

不同出發地的票價不同，請因應行程需要購買適合的車票。

出發地	大人	小孩
京都市內發	14,280 円	3,000 円
大阪市內發	15,560 円	3,000 円
神戶市內發	16,640 円	3,000 円

‧以上價格以 JR 西日本網站（shin-hokuriku.jp/ticket）為準
‧小孩票不能單獨購買，須兩大以上同行

★可乘搭範圍

往返路線

- 特急「サンダーバード」（Thunderbird，雷鳥號）特急列車的指定席、自由席及普通列車的綠色車箱。
- 在沒有「サンダーバード」所停的車站移動時，則只能轉乘普通及快速列車的普通車自由席。
- 使用新神戶～新大阪間的新幹線時需另補特急券費用。
- 不能中途下車。

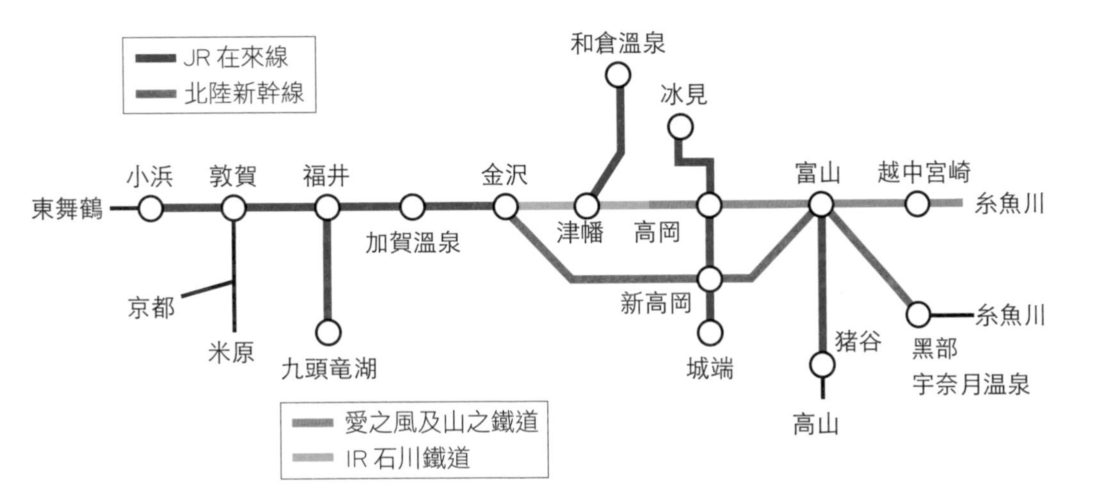

自由乘搭範圍

- JR在來線：小浜～福井～金沢及其支線。
- 北陸新幹線：金沢～富山～黑部宇奈月溫泉。
- IR石川鐵道（IRいしかわ鉄道）：全線（倶利伽羅～金沢）。
- 愛之風及山之鐵道（あいの風とやま鉄道）：倶利伽羅～富山～越中宮崎。

★車票解讀

北陸任乘放題套票包含兩張車券：去程券及回程券，以下提供票券樣式及文字解說。

去程用，可乘搭大阪市內的 JR 普通列車或快速列車至大阪，再轉乘特急前往北陸

必須兩人以上同行，並於同一行程中利用此票

乘坐特急列車前，必須到各車站的綠色窗口劃位（指定席券）

車票會於北陸第一個下車的車站被收回

如未能在有效期間使用，可退回，但需收取手續費

北陸乗り放題きっぷ（ゆき用）
（乗車券・普通車指定席特急券）
阪大阪市内 ➡ 北陸 フリーエリア
（北陸線経由）2名以上・同一行程利用
・乗車前に必ず駅窓口等で座席の指定をお受けください・本券は最初の下車駅で回収します・途中下車はできません・かえり券を伴う場合のみ有効です・未使用で有効期間内に限り払戻しができます
-2月-6日から
-2月-8日有効
22.-1.24 JR難波駅@1 （4-タ）20079-01 C04

可使用期間

大阪至福井間不能途中下車，必須到北陸自由周遊範圍內才可自由上下車。且需與回程車票同時出示才有效

▲北陸任乘放題套票（去程用）

回程用

必須 2 人或以上同行

於有效期間內，任意乘搭北陸範圍內的特急、急行及普通列車普通車自由席

自由周遊範圍

北陸乗り放題きっぷ（かえり用）
（乗車券・普通車指定席特急券）
北陸 フリーエリア ➡ 阪大阪市内
（北陸線経由）2名以上・同一行程利用
【北陸フリーエリア】
特急・急行・普通列車普通車自由席が有効期間内乗り降り自由です。
和倉温泉　氷見　芦原温泉　金沢　富山　糸魚川　福井　加賀温泉　津幡　高岡　直江津　城端　猪谷　南小谷
-2月-6日から
-2月-8日有効
¥12500
22.-1.24 JR難波駅@1 （4-タ）20079-07 C04

可使用期間，與去程用車票上日期一致

票價（為 2010 年 2 月的票價）

▲北陸任乘放題套票（回程用）
返回大阪後，此票同樣可以任意乘搭大阪市內 JR 鐵路普通或快速列車。

必須兩人或以上同行，並於同一行程中利用此票

往返列車可乘坐特急雷鳥號之普通車指定席各一次。若回程的列車時間在出發前未能確定，可以在北陸的自由周遊區域內的綠色窗口劃位（直江津及南小谷車站除外）

若從神戸市內出發，神戸和大阪或新大阪之間可利用普通列車移動（新幹線需另付特急券費用）

如錯過了指定的「雷鳥號」列車，可在當日改乘其他特急列車的自由席

(企)きっぷのご案内①　(162-22) 22.-1.24 JR難波駅@1　10078-08
●2名以上同一行程で旅行される場合に限りご利用いただけます。
●往路、復路とも、自由周遊区間まで特急「雷鳥号」「サンダーバード号」の普通車指定席を各1回に限りご利用いただけます。(かえりの列車が未定の時は、北陸フリーエリア内のJR西日本のみどりの窓口(直江津駅・南小谷駅を除く)で指定席の交付が受けられます。)※神戸市内発は、大阪駅または新大阪駅まで普通列車普通車自由席利用となります。
●普通車指定席をご利用の際は、あらかじめ駅窓口等で座席指定をお受けください。(指定券をお持ちでない場合は、普通車自由席利用となります。)
●指定列車に乗り遅れた場合は、当日に限り普通車自由席にご乗車いただけます。●こどものみのご利用はできません。

▲北陸任乘放題套票使用說明 1

小孩不能單獨使用

於有效期間內，任意乘搭北陸範圍內的特急、急行及普通列車普通車自由席

為了有更好的服務，請填寫問券並交回北陸地區或 JR 西日本的車站服務員

套票在有效期間內且未被使用的情況下，可到各發售車票處退票。需完全沒被用過才能退

出示回程用車票於部分觀光設施有折扣優惠（*建議每到達一個觀光設施購買入場券時同時出示）

(企)きっぷのご案内②　(162-22) 22.-1.24 JR難波駅@1　10078-09
●北陸フリーエリア内の特急・急行・普通列車普通車自由席が、有効期間内に限り乗り降り自由です。(北陸フリーエリアを周遊する際は、「かえり券」をご利用ください。)
●払戻しは、「きっぷ」の有効期間内で未使用に限り、発売箇所で取扱います。使用を開始された後の払戻しはいたしません。
●「かえり券」の提示により、指定施設で割引等の特典を受けることができます。詳しくはパンフレット等でご確認ください。
●より良い商品作りの参考とするため、アンケートを行っております。ご記入いただきましたら、帰着駅、または北陸フリーエリア内(JR西日本に限る)の駅係員へお渡しください。

▲北陸任乘放題套票使用說明 2

★可乘搭的列車

- 「特急サンダーバード」雷鳥號之普通列車的指定席及自由席。
- 到達北陸自由周遊區域前，可使用普通及快速列車之普通車自由席。
- 乘搭新神戶至新大阪之間的新幹線時，需另加特急券的差額。
- 雷鳥號尚未到達自由乘搭區間前，不能在中途站自由上下車。

北陸 3 日小旅行

★省錢行程大公開！

利用 JR 西日本推出的「北陸任乘放題套票」遊北陸，包括來回大阪至北陸的特急列車指定席，是個遊覽北陸非常方便的 Free Pass。只要來回大阪富山及大阪金鐸兩地，就值回票價了。套票另可在 3 天內自由乘搭北陸範圍內的特急、急行及普通列車的自由席，故此，利用「北陸任乘放題套票」這個 Free Pass，就等於北陸地區 3 天內的車費全部免費！光聽就很划算吧！

以下提供「北陸任乘放題套票」與單獨購買來回新大阪～北陸地區車票價格比較表。
※ 車票以一人（大人）・普通車指定席・來回票價計算（以 2013 年冬季票價作比較）

玩家教你省

一般購票方式	北陸任乘放題套票
大阪 福井 11,740 円＋ 大阪 金澤 14,880 円＋ 大阪 富山 16,980 円＋ 自由乘搭範圍內各支線（每程鐵路車費） ＝ 16,980 円	14,400 円
省錢指數 16,980 円 − 14,400 円 ＝ 2,580 円起 ※ 若再加上 3 天自由乘搭車費，約可省 12,000 円	

▲五箇山相倉集落

▼東尋坊

▲金澤老街

★行程總覽
DAY 1
難波駅 →（大阪環狀線） 大阪駅 →（特急） 高岡駅寄放行李 →（冰見線） 雨晴駅（雨晴地區） → 冰見駅（冰見地區） → 高岡駅 →（巴士） 笹津駅 →（徒步） 高岡駅
DAY 2
高岡駅 →（北陸本線） 親不知駅 → 高岡駅 →（城端線） 城端駅 →（巴士） 相倉聚落 →（徒步＋巴士） 菅沼聚落夜燈節 →（計程車） 城端駅 →（城端線＋北陸本線） 金澤駅
DAY 3
金沢 → 東茶屋街 → 近江町市場 → 金沢駅 →（北陸本線） 芦原温泉駅 →（巴士） 東尋坊 → 芦原温泉 →（北陸本線） 大阪駅

這趟旅程本來計劃到北陸冰見欣賞立山連峰，並來個滑雪之旅，但在計劃行程時卻發現剛好遇上五箇山的夜燈節，想起2008年12月到白川鄉遊覽時未能看到的合掌造雪景的遺珠之憾，於是這次特意安排前往五箇山一趟，追一個未完的夢。

雨晴地區

▲大雪中的一群傻瓜，仍然興奮莫名

雨晴位於富山縣高岡市北部的海岸，是能登半島國家公園的其中一部分。天朗氣清時，可從雨晴海岸遠眺橫越富山灣之 3,000 公尺高的立山連峰，是觀賞立山連峰的著名景點之一。在冬天看到立山連峰的機會較大，所以每年都有很多遊客慕名而來，聚集在此看新年第一道日出。聽說只有五分之一的機會能看到立山連峰，只能看個人的運氣了。

乘坐 JR 冰見線從高岡到冰見，約 30 分鐘的車程，沿著海岸線行駛，可從車窗眺望富士灣的景色，如果能在藍天白雲的映襯下，那更是美不勝收。很多攝影愛好者喜歡到這裡來，捕捉列車通過海岸線的那一刻。坐落在海岸不遠處的「望む女岩（希望女岩）」正是雨晴海岸的標誌，在富士灣和立山連峰作為背景下的「望む女岩」可突顯她的風姿。

▲雨晴駅外的小雪人

▼「忍者哈特利」列車通過雨晴海岸的一刻，駕駛員為怕站在鐵路旁的我們沒有注意到列車正在通過，所以當列車快要經過我們的那一刻，列車大嚎了一聲，把我嚇倒了！

▲雨晴海岸是眺望立山連峰和欣賞日出的著名景點

▲雨晴駅面向富山灣

北陸的天氣變幻莫測，離開車站不到 5 分鐘便下起大雪來，從雨晴海岸眺望，別說是立山連峰，就連「望む女岩」也看不到，逗留約 10 分鐘後便離開了；但才走了不到 5 分鐘，天空又開始放晴，便立刻趕回去，幸好這次至少讓我看到「望む女岩」。

交通資訊：從 JR 高岡駅換乘冰見線，於雨晴駅下車後再徒步約 10 分鐘。

到雪地旅遊，除了身體的保暖準備工夫要做足外，雙腳的保護工夫也不可少。如果能有雙雪靴當然是最好不過，但對於並非經常到雪地旅遊的遊客來說，準備一雙防水的運動或登山鞋也可。雖然雪在寒冷的氣溫下會保持雪的狀態，但當雪殘留在鞋面時，身體的熱力會把雪融化成水，便開始往鞋裡滲；如果是非防水的休閒鞋，雙腳很快就會感覺到結冰。曾有朋友穿了包裹著塑膠袋的布鞋到雪地，結果還是不能防止水氣的侵入。要留意的是，非雪靴的鞋很容易會在雪地上滑倒，就算是防水的運動鞋或登山鞋也不例外，但只要小心走好每一步，就不會有危險。

「忍者哈特利」列車

「又越過高山，又越過谷，忍者身體似飛機，天空任意飛……」每當聽到這首主題曲時，腦裡都會浮現出哈特利在天空中飛翔、爬過高山的一幕。這是陪伴我走過童年時代的卡通主題曲之一，到現在，我還哼得出這首歌。冰見是《忍者哈特利》作者：藤子不二雄 A 的故鄉。就因為這樣，冰見線也以《忍者哈特利》為主題，設計出不同款式的列車。

從高岡到冰見，車程約 30 分鐘。除了普通列車外，還可選擇乘坐每天來回共 6 班的「忍者列車」。「忍者列車」內外皆繪有《忍者哈特利》的角色：哈特利、小新、獅子丸、影千代等，一眾角色配合當地著名景點及特產的圖畫，畫滿整個車廂，更特別的是，車廂內的廣播，是由《忍者哈特利》日版卡通中哈特利的聲優配音，非常親切，也為短短 30 分鐘的車程增添了不少的樂趣。在車廂內跟各個角色拍照，就像與老朋友重逢一樣，一幕幕童年的回憶湧上心頭，時間就在不知不覺間過去，下車時還不忘與他們道別呢。

▲「忍者哈特利」列車只在週末或假期運行，每天 6 班，班次不定

▲列車身上都繪上了不同的角色及情境

▼列車沿富山灣行駛，沿途可欣賞富山灣美景

冰見地區

冰見市位處富山縣的西北部，東臨富山灣，可遠眺約 3,000 公尺高的立山連峰，是冰見線的終點站。由於富山灣是暖、寒流的交滙處，所以當地的漁業興旺，水產量是北陸中的第一位。冰見市內的漁市場很多，可嘗到各種新鮮漁類。很多遊客都會在冰見留宿，因為早上看到立山連峰的機會較高，也可順道品嘗當地漁產，故此這裡的旅館亦不少。不過，我一向旅遊的目的是以最短的時間、最划算的方法，遊最多的地方；所以，這次並沒有安排在這裡住宿。但後來有朋友到北陸旅遊，我便推薦了一間溫泉旅館，得到朋友不錯的迴響。（遊記分享可參考 P.248）

冰見市觀光協會（提供冰見市的土產、飲食、飯店及觀光等的資訊）
地址：富山県冰見市伊勢大町 1-12-18
電話：+81-766-74-5250
網址：www.kitokitohimi.com

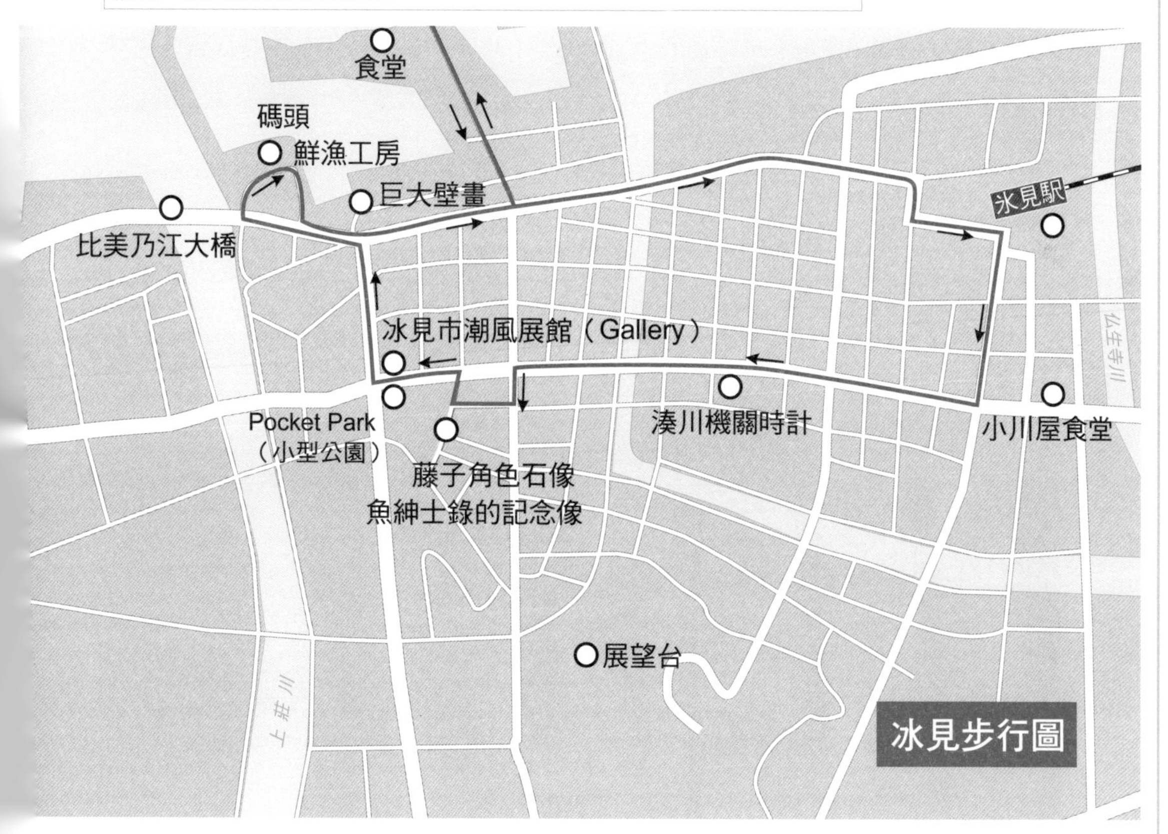

小川屋食堂

冰見市乃漁產豐富之地，從冰見車站徒步 5 分鐘，有一家名為「小川屋食堂」的家庭式烏龍麵店，以地魚和白蝦等珍貴食材做出不同料理。一進門，就看到兩位婆婆對著我們微笑，閒聊幾句後，得知我們是從台灣和香港來遊玩的留學生，一直興奮地跟我們分享到台灣的經歷和店裡遇到的台灣遊客的事情，非常熱情。跟她們聊了一會後，婆婆們才發現忘了幫我們點餐，既然來到這裡，當然要吃獨有的地魚和白蝦啦！

▲「小川屋食堂」的兩位可愛婆婆

地址：富山県冰見市伊劫大町 2-7-51
電話：+81-766-74-0084
時間：06:00 ～ 08:00；11:00 ～ 20:00
網址：www012.upp.so-net.ne.jp/ogawaya
※ 有停車場、現金付款、用膳後可寄放行李

冰見市潮風ギャラリー（潮風館）

由舊北陸行冰見北支店改裝而成的潮風館，展示當地著名漫畫家藤子不二雄 A 的作品。除了《忍者哈特利》外，還有很多其他漫畫展品。最特別的是，特別展示室中有著藤子不二雄 A 在創作漫畫時的「トキワ莊 14 號室」（還沒出名時在東京的住所）樣貌。這裡也提供忍者哈特利的小孩服裝租借，一次 200 円。

◀潮風館外牆都是藤子不二雄 A 的作品

地址：富山県冰見市中央町 3-4
電話：+81-766-72-8011
費用：大人 200 円，中學生以下免費
時間：10:00 ～ 17:00
公休：12 月 29 日～ 1 月 3 日
※ 館內禁止拍照。

比美町商店街（潮風通り）

沿著比美町商店街走，可見到不同的忍者角色在路邊出現。當天在比美町商店街上遇到的忍者哈特利 cosplayer，比當地居民還多呢！比美町商店街還有一個特徵，就是藤子不二雄 A 所設計的雕像（忍者哈特利和冰見魚紳士錄）到處可見，是商店街上的特色之一。在商店街購物的同時，順便跟他們合照也不失為一種樂趣。

▲獅子丸

▲哈特利

▲影千代

▲小新

湊川カラクリ時計（湊川機關計時器）

距離中之橋上流約 20 公尺的湊川機關計時器，原名「虹の橋」。當計時器不動時，會誤以為它是河流上的水道設備，但當它發動時，會噴出煙幕，並搭配背景音樂，忍者哈特利的眾角色就這麼出現在你眼前。依賀和忍賀兩幫派將進行忍法對決，是冰見極具特色的有趣景點。正因如此，這個計時器很受觀光客和當地孩童的歡迎。而晚間更會有夜燈增添氣氛！

特別要留意的是，最後登場的主角哈特利會手持冰見市的傳統文化——獅子舞（鰤魚）。當他登場後，所有角色會齊集，這時正是遊客按下快門的最佳時刻，千萬不能錯過！看過表演後，在橋的兩邊還有稱為「敍述過去的記憶之樹」（過去の記憶を語るツリー）、「演奏未來的夢之樹」（未来の夢を奏でるツリー）和「抓緊現在的光之避難所」（今を捉えるひかりのシェルター）等景點，別忘了順便逛逛。

運轉：每年 3 月中旬至冬季前
發動：09:00 ～ 19:00（夏天到 21:00），整點發動，一小時一次。週末假日則 30 分鐘發動一次
休止：冬季和天氣不好的日子

光禪寺的藤子角色石像

沿著比美町商店街走，在停車場後面的海慧山光禪寺內，有藤子不二雄創作的角色石像。我們決定一探究竟，但突然又下起大雪，只好快速的拍完照，狼狽不堪地離開了。由於旅程中不時會下起大雪，天氣也冷得令人發抖，所以在冰見沒有拍到很多照片，有點可惜。為了能順利在雪中拍照，建議準備一雙兩層式的手套，拍照時把保暖的外層厚手套脫下，留下薄手套，才方便拍照喔。

▲在大雪中與藤子老師創作的角色石像拍照，希望練得不寒之身

比美乃江大橋

從 JR 冰見駅沿比美町商店街徒步約 20 分鐘，便是比美乃江大橋，長 112 公尺、寬 21 公尺的斜拉橋，沿冰見海岸線而建的大橋，晚上的夜燈最為吸引，其高 51 公尺的主塔會季節性地改變其夜燈的顏色。

▼有許多專程來到漁市場品嘗當地海鮮的旅客

▲魚市場內的新鮮海鮮

▲冰見的漁市場內的海鮮午餐

海鮮館（魚市場）

冰見最大的觀光所——冰見海鮮館，有便宜又新鮮的海產可以選購。因擁有位於冰見漁港旁的地利之便，新鮮的海產一上岸就能立刻送到館裡出售，遊客得以品嘗最青的生魚片和海產。附近的餐廳、食堂等也都是使用這裡的食材製作料理，所以來到冰見，怎能不去這裡呢！冰見海鮮館除了可買海產吃美食，也是一個交通的中繼點，不但能搭乘往和倉溫泉旅館的接駁巴士，也有觀光遊覽船可體驗，在晴朗的日子遠眺浮在富山灣上的立山連峰，會是趟難忘的旅行回憶，有興趣的朋友不妨一試。

▶觀光遊覽船

費用：大人 700円、小孩 400円（幼兒免費）

營業：4 月 26 日～ 11 月底（天氣惡劣則停航）

時間：09:00 ～ 11:30；13:00 ～ 15:30（每半小時一班）

航線：海鮮館（舊道之駅）→唐島→阿尾城跡→定置網→海鮮館（25 分鐘）

乘載：50 人

電話：+81-766-74-5250

網址：www.kitokitohimi.com/tourism-guide/sea/post-3.html

笹津駅

笹津（ささづ）駅是位於富山縣富山市笹津，西日本旅客鐵路高山本線的無人車站（車站裡只有自動售票機）。並沒有特別的景點，此行安排的目的是體驗滑雪。由於行程很趕，只能安排在晚間時刻，而猿倉滑雪場（猿倉スキー場）是最接近 JR 車站的一個，所以我們便決定到此一遊。笹津是高山本線上的其中一個默默無名的小站，但車站前的迴旋處有一個很大的廣場，為吸引遊客每年 10 月中旬會舉行萬聖節活動，於車站旁展出很多由南瓜做成的作品給遊人欣賞。

結果，原來近幾年因為雪不夠多、不夠厚，所以猿倉滑雪場沒辦法營業；且從 2012 年開始，就連纜車也停駛了，只有開放初級雪道給遊客自由滑雪，滑雪工具也得自己準備。既然沒滑到雪，只好在車站附近玩起雪仗啦！但還是提供其他滑雪場的資訊，給需要的讀者做參考。

▼笹津車站外積滿了雪的大廣場

其他滑雪場資訊

●タカンボースキー場

期間：12 月中旬～ 3 月中旬／ 08:00 ～ 16:30
地址：富山縣南砺市西赤尾町
電話：+81-763-67-3766
交通：JR 城端駅開車約 50 分鐘
網址：www2.tst.ne.jp/takanbo/index1.html

●白山セイモアスキー場

期間：12 月中旬～ 3 月底／ 08:30 ～ 17:00（假日 08:00 開始）
地址：石川縣白山市河內町內尾
電話：+81-762-73-0331
交通：JR 小松駅開車約 40 分鐘
網址：www.facebook.com/seymour.hakusan

●スキージャム勝山場

期間：12 月中旬～ 4 月初／ 08:00 ～ 17:00（假日 07:30 開始）
地址：福井縣勝山市 170-70
電話：+81-779-87-6109
交通：JR 福井駅有直通巴士約一小時車程
網址：www.skijam.jp

●立山山麓らいちょうバレースキー場

期間：12 月中旬～ 3 月底／ 08:00 ～ 16:30；16:00 ～ 21:00
地址：富山縣富山市原 55 番地
電話：+81-764-82-1311
交通：富山地方鐵道立山駅乘搭巴士約 10 分鐘
網址：www.tateyama36.co.jp/ski

旅人隨筆

由於滑雪場的關閉，只好在車站等下一班列車返回高岡。車站裡一個人也沒有，外頭已漆黑一片，我們哪裡都不敢去。看著大廣場裡，積滿了超過 50 公分厚的雪，既然沒滑到雪，那麼就來打雪仗！還有人表演撲雪，高速向雪堆跑去，然後飛插到雪中，整個人被埋了起來，看到他安然無恙還可以站起來傻笑，看來這玩法似乎比滑雪來得更加刺激，我們一個接一個，跟著撲進雪堆裡。

▲自製的超大型雪球！

一個路過的日本老伯伯，看到我們瘋狂的行為也忍不住停下腳步，跟我聊起天來。就這樣，車站成了我們亂丟雪球的戰場。終於，車來了，雖然未能成功滑雪，但這樣的回憶卻讓人一生難忘、深深地印在腦海中。相信那位日本老伯也永遠不會忘記，他曾在笹津遇上了 8 個瘋男瘋女吧！

▲笹津車站內的戰場，滿地皆是雪

親不知

親不知（おやしらず）位於新潟縣糸魚川市的西端，連綿的天險斷崖一帶，自古以來就是北陸道上最難通過的險處，是古代越後國至越中國的必經之路，高 300 ～ 400 公尺的斷崖絕壁被海水侵蝕而成。雖然實際上分成親不知及子不知兩個地方，但往往被統稱為親不知。現已建有北陸高速公路和北陸本線鐵路等交通要道。「親不知」的由來有幾種說法，其一是昔日還沒有高架橋時，要通過該路段的旅人都需沿著斷崖行走，但由於斷崖高度離海岸線並不遠，當大浪衝向崖壁時，就必須躲進小山洞避險。如果不能及時避開，就會被大浪沖走，再加上該崖壁路很窄，父母和孩子不能並肩而行；故此，若孩子跟在後面而又被浪沖走，走在前面的父母是不會知道的。

另一種說法來自壇之浦之戰*，那時平家媳婦帶著兒子經過這險峻的崖壁時，孩子不幸被大浪捲走，媳婦唸起了一首歌，歌詞的意思大概是：「父母並不知道，孩子在這海灣乘船出門旅遊，消失在這路上海浪的泡沫中。」從此，這捲走孩子的險峻崖壁就被稱為「親不知」了。親不知駅屬於無人小車站，離開車站後往海邊走，可找到客戶服務中心。面日本海，走到最外面的觀景台往左看，那裡的懸崖峭壁正是親不知的險峻路段，由於太危險，所以不能通過；但位置較高的舊馬路變成了行人步道，可供遊客使用。

*註：壇之浦之戰是日本平安時代末期，源氏和平氏兩大武士家族為爭權力而展開一系列爭戰的最後戰役。

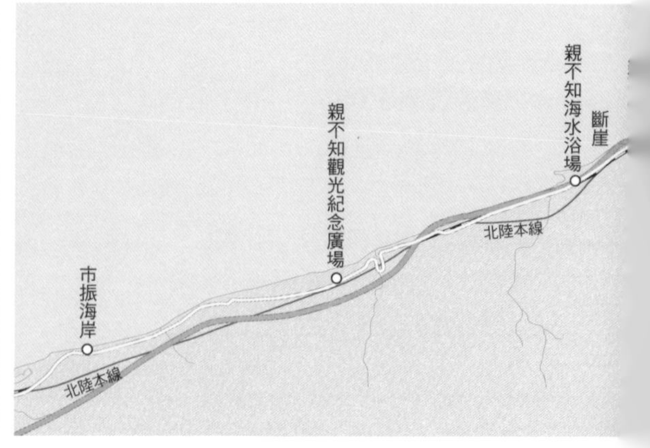

城端

離開親不知返回高岡，終於要向這趟旅程中的主要景點出發。我們在高岡轉乘城端線到了終點站：城端。宏偉的雪山，加上鐵路旁雪地中的小房子，在藍天白雪的襯托下，彷彿一幅美麗的圖畫。從城端到五箇山合掌村，可選擇搭乘加越能巴士或計程車，前者適合人數較少的旅客，但較便宜；而後者是比較方便，因為在車站旁就有計程車叫車服務的公司。

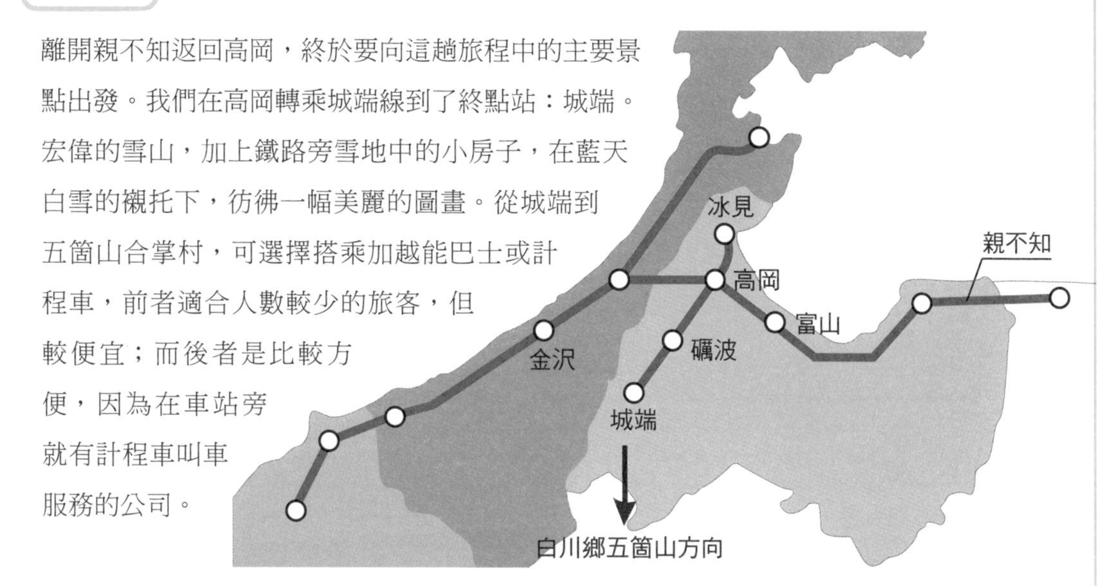

▲鐵路旁的大遍雪地

▲洗手間外的標示也很有特色

▲台灣朋友到此一遊！

▲城端線的終點站，城端鐵路

▶加越能巴士資訊

路線：五箇山．白川鄉方向

時間：www.kaetsunou.co.jp/nori/noriai.html

※ 平日與假日的班次不同

合掌造聚落

▲五箇山相倉合掌造集落

五箇山和白川鄉於 1995 年被聯合國登錄為世界文化遺產之一。這兩個地區在冬天時的景色就像童話故事般，故又被喻為「冬日的童話村」。

合掌造建築（日本的住宅建築樣式之一）的特徵是以茅草來建造的屋頂，由於屋頂呈人字形，形狀與雙手闔上的形態很相似，故又被稱為「合掌」村。這幾個地域在冬天時皆屬於豪雪地帶，大雪若積聚在屋頂上，很可能會壓垮房屋，故此屋頂傾斜度要在 45 ～ 60 度之間。傾斜的屋頂可防止大雪積聚，減少危險，而這巨大的屋頂亦成為了合掌造建築必備的特徵。除此之外，還可抵擋大風雪的吹襲，防止房屋被吹倒。

合掌造還有另一個建築特色，就是它完全沒有使用一根鐵釘，而是以結繩的方法固定木柱。無論是積雪造成的壓力，或是強風的吹襲，合掌造也依然屹立不倒。由於房屋及屋頂主要以茅草及木材來建造，一旦發生火災，後果不堪設想，故此村落除了徹底落實「嚴禁煙火」的管制措施外，防災設備也隨處可見。為了保護獨特的景觀，他們希望遊客和村民提高防火意識，並組成互助組織，輪流巡視村落（早上、黃昏及晚上 9 時）的情況，並高呼「小心火災」來提醒居民好好保護家園。

▲白川鄉「冬日的童話村」

白川鄉的荻町則被選定為重要傳統保存地區，白川鄉的合掌造較為密集，防火的工夫更為重要；故此，村落裡設置了 50 台以上的放水銃，每年秋天都會進行放水的演習，以避免天氣乾燥引起火災。合掌村除了因「冬日的童話村」盛名，放水演習也是白川鄉的重要特色活動，每年總是吸引很多愛好攝影者前來拍攝。

▲白川鄉放水演習

玩家解析

為了保存合掌造，每隔 30 ～ 40 年就會進行一次大規模的補修。這是一項需要大量人手和時間的工作，當地的居民總是全體動員、合力修葺；除此之外，每逢大雪之後，要將積雪從屋頂上滑落時，得同時捲起屋頂上的茅草，所以每年也需要小規模的補修，這些活動都在在表現出互助互愛的傳統美德。

五箇山合掌村

白川鄉與五箇山各村落中，仍保存良好的合掌造聚落有白川鄉的荻町、五箇山的相倉和菅沼，共 3 個村落。荻町聚落和五箇山的兩個聚落分別成為重要的傳統建築群保存地區。根據地區的大小展現到不同規模的聚落特色，其中包括大規模的荻町聚落、中規模的相倉聚落及小規模的管沼聚落。

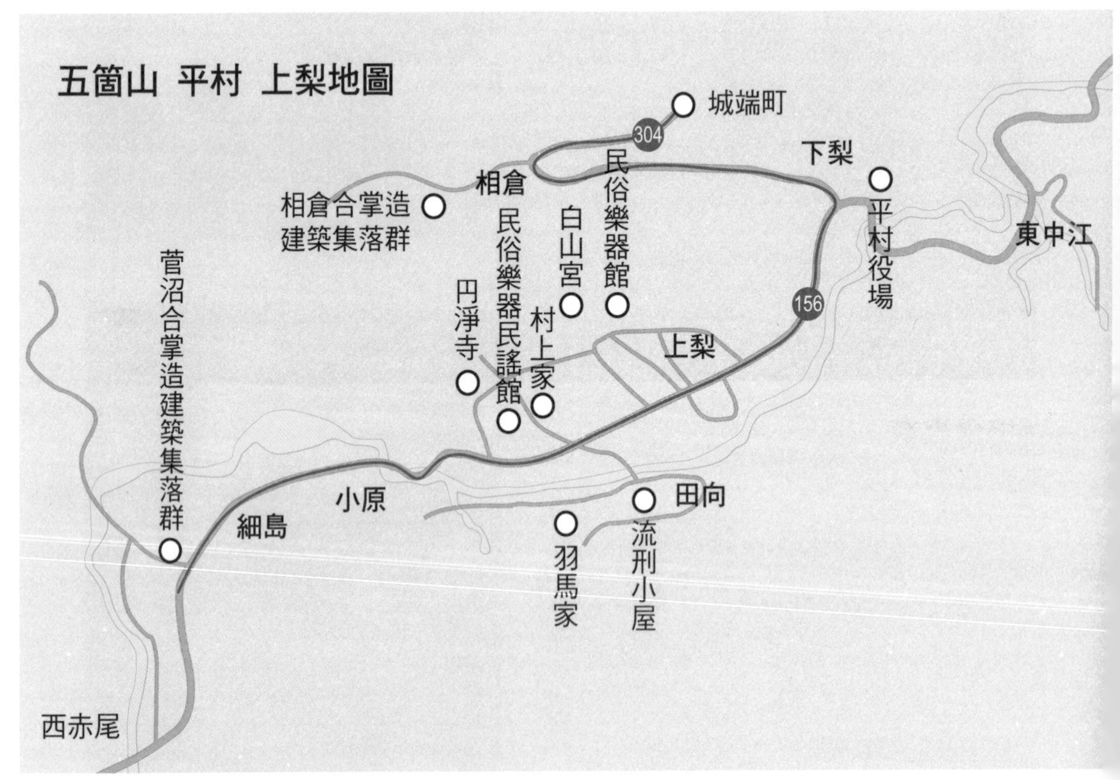

▲五箇山聚落地圖（相倉聚落、菅沼聚落、下梨村、上梨村）

玩家解析

五箇山（ごかやま）是指在富山縣西南面的南砺市的旧平村、旧上平村及旧利賀村幾個地方。「五箇谷間」是指赤尾谷、上梨谷、下梨谷、小谷和利賀谷 5 個谷所組成的統稱，後來被改稱為「五箇山」。

▲下梨村

•相倉聚落

相倉聚落是南砺市的旧平村裡的一個聚落，在世界遺產登錄的 3 個聚落中位處最北的地區。面積南北約有 500 公尺，東西約 200 ～ 300 公尺。相倉聚落內剩下 20 棟合掌造建築，占世界遺產登錄面積的 18 公頃。現在遺留的合掌造建築主要是在江戶時代末期至明治時代末期時所建造。以前的相倉除了是排行第四大的聚落外，同時也是養蠶業中最興盛的產地，到處可見到桑田，稻田則是第二次世界大戰後才興起的。

▲每年 2 月上旬乃是欣賞「冬天的童話村」最佳的時機，積雪與立山黑部的相比雖然有點遜色，但在合掌造建築的襯托下更具特色

▼なかや民宿，在這裡投宿可感受當地居民的生活

▼相倉合掌造聚落全景

▼傾斜的屋頂，可防止積雪壓垮房屋

▲在雪地行走時使用的工具，套上後行動便可輕鬆自如

▼休憩處與土產店，電話叫車的等候處

•下犁村

從相倉聚落到菅沼聚落，沿途會經過下梨村和上梨村，但因時間有限，加上巴士班次少，所以只能到最著名的兩個合掌造聚落遊覽。不過菅沼雪之晚燈會在晚上才舉行，而下一班巴士還得再多等一個多小時，趁者太陽還沒有下山，我們決定沿馬路向下梨方向走，除可欣賞沿途風景外，亦可多到下梨村去看看。只不過，到達下梨村時天已黑了，只好在巴士站等巴士來接我們到菅沼。下犁村有兩個重要的文化財產：村上家和白山宮，但若沒有多餘時間，建議還是先跳過吧。

【村上家】
時間：08:30 ～ 17:00（12 月 ～ 3 月 為 9：00 ～ 16：00）
電話：+81-763-66-2711
公休：每週三（祭日時期除外），12 月 30 日～ 1 月 3 日（日本年假）
網址：www.murakamike.jp

【白山宮】
電話：+81-763-66-2468
網址：www.kokiriko.com/kankou/hakusangu.html

▲下梨村的紅橋

▼山邊也能看到合掌造建築

•菅沼聚落

菅沼聚落是南砺市的旧上平村裡的一個聚落。面積約為南北 230 公尺，東西 240 公尺。菅沼聚落內剩下 9 座合掌造建築，占世界遺產登錄面積的 4.4 公頃。其中兩棟合掌造是在江戶時代末期興建，而另外 6 棟則是明治時代，剩下的一棟則是大正時代末期（1925 年）時所興建。2 月上旬的五箇山雪之晚燈會（雪あかり）是五箇山合掌造一年一度的重要盛事。有著厚厚積雪的合掌造們同時亮起燈，大大小小共有數百盞，配以柔和色調的投射燈光，讓這裡變成一個真正的「童話村」，讓人流連忘返。

▼菅沼雪之晚燈祭全景

▼在菅沼舉行的雪之晚燈會，是北陸之旅最重要的景點之一

晚上村民們利用當地的傳統樂器——「ささら（SASARA）」，跳出古老民謠的舞蹈，讓遊客能夠體驗合掌造獨特的文化。不知道從誰開始唱、不知道從什麼時候開始，這裡的民謠廣泛地傳承開，「五箇山是民謠的寶庫」，五箇山的民謠是口頭傳承到現在，沒有文字、樂譜等載具記載，隨著風土的流傳發展到現在，成為日本的重要文化遺產之一。

旅人隨筆

為免在偏僻的山區會餓到暈倒，所以早上買了個漢堡一直放在背包裡。直到黃昏，終於忍不住飢餓想吃東西，便拿起漢堡包熱切期待著大口咬下……誰知道，在零下2度的氣溫下，漢堡已經變質，咬下去就像咬到冰霜一樣，麵包皮硬梆梆、牛肉也沒有肉味，興奮的心情瞬間被打到谷底，只能默默塞到嘴裡填飽肚子。

玩家解析

旅遊新手 Q&A

Q1. 如果到北陸旅行，但並沒有打算要到五箇山，那麼可以改去哪裡？

A：城端線還有一個著名的景點——砺波，那裡有著著名的庄川峽，景色絕麗，尤以秋天滿山紅葉與冬天粉雪最讓人稱道，彷彿仙景般令人陶醉。此外，一定要到大牧溫泉住一天，邊享受溫泉邊欣賞大自然所孕育出來的美景。

Q2. 砺波的庄川峽有什麼特色？

A：庄川峽是一級河川，小牧水庫就在這裡。另外，庄川水紀念公園也很值得去，尤其是櫻花滿開的季節。還有庄川溫泉鄉也是特色之一。

Q3. 如何前往庄川峽？

A：坐城端線到砺波駅後，再乘車約 15 分鐘便可到達。

Q4. 除了砺波，還有其他景點介紹嗎？

A：可到和倉溫泉住一晚，乘搭七尾線到最後一站，便是和倉溫泉，也可到能登半島遊玩。

東茶屋街

行程的第三天早晨，我們決定到金澤東茶屋街（ひがし茶屋街）看看。在淺野川的岸邊仍保留著江戶時代留傳下來的古老石坂街，就像京都的花見小路，當年在這隨處可見藝妓穿過大街小巷的情景，但現在再也看不到她們的蹤影了。平成 13 年，這裡被選定為國家的重要傳統建築物保存地區。東茶屋街不大，但卻擁有最獨特、傳統的一面。

我們通過東茶屋石坂街，轉到小巷裡，在那裡發現了宇多須神社。我在那裡抽了在日本留學生活中的第一道籤文。我想這籤文應該可以達到香港的中上籤了吧！抽過籤文，便往近江町市場覓食去。

▼東茶屋街

▲石坂街

▲四班班長？難道是指 4 年級的班長的家？

▲茶屋門外的招牌也有濃厚古風

▲宇多須神社

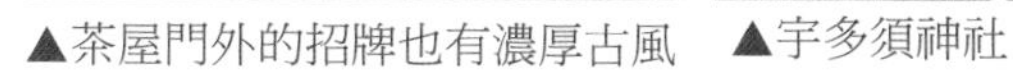

清晨的東茶屋街，就只有我們一行四人。當我們享受著這裡的寧靜時，看到其中一所舊房子的門外正站著一對夫婦。男主人準備出門上班，作為妻子的則送丈夫到門外，丈夫：「行ってきます（我出去了）！」。妻子回應：「行ってなさい（請小心出門）。」，互相交代後，丈夫便轉身離去，而妻子則一直站著，默默地看著丈夫的身影，直至丈夫的身影消失在這寧靜的石坂街後，才緩緩步入屋內。這就是傳統日本女性目送丈夫的一幕，深深地印在我的腦海裡。

近江町市場

近江町市場，又有金澤廚房之稱。市場裡跟外面完全是兩個不同的世界。早晨的路上行人不多，非常寧靜；但市場裡卻充滿了高呼叫賣的聲音，人潮很多，有人在仔細挑選新鮮的海鮮，有人來湊熱鬧，有人則吃著海鮮丼當早餐。看著看著，我也忍不住坐了下來，點了一碗 500円的小海鮮丼，鮮味無窮。

▲ 500円海鮮丼

在市場裡還看到一大箱一大箱的紅蝦，天啊！ 2,000円，只看價目確實覺得很貴，但是，再看看蝦子的數量，其實是物超所值！很想買個一大箱，晚上去打工時跟老闆娘與大廚、二廚一起吃。可惜下午還有行程，帶著一大箱蝦子，既怕蝦子會不新鮮，也怕耽誤到行程，所以最後還是決定不買。但後來實在後悔，不把牠們帶回去真是太殘念了！

兼六園

兼六園位於石川縣金澤市的中心地帶，它與水戶偕樂園、岡山後樂園齊名，是日本三大名園之一，也是江戶時代的代表庭園。加賀歷代藩主，經長年累月的加工、修建，成為現今兼六園的樣貌。兼六園四季的景色各具特色，表現出截然不同的自然美景，吸引不少外國和日本各縣的遊客來此欣賞。

◀霞之池的北岸上的微軫燈籠乃兼六園的著名景觀之一

兼六園因同時具備了庭園的6個景觀而得名，綜合了不同時代各式庭園的建造手法，加入「廻遊式」的要素，庭園內有池塘、假山、涼亭等配置，大池塘貫穿整個庭園，無論位處哪裡都能欣賞庭園的全貌。

▲站在池中的鶴

時間：3月1日～10月15日（07:00～18:00）、10月16日～2月底（08:00～17:00）
休園：全年無休
費用：大人310円、小孩100円（免費入園日請參看網頁內資訊）
交通：金澤駅轉乘路線巴士於兼六園、廣坂或出羽町下車
網址：www.pref.ishikawa.jp/siro-niwa/kenrokuen/t

東尋坊

離開金沢，便乘北陸本線往芦原溫泉駅，在那裡購買了京福巴士的東尋坊兩日乘車券，雖然票券只需用一天，但比單買車票還要划算。

▲除冬天外，散策道兩旁都是綠草，遊走在其中，別有一番滋味

東尋坊是福井縣三國町的越前海岸國定公園的一部分，受到長年累月的侵蝕而成，懸崖十分陡峭，連綿的峭壁約一公里長，高 25 公尺，是世界奇觀之一。除了是著名景觀外，也有許多傳說和故事流傳。

【東尋坊】
交通：於 JR 芦盧温泉駅再轉乘京福巴士 89 及 91 號
網址：www.mikuni.org/010_spot/tojinbo/index.php

【2 日乘車券（京福巴士）】
購買：芦原溫泉駅出口旁巴士售票處
路線：東尋坊～あわら湯の町～芦原温泉駅（經松島水族館及三國駅前）
網址：bus.keifuku.co.jp/rosen

▲屏風岩

▲三段岩方向

東尋坊商店街

來到東尋坊，當然要一嘗這裡的海鮮，商店街兩旁販售著各式各樣的土產，也有不少的海鮮店及其他美食，我們挑了一家較大型的餐廳，吃了個午餐。

▲雖然是廉價的午餐，但賣相也不錯！有我最愛的甜蝦和燒魚！

玩家叮嚀

東尋坊是此次北陸之旅的最後一站，由於要趕回大阪打工，本想到雄島，但沒有時間，只好放棄。如果不用趕著回大阪，早上在東茶屋街散步完後，可去兼六園欣賞園林景色，下午再去東尋坊遊一圈，晚上再回大阪，這樣就更能善用這 3 天的北陸 Free Pass 啦！

其他景點

●雄島

距離越前海岸二公里的位置便是雄島，從大池可遠眺雄島的美景，朱紅色的大橋是雄島的象徵，其附近有樹齡超過 100 歲的木樹，使東尋坊增添了不少魅力。

●東尋坊 TOWER

可從展望台遠眺白山連峰、越前海岸、東尋坊及雄島等美景。

費用：大人 500 円、小孩 300 円
營業：09:00 ～ 17:00
公休：12 月 30 日～ 1 月 1 日（日本年假）
網址：www.tojinbo.net

●東尋坊遊覽船

若想從另一角度鑑賞東尋坊這個奇勝斷崖，可考慮乘搭遊覽船。

費用：大人 1,300 円、小孩 650 円
營業：4 月～ 10 月 09:00 ～ 16:00
11 月～ 3 月 09:00 ～ 15:30
航程：東尋坊～雄島周遊路線約 30 分鐘
公休：12 月 29 日～ 1 月 31 日
網址：www.toujinbou-yuransen.jp

玩家住宿推薦（房價以 JALAN 住宿方案價格作參考）

【連鎖飯店】

東橫 INN 金沢駅東口（石川縣）

地址：石川県金沢市昭和町 13-23
電話：+81-762-24-1045
住宿：一人房 4,980 円起；兩人房 5,980 円起
交通：JR 金沢駅徒步 4 分鐘
網址：www.toyoko-inn.com/hotel/00110/index.html

東橫 INN 金沢兼六園香林坊（石川縣）

地址：石川県金沢市香林坊 2-4-28（大和百貨公司前）
電話：+81-762-32-1045
住宿：一人房 3,980 円起；兩人房 4,980 円起
交通：JR 金沢駅西口接駁巴士（www.toyoko-inn.com/hotel/00171/bus.html）
網址：www.toyoko-inn.com/hotel/00171/index.html

Comfort hotel 小松（石川縣）

地址：石川県小松市長崎町 2 丁目 60
電話：+81-761-20-1111
住宿：一人房 5,800 円起；兩人房 8,600 円起
交通：JR 小松駅乘車約 10 分鐘
網址：www.choice-hotels.jp/cfkoma

ホテルエコノ金沢片町（GREENS HOTELS）（石川縣）

地址：石川県金沢市片町 2-23-7
電話：+81-762-23-2131
住宿：早鳥單人床包早餐 2,000 円起；雙人床包早餐 2,500 円起；兩張單人床包早餐 4,400 円起（皆一人價）
交通：JR 金沢駅陡步 12 分鐘
網址：www.greens.co.jp/kanakata/room

ホテルエコノ金沢駅前（GREENS HOTELS）（石川縣）

地址：石川県金沢市此花町 8-8
電話：+81-762-23-2600
住宿：小型雙人床包早餐 2,500 円起；兩張單人床包早餐 3,000 円起（皆一人價）
交通：從 JR 金沢駅東口徒步 3 分鐘
網址：www.greens.co.jp/kanaeki

SUPER HOTEL 高岡（富山縣）

地址：富山県高岡市駅南 1-8-36
電話：+81- 766 - 28 - 9000
住宿：一人房 4,980 円起；兩人房 7,980 円起；三人房 8,970 円起
交通：JR「高岡」駅南口徒步約 4 分鐘或万葉線鐵道高岡駅南口徒步約 4 分鐘
網址：www.superhotel.co.jp/s_hotels/takaoka/takaoka.html

東橫 INN 富山駅前 1（富山縣）

地址：富山県富山市宝町 1-5-1
電話：+81-764-33-1045
住宿：一人房 4,480 円起；兩人房 5,980 円起
交通：JR 富山駅徒步 4 分鐘
網址：www.toyoko-inn.com/hotel/00201/index.html

東橫 INN 福井駅前（福井縣）

地址：福井県福井市大手 2-1-1
電話：+81-776-29-1045
住宿：一人房 5,980 円起；兩人房 6,980 円起
交通：JR 福井駅西口出，右面方向徒步 1 分鐘
網址：www.toyoko-inn.com/hotel/00147/index.html

東橫 INN 敦賀（福井縣）

地址：福井県敦賀市白銀町 5-20
電話：+81-770-20-1045
住宿：一人房 5,480 円起；兩人房 7,480 円起
交通：JR 敦賀駅徒步 3 分鐘
網址：www.toyoko-inn.com/hotel/00205/index.html

【平價住宿】（北陸之旅用）

ホテル　フォレストイン金沢（Forest Inn Hotel）（石川縣）

地址：金沢市寺町 5-5-6
電話：+81-762-80-1115
住宿：單人房素泊 3,500 円起；雙人素泊 2,000 円起；雙人包早餐 3,225 円起（皆一人價）
交通：從 JR 金沢駅乘車 10 分鐘／片町或香林坊徒步約 5 分鐘
網址：www.forest-inn.jp

キャッスルイン金沢（CastleInn）（石川縣）

地址：金沢市此花町 10-17
電話：+81-762-23-6300
住宿：單人房素泊 3,500 円起；雙人素泊 2,200 円起；雙人包早餐 3,300 円起（皆一人價）
交通：從 JR 金沢駅東口徒步約 3 分鐘
網址：www.castle-inn.co.jp

井田屋 Business Hotel（石川縣）

地址：石川県七尾市神明町ロ 2-17
電話：+81-767-52-0708
住宿：素泊 3,150 円起；包早餐 3,650 円起；包早、晚餐 4,650 円起（皆一人價）
交通：從 JR 七尾駅徒步約 1 分鐘
網址：po3.nsknet.or.jp/~idaya

ハーバーイン和倉（石川縣）

地址：石川県七尾市石崎町香島 2-47
電話：+81-767-62-1260 住宿方案：素泊 4,000 円起；包早、晚餐 6,000 円起（浴室共用）
交通：JR 和倉溫泉駅徒步 10 分鐘

ホテルセブンセブン高岡（富山縣）

地址：富山県高岡市駅南 5-2-7
電話：+81-766-26-2222
住宿：單人房 3,980 円起；小型雙人床房 2,490 円起；兩張單人床房 3,250 円起（全包早及晚餐）
交通：JR 高岡駅瑞龍寺口出徒步約 1 分鐘
網址：select-hotels.jp/pc/hotel/takaoka/index.php

アパホテル 砺波駅前（富山縣）

地址：富山県砺波市表町 1-3
電話：+81-763-33-3111
住宿：單人房 6,500 円起；小型雙人床房 4,200 円起；兩張單人床房 4,750 円起（皆一人價）
交通：從 JR 砺波駅徒步 1 分鐘
網址：www.apahotel.com/hotel/hokuriku/04_tonami-ekimae/index.html

ホテルニューオータニ高岡（富山縣）

地址：富山県高岡市新横町 1 番地
電話：+81-766-26-1111
住宿：單人房素泊 4,500 円起；兩人房包早餐 3,900 円起；兩張單人床房 5,300 円起（皆一人價）
交通：從 JR 高岡駅徒步 5 分鐘
網址：www.newotani-takaoka.co.jp/top

ホテルグランティア氷見 和蔵の宿（富山縣）

地址：富山県氷見市加納 443-5
電話：+81-766-73-1771
住宿：兩人素泊 3,800 円起；兩人包早餐 5,000 円起（皆一人價）
交通：氷見駅乘車約 10 分鐘
網址：www.hotel-grantia.co.jp/himi/news/2010515.php

民宿龍泉（福井區）

地址：福井県あわら市温泉 3-402
電話：+81-776-77-2065
住宿：連住優惠 3,500円起；包入浴券 4,000円起（皆一人價）
交通：JR 芦原溫泉駅乘巴士於あわら湯の町駅約 10 分鐘，再徒步 2 分鐘

民宿冨士（福井區）

地址：福井県坂井市三国町梶 38-37-5
電話：+81-776-81-4191
住宿：素泊 4,730 円起；包早餐 5,250 円起；包早、晚餐 7,800 円起（皆一人價）（浴室共用）
交通：JR 芦原溫泉駅有免費接駁巴士至越前松島水族館下車
網址：www.a-fuji.com

【豪華旅館】（北陸之旅用）

能州いろは（石川縣）

地址：石川県七尾市和倉町 1-10-1
電話：+81-767-62-1682
住宿：素泊 6,300円起；包早餐 7,350円起；包早、晚餐 10,500 円起（皆一人價）
交通：JR 和倉溫泉駅約 2 公里（提供免費接送，需予約）
網址：www.noushu.co.jp

和倉溫泉海望飯店（石川縣）

地址：石川県七尾市和倉町和歌崎部 12-3
電話：+81-767-62-1515
住宿：素泊 6,300円起；包早餐 7,350円起；包早、晚餐 9,450 円起（皆一人價）
交通：JR 和倉溫泉駅乘車約 5 分鐘（有免費接送，需予約）
網址：www.kaibo.co.jp

のと楽（石川縣）

地址：石川県七尾市石崎町香島 1-14
電話：+81-767-62-3131
住宿：包早餐 6,710 円；包早、晚餐 12,750 円起（皆一人價）
網址：notoraku.co.jp

多田屋（石川縣）

地址：石川県七尾市和倉温泉
電話：+81-767-62-3434
住宿：早割優惠：包早、晚餐 14,700 円；包早、晚餐及美容服務 30,000円起（皆一人價）
交通：JR 和倉溫泉免費接送（需予約）
網址：tadaya.net

シートピア氷見（富山縣）

地址：富山県氷見市柳田字浜畑 3449
電話：+81-766-91-4319
住宿：素泊4,500円起；包早、晚餐6,000円起；包懷石料理晚餐9,500円（皆一人價）
交通：JR氷見線島尾駅下車徒步15分鐘 / JR氷見駅徒步30分鐘（有免費接送）
網址：seatopia.bz

雨晴温泉　磯はなび（富山縣）

地址：富山県高岡市太田 88-1
電話：+81-766-44-6050
住宿：包早、晚餐 14,000円起／一人
交通：JR雨晴駅下車（有免費接送，要予約）
網址：www.isohanabi.jp

大牧温泉 光旅館（富山縣）

地址：富山県南砺市利賀村大牧 44
電話：+81-763-82-0363
住宿：兩人一房包早、晚餐 21,150円起；四人一房包早、晚餐 19,050円（皆一人價）
交通：小牧水庫乘庄川遊覽船至大牧温泉約 30 分鐘（尾班船 16:00）
網址：www.oomaki.jp

あわらの温泉香房　ぐらばあ亭（福井縣）

地址：福井県あわら市田中々 8-1
電話：+81-120-12-6150
住宿：六疊和室素泊（限定一間）2,250円起；包早餐 5,500円起；包豐富早、晚餐 11,000円（皆一人價）
交通：JR 芦原温泉駅乘車約 10 分鐘（有免費接送服，需予約）
網址：awaraonsengurabatei.jp

四季の花咲く宿　ゆ楽（福井縣）

地址：福井県あわら市舟津 2-15
電話：+81-776-77-7700
住宿：素泊 4,480円起；包早餐 5,500円起；包早、晚餐 9,800円起（皆一人價）
交通：JR 芦原温泉駅乘車約 10 分鐘（有免費接送，要予約）
網址：awaraonsenyuraku.jp

内湯の宿　おおとく（福井縣）

地址：福井県坂井市三国町安島 24-51-2
電話：+81-776-82-6668
住宿：包早、晚餐 12,600円起／一人
交通：JR 芦原温泉駅乘京福向「東尋坊」方向行走的巴士約 30 分鐘於安島站下車徒步 3 分鐘
網址：www.ootoku.com

※以上住宿價格及資料僅供參考，請以各旅館公布為準。

其他的北陸型 Free Pass

前面介紹過大阪的北陸任乘套票，但北陸型 Free Pass 也有其他種類（地區）。以下是 JR 西日本、JR 東海及 JR 東日本推出的北陸型 Free Pass 簡單資料，可根據旅遊日期及個人需求選擇。由於票券名字容易混淆，且出發地和可乘車種都各有分別，故先為 3 個主要地區的 Free Pass 做出簡單的比對：

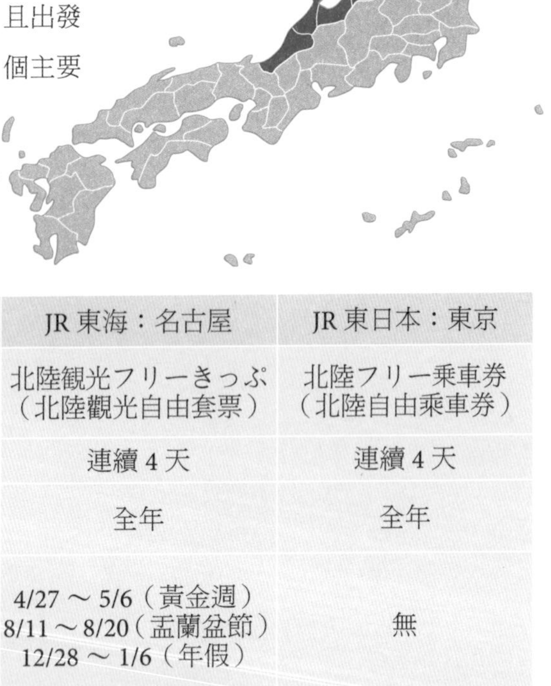

▼包含新潟縣的「北陸」4 縣地區

出發地	JR 西日本：大阪	JR 東海：名古屋	JR 東日本：東京
票券名稱	北陸乗り放題きっぷ（北陸任乘放題套票）	北陸観光フリーきっぷ（北陸觀光自由套票）	北陸フリー乗車券（北陸自由乘車券）
可使用日數	連續 3 天	連續 4 天	連續 4 天
有效期間	2015/3/14 ～ 2016/4/3（每年更新）	全年	全年
不可使用日期	4/27 ～ 5/6（黃金週） 8/11 ～ 8/20（盂蘭盆節） 12/28 ～ 1/6（年假）	4/27 ～ 5/6（黃金週） 8/11 ～ 8/20（盂蘭盆節） 12/28 ～ 1/6（年假）	無
價錢（普通車）	大人 14,400 円 小孩 2,000 円	大人 15,430 円 小孩 7,500 円	大人 10,800 円 小孩 5,400 円

JR 鐵路公司把日本分為 JR 西日本和 JR 東日本兩部分，網路訂票需到所屬的網站訂票才可。（JR 西日本及 JR 東日本的車票可預約範圍位置圖，可參考 P.55）

- JR 西日本：shin-hokuriku.jp/ticket
- JR 東海：railway.jr-central.co.jp/tickets/topics/hokuriku-free2/index.html
- JR 東日本：www.jreast.co.jp/tickets（於「出發地都道府縣」選單中分別選擇「東京」，「目的地方面」選單中選「北陸」即可）

* 大阪車票為 2015 ～ 16 年的價格，每年更新一次。

北陸観光フリーきっぷ

★北陸觀光自由套票（名古屋出發）

由名古屋發售的「北陸觀光自由套票」是前往富山、高岡、金沢、和倉溫泉、加賀溫泉及福井等北陸地區旅遊的 Free Pass 之一，此 Free Pass 與本章所介紹的大阪出發北陸 Free Pass 一樣，包括特急以上列車的來回指定席券。

可自由搭乘範圍

利用 JR 鐵路特急普通車（自由席），搭乘北陸線之敦賀～金沢～富山～黑部間支線。

往返路線

- 新幹線普通車指定席各一程：
  - ❶特急「しらさぎ」：名古屋～米原、靜岡或浜松發車至名古屋或米原。
  - ❷特急「ひだ」：靜岡或浜松發車至名古屋。
- 下呂、高山、飛驒古川可途中下車，途中下車後可再乘搭列車的指定席座位。

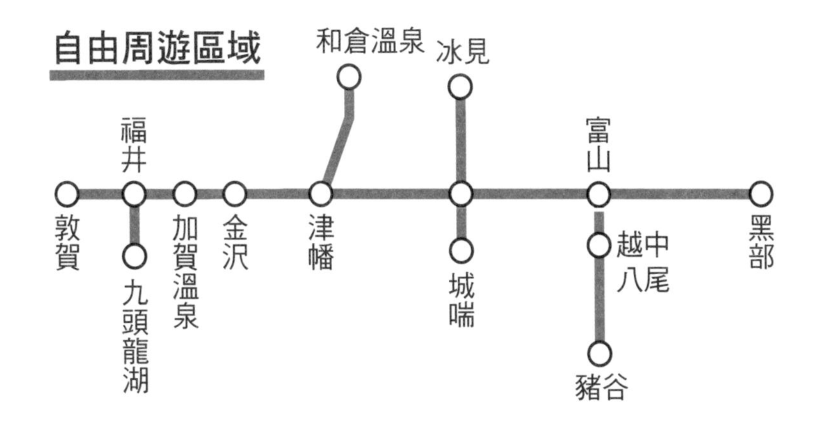

販售期間：全年
使用時間：連續使用 4 天
停用日期：4 月 27 日～5 月 6 日（黃金週連休）、8 月 11 日～8 月 20 日（盂蘭盆節）、12 月 28 日～1 月 6 日（日本年假）
套票價格：名古屋發 大人 15,430 円、小孩 7,500 円 / 浜松發 大人 17,490 円、小孩 8,500 円 / 靜岡發 大人 18,510 円、小孩 9,000 円
販售地點：JR 東海區域內所有車站的綠色窗口、旅行社等

北陸フリー乗車券

★北陸自由乘車券（東京出發）

由東京發售的「北陸自由乘車券」是前往富山、高岡、金沢、和倉溫泉、加賀溫泉及福井等北陸地區旅遊的 Free Pass 之一，此 Free Pass 與本書所介紹的大阪發北陸 Free Pass的差別是：不能免費乘搭特急以上車種的列車，必須要另付特急券費用才可，但卻可以當作一般的乘車券之用。（乘車券與特急券的分別可參閱 P.34 的說明）

可自由搭乘範圍

利用所有 JR 鐵路普通及快速列車之普通車自由席（特急列車需另付特急券等費用），搭乘北陸線之福井～金沢～富山～黑部間支線。

往返路線

- 上越線（上越新幹線）→越後湯沢至北越急行→經北陸線。
- 上越線（上越新幹線）→長岡至信越線→北陸線。
- 到達自由周遊區域前不能中途下車。

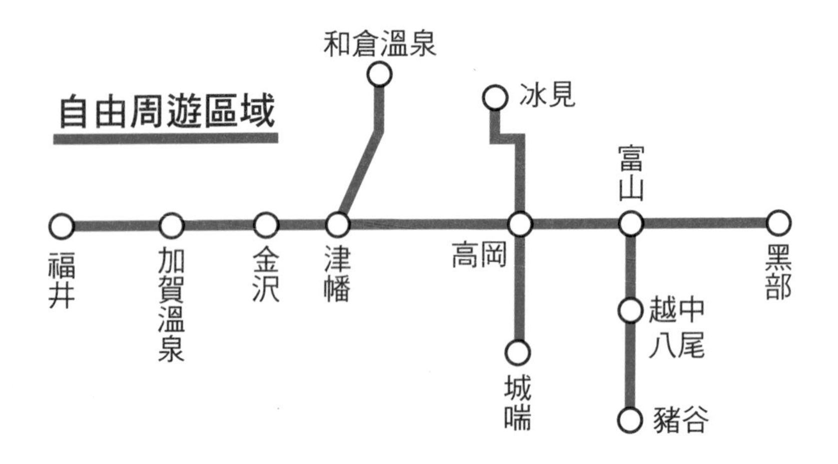

販售期間：3 月 1 日～翌年 3 月 31 日（每年更新）
有效時間：出發日前一個月至出發日前一天（出發當日不能購買）
使用時間：4 月 1 日～翌年 4 月 4 日（每年更新），可連續使用 4 天
可搭車種：JR 鐵路普通及快速列車之普通車自由席。特急列車（或新幹線）需另付特急券等費用
套票價格：東京都區內發 大人 10,800円、小孩 5,400円 / 大宮～川口・戸田公園發 大人 10,380円、小孩 5,190円
販售地點：JR 東日本之首都圈內區域所有主要車站的綠色窗口、旅行社等

世界遺産きっぷ（白川郷·五箇山）

★世界遺產周遊券（白川鄉 · 五箇山）

是 JR 東海專為前往白川鄉及五箇山旅遊所設計的 Free Pass，除連接城端至高山之間的加越能及濃飛巴士外，還可乘搭冰見線等北陸地區鐵路。是季節限定的 Free Pass，特別於「冬日之童話村」季節才發售。且套票中還附有優惠券，包含：五箇山民俗館、塩硝の館、相倉民俗館、村上家及美術館等，以及氷見温泉郷總湯之入館及入浴券。

往返列車

車種及路線：JR 鐵路特急列車之普通車指定席（往返各一次，之後只可乘搭普通車自由席），往返路線選其中一項：❶ 來回都是高山線，乘特急「ひだ」（飛驒）。❷ 去程經高山線，乘特急「ひだ」；回程經北陸線「しらさぎ」（白鷺）。❸ 去程經北陸線，乘「しらさぎ」；回程經高山線，乘特急「ひだ」。

* 下呂、高山及飛驒古川可途中下車，但路線 2 及 3 並不能通過飛驒古川。

自由搭乘範圍

車種：普通及快速列車之普通車自由席。

路線：❶ 北陸線：高岡～富山 ❷ 氷見線全線：高岡～氷見 ❸ 富山ライトレール全線：富山駅北～岩瀬浜 ❹ 万葉線全線：高岡駅前～越ノ潟 ❺ 加越能バス：荻町神社前～高岡駅前 ❻ 濃飛バス（只限一程）：高山濃飛バスセンター（高山駅前）～白川郷

* 此 Free Pass 主要為城端駅～五箇山～白川郷～高山駅之間的單程車票。

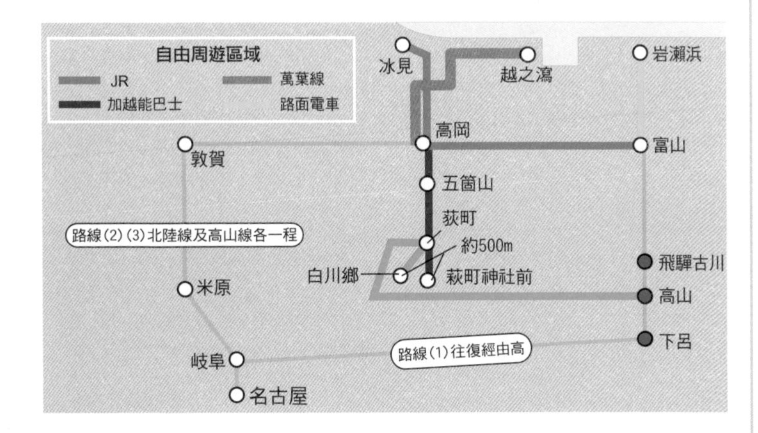

販售期間：11 月 1 日～3 月 29 日（每年更新）
使用時間：連續使用 3 天
可用期間：12 月 1 日～3 月 31 日
停用日期：12 月 28 日～1 月 6 日（日本年假）
套票價格：名古屋發 大人 14,500円（沒有小孩票）（此為 2013 冬季價格）
販售地點：名古屋周邊的車站的綠色窗口、旅行社等

附錄

行程懶人包

達人旅遊行程表

以下為作者於留日時期親身帶友人所去的詳細旅遊日程表，可當作排行程時的參考。

★聖誕東北及北海道之旅

行程		地區		交通				景點		住宿		備註
日期	星期	出發地	目的地	交通工具	出發時間	到達時間	價錢	遊點	入場券	投宿地點	價錢	
2009 12/29	二	山形	青森	JR東日本	7:08	17:08	10,000			夜行列車	0	如趕不到車，就不去函館
		青森	函館（十字街）	JR北海道	17:22	19:35	1,880	泡溫泉	500			JR東日本北海道Pass1
		函館（十字街）	山頂	纜車	上終 20:50	下終 21:00	1,050	函館市遊				
		函館	札幌	JR北海道	1:23	6:12		函館夜景				急行はまなす（夜行列車）
								八幡坂				
2009 12/30	三	札幌	小樽							登別	5,500	JR東日本北海道Pass2
		小樽	登別	電車	17:38	20:31		札幌市遊				
		登別	酒店	巴士/步行	21:35	21:51	300	小樽市遊				
2009 12/31	四	登別地獄谷	伊達時代村	巴士				伊達時代村	2,700	小樽	2,750	JR東日本北海道Pass3
		伊達時代村	登別	巴士				小樽夜景				
		登別	小樽	電車	18:31/17:23	21:17/20:16		小樽市遊				
2010 01/01	五	小樽	二世古	電車	6:11	8:07		滑雪	10,000			JR東日本北海道Pass4
		二世古	札幌	JR北海道	17:41	20:13		泡溫泉	1,000			
		札幌	青森	JR北海道	22:00	5:39				夜行列車	0	急行はまなす（夜行列車）
2010 01/02	六	青森	東京	JR北海道	7:10	21:23						JR東日本北海道Pass5
		東京	蒲田	JR	21:23	21:51				蒲田	2,900	
2010 01/03	日	蒲田	東京	山手線及JR			760	秋葉原		巴士	0	買one day Pass
		東京	難波	夜巴			4,000	上野公園				
								浴堂	500			
2010 01/04	一	難波										
TOTAL							17,990		14,700		11,150	43,840

★島根 3 日遊

行程		地區		交通					景點		住宿		備註
日期	星期	出發地	目的地	交通工具	出發時間	到達時間	價錢		遊點	入場券	投宿地點	價錢	
2010 05/05	三	花園町	梅田	JR			Pass	12,000	石見銀山（出示Passport有優惠）	300			こだま&やくも指定席往復きっぷ
		梅田	大阪	JR						400			
		大阪	新大阪		7:17	7:21							
		新大阪	岡山	737	7:29	8:56							自備早餐
		岡山	米子		9:05	11:14							
		米子	出雲	yakumo5	11:15	12:06							
		出雲	大田市	JR山陰本線	12:10	12:50							午餐 出雲車站
		大田市	石見銀山	浜田行	13:10/ 13:42	13:36/ 14:08					出雲	2,500	松江・出雲ミニぐるりんパス
		石見銀山	大田市		17:21	17:54	Pass	4,200			superhotel		
		大田市	出雲		18:10	18:47							晚餐出雲
2010 05/06	四	出雲	出雲大社	巴士					出雲大社	0			包早餐
		出雲大社	出雲	巴士					島根県立古代出雲歷史博物館(常設展のみ)				
		出雲	松江	特急	13:33	13:58			松江城		玉造溫泉	5,900	午餐未定
		松江	玉造溫泉	特急	18:17/ 18:41	18:25/ 18:47			小泉八雲記念館				包晚餐及早餐
									小泉八雲居				
2010 05/07	五	玉造溫泉	安來	直達巴士	玉造 09:15	10:00			足立美術館				
		安來	足立		9:05	9:25							
		足立	米子	直達	11:20	11:50							
		米子	境港		12:30	13:13			鬼太郎街	0			鬼太郎拉麵
		境港	米子		16:44	17:30			水木しげる記念館				晚餐便當（車上）
		米子	岡山		17:48/ 18:14	20:23							
		岡山	新大阪		20:44	22:05							
		新大阪	大阪		22:05								
TOTAL								16,200		700		8,400	25,300

★立山黑部之旅

行程		地區		交通					景點		住宿		備註
日期	星期	出發地	目的地	交通工具	出發時間	到達時間	價錢		遊點	入場券	投宿地點	價錢	
2010 04/18	日	難波	大阪	大阪環狀線			Pass	25,980	信濃大町		大町溫泉鄉小木屋10,000円可供六人住	5,000	自備餐點
		大阪	新大阪	特急 / 普通車					星湖亭				
		新大阪	名古屋	NOZOMI 新幹線	7:10	7:51			小車站				
		名古屋	松本	SHINANO特急	8:00	10:05			仁科神社				
		松本	信濃大町	AZUSA特急	10:27	11:01			木崎湖				
		案內所	木崎湖	腳踏車			免費						
		信濃大町	大町溫泉鄉	區內巴士									
2010 04/19	一	大町溫泉鄉	扇沢	區內巴士					黑部水庫		大阪	3,000	
		扇沢	立山車站	山內交通									
		立山車站	電鐵富山	富山地方鐵道									
		富山	大阪	特急	17:56	21:22							
		大阪	難波	大阪環狀線									
TOTAL								25,980		0		8,000	33,980

★北陸 3 天之旅

行程		地區		交通					景點		住宿		備註
日期	星期	出發地	目的地	交通工具	出發時間	到達時間	價錢		遊點	入場券	投宿地點	價錢	
2010 02/06	六	大阪	高岡	北陸本線	7:10	10:13	特急	12,500	忍者哈特利火車				北陸 Pass
		高岡	雨晴	冰見線	10:16	10:35	忍者火車		遠觀立山連峰				
		雨晴	冰見	冰見線	11:49	11:57	忍者火車						
		冰見	高岡	冰見線	14:12	15:15					高岡	1,500	SUPERHOTEL 三人房
		高岡	富山	北陸本線	15:18	15:38			套票	2,000			
		富山	笹津	高山本線	16:09	16:55	計程車	2,000	滑雪	1,000			
		笹津	高岡	高山本線	22:10	22:44							
2010 02/07	日	高岡	親不知	北陸本線	7:04	8:10			親不知海岸		金沢	2,500	四人房（有溫泉）
		親不知	富山	北陸本線	9:54	11:01							
		富山	高岡	北陸本線	11:16	11:39							
		高岡	城端	冰見線	12:01	12:49							
		城端	菅沼	巴士	13:25	14:03			五箇山				夜燈節
		菅沼	城端	計程車			四人一台	1,250	合掌村				
		城端	金沢	北陸本線	19:39	21:23							
2010 02/08	一	金沢	芦原溫泉	北陸本線	8:10	8:50			武家敷街				生魚片
		芦原溫泉	東尋坊	巴士	9:35		Pass	1,000	東尋坊				
		芦原溫泉	大阪	北陸本線	14:33	16:37	特急		金沢市場				
TOTAL								16,750		3,000		4,000	23,750

玩家旅遊分享

2013年2月，兩個完全不懂日語的朋友到日本旅遊，我建議他們利用「世界遺產きっぷ（白川鄉•五箇山）」這個Free Pass遊「冬日的童話村」，並順便到冰見住個溫泉旅館，欣賞立山連峰，體驗當地的寧靜，好好充電。以下是他們的分享。

白川鄉・五箇山5日小旅行

★行程 名古屋→冰見→五箇山→白川鄉→高山→下呂→名古屋

▼前往冰見，幸運能從雨晴海岸看到立山連峰

▲冰見永芳閣溫泉旅館，超大的房間

▲飛驒高山五平餅

▲黑椒牛奶布丁

▲白川鄉的吊橋

一開始知道作者為我們所訂的冰見旅館房間價格超過 10,000 円的時候確實有點被嚇倒，還想為什麼會推薦我們住這麼貴的旅館，但入住後才發現，原來物超所值。溫泉旅館包早、晚兩餐和一次獨立露天溫泉，房間很大，還能眺望富山灣。晚上吃的是非常新鮮的海鮮，當地名產鰤魚生魚片厚切又鮮甜，螺肉爽口、彈牙，和牛味道濃厚、入口即化。飯店水準超高，服務周到，是會想一去再去的選擇！

從高岡乘巴士到五箇山當天下著大雪，一出五箇山的隧道便看到漫天飛雪，全車人立刻嘩然，快門按個不停。到了高山，不能不提的是高山站的黑椒牛奶布丁，雞蛋味極濃，極香滑，吃到底部還有微辣的黑椒味，將美味提升到極點，這是我們吃過的食物中排在前 3 名的美食。在高山老街參加了釀酒，體驗很新鮮，但高山的五平餅味道卻很一般。

總而言之，從名古屋往返北陸，用這個「世界遺產きっぷ（白川鄉．五箇山）」的 Free Pass 十分划算，值得推薦。

旅館：氷見温泉郷　魚巡りの宿　永芳閣
地址：富山県氷見市阿尾 3257
電話：+81-766-74-0700
交通：JR 氷見駅下車，乘免費接送車約 15 分鐘
網址：breezbay-group.com/eihokaku

MILK & 潘潘

朋友從冰見回來後，對冰見的那家旅館讚口不絕，還說如果有時間，一定要找機會再去一次。聽到他們的旅遊經歷，我知道他們很享受這次的北陸之旅，也同樣感受到那份興奮！內心很滿足，因為又再一次讓身邊的人也喜歡上自己喜歡的旅遊。

兩年的留學生活，一有時間就會出走，幸運地一直都有志同道合的朋友相伴。先是室友的跟隨，再來是七、八人的遠征，最厲害的一次，更成為了 14 人的領隊！帶著他們到京都嵐山狩獵紅葉，旅伴的笑容就是我的報酬，只要他們能在旅程中得到快樂，這一切都是值得的。本書所介紹的是我離開日本前的 3 個旅程。北陸之旅後，大家各散東西，為自己的生活一直努力奮鬥，在日本發生的一切成了我們生活中虛無飄渺的回憶，很不真實，這次有機會把這些回憶記錄成書，實在很難得。

藉著此書，要感謝那些曾經跟我走過大街小巷的朋友們，為我的留學生活留下了美好的回憶！也要特別感謝那位陪我完成人生中第二個夢的你，如果不是因為有你找到了這 3 個 Free Pass，就不會有這本書的存在。謝謝你為我生命中的彩虹多增添了一種「幸福」的色彩！歡笑聲將永遠盤旋在我們的腦海裡，人生中最難忘的一段日子也將有你們相伴。把此書送給所有曾經跟我一起遊歷過的朋友們！

ありがとうございます！

（感謝）

▲攝於二見浦夫婦岩

▲與最強旅伴合照，很喜歡這一張相片！

▲攝於淡路島，學校旅行

▼很難得能一大群人一起出遊，不知道到什麼時候才會再有機會

▼東尋坊到此一遊照，亦代表了北陸之旅的完結

日本 Free Pass 自助全攻略

教你用最省的方式
深度遊日本

作　　者　Carmen Tang

發 行 人　程顯灝
總 編 輯　呂增娣
主　　編　李瓊絲、鍾若琦
資深編輯　程郁庭
編　　輯　許雅眉、鄭婷尹
編輯助理　陳思穎
美術總監　潘大智
資深美編　劉旻旻
美　　編　游騰緯、李怡君
行銷企劃　謝儀方、吳孟蓉

發 行 部　侯莉莉
財 務 部　許麗娟
印　　務　許丁財
出 版 者　四塊玉文創有限公司

總 代 理　三友圖書有限公司
地　　址　106 台北市安和路 2 段 213 號 4 樓
電　　話　(02) 2377-4155
傳　　真　(02) 2377-4355
E － mail　service@sanyau.com.tw
郵政劃撥　05844889 三友圖書有限公司

總 經 銷　大和書報圖書股份有限公司
地　　址　新北市新莊區五工五路 2 號
電　　話　(02) 8990-2588
傳　　真　(02) 2299-7900

製版印刷　皇城廣告印刷事業股份有限公司

初　　版　2015 年 6 月
定　　價　新臺幣 350 元
I S B N　978-986-5661-38-0(平裝)

特別感謝
鳴謝
糸魚川市交流觀光課
立山黑部宣伝センター

國家圖書館出版品預行編目 (CIP) 資料

日本 Free Pass 自助全攻略：教你用最省的方式，深度遊日本 / Carmen Tang 作. -- 初版. -- 臺北市：四塊玉文創, 2015.06　面；　公分
ISBN 978-986-5661-38-0(平裝)

1. 自助旅行 2. 日本

731.9　　104009221